与法同行丛书

青少年的犯罪与预防

本书编写组◎编

YUFA TONGXING
CONGSHU

世界图书出版公司
广州·北京·上海·西安

图书在版编目（CIP）数据

青少年的犯罪与预防 /《青少年的犯罪与预防》编写组编 . —广州 ：广东世界图书出版公司，2010. 10（2024.2 重印）

ISBN 978 – 7 – 5100 – 2869 – 4

Ⅰ. ①青… Ⅱ. ①青… Ⅲ. ①青少年犯罪 – 预防犯罪 – 中国 – 青少年读物 Ⅳ. ①D669. 5 – 49

中国版本图书馆 CIP 数据核字（2010）第 196662 号

书　　名	青少年的犯罪与预防 QINGSHAONIAN DE FANZUI YU YUFANG
编　　者	《青少年的犯罪与预防》编写组
责任编辑	冯彦庄
装帧设计	三棵树设计工作组
出版发行	世界图书出版有限公司　世界图书出版广东有限公司
地　　址	广州市海珠区新港西路大江冲 25 号
邮　　编	510300
电　　话	020–84452179
网　　址	http://www.gdst.com.cn
邮　　箱	wpc_gdst@163.com
经　　销	新华书店
印　　刷	唐山富达印务有限公司
开　　本	787mm × 1092mm　1/16
印　　张	13
字　　数	160 千字
版　　次	2010 年 10 月第 1 版　2024 年 2 月第 11 次印刷
国际书号	ISBN　978–7–5100–2869–4
定　　价	59.80 元

前　言

青少年是祖国未来的建设者，是中国特色社会主义事业的接班人。我国18岁以下的青少年约有3.67亿，他们的思想道德状况和生活境遇，关系到中华民族整体素质的高低，关系到我国社会主义事业的成败，关系到科教兴国、人才强国和依法治国战略的实施，关系到中华民族伟大复兴大业的实现。胡锦涛总书记指出："青少年是党和国家的希望，是中华民族的希望。——关心青少年的成长，为他们身心健康发展创造良好的条件和社会环境，是党和国家义不容辞的责任，是开创国家和民族更加美好的未来的战略工程，也是实现亿万家庭的最大希望和切身利益的民心工程。"

因此，必须从确保党的事业后继有人和社会主义事业兴旺发达、国家长治久安的战略高度，从树立和落实科学发展观，坚持立党为公、执政为民的高度，充分认识加强和改进青少年思想道德建设的重要性和紧迫性，努力开创青少年思想道德建设工作的新局面。

加强和改进青少年思想道德建设，培养和造就千千万万具有优秀思想品质和良好道德修养的合格建设者和接班人，既是一项长远的战略任务又是一项紧迫的现实任务。加强和改进青少年思想道德建设，要努力培育青少年的民主法制观念，使他们健康地成长为"中国特色社会主义事业的合格建设者和可靠接班人"。

为此，要全力做好以下2方面工作：①严厉打击危害青少年身心健康的违法犯罪活动，切实加强保护青少年权益方面的立法和执法工作，为青少年思想道德建设创造良好的法制环境；②建立健全学校、家庭、社会各负其责又密切配合的教育网络。

学校是对青少年进行思想道德教育的主渠道，必须按照党的教育方针，把德育工作摆在素质教育的首要位置，贯穿于教育教学的各个环节；家庭教育在青少年思想道德建设中具有特殊重要的作用。要办好家长学校、家庭教育指导中心，积极运用新闻媒体和互联网向社会广泛普及家庭教育知识，推广家庭教育的成功经验，帮助和引导家长树立正确观念、掌握科学方法，提高科学教育子女的能力；政府各有关部门和社会各有关组织，包括共青团和工会、妇联等群众组织，城市社区、农村乡镇和村民委员会，以及其他一切基层组织，要切实担负起责任，整合各种教育资源，发挥各自优势，加强协调配合，开展富有吸引力的思想教育和文体活动，真正把教育、引导青少年的工作落实到基层。

目　录

青少年犯罪的现状与特征

青少年犯罪的原因

青少年犯罪的预防

附　录

家庭教育

培养青少年的良好品德

【案例】

薛某是独生子，深受父母的疼爱。薛某的父母把全部心血和希望都寄托在他身上，尽自己的最大努力满足他生活上和学习上的需要，不让孩子受一点委屈。他们为薛某聘请了家庭教师，辅导他的功课，还在周末送他到少年宫学习唱歌和乐器，让孩子全面发展。薛某在家里有宽敞、明亮的书房，父母为他备好了各种营养品，学习和生活条件都十分优越。每天，父母都要过问他的学习情况，还陪着他到外面去锻炼。

就这样，在父母的精心培养和严格管教下，薛某的学习成绩十分优异，在班里一直名列前茅，他还担任了班上的学习委员。2003 年，他考上了当地的重点中学。薛某的父母为自己的孩子感到由衷的欣慰和骄傲。就在这时候，一件意外的事情发生了。

薛某的父母有个习惯：两个人经常在自己的卧室里，背着孩子看黄色录像，以调剂夫妻生活。一次，薛某晚上起来上厕所，偶然听到父母的房间里有奇怪的声音。他趴在门上偷听，原来是他的父母以为孩子已经睡着了，所以开大了声音。电视里传出的声音让他的身体里产生了一种异样的感觉。回到房间里，他感到浑身燥热，仿佛有种莫名的冲动在折磨着他。那晚的事情给正处于青春期的他留下了挥之不去的印象。一到晚上，他的耳边就会响起那个声音。

在学校里，薛某开始注意班上的漂亮女孩，心里情不自禁地想入非非。

回到家里，他经常在半夜起来偷听父母放黄色录像的声音，以此来满足自己内心的渴望。刚过 13 岁的薛某，还没有良好的自制能力，不能进行很好的自我调节。青春期的冲动一旦萌发，就变得越来越强烈，远远超出了薛某的控制能力。

一天，薛某下了晚自习，独自一人走在回家的路上。由于时间晚了，路上行人很少。他发现自己前面有一个同校的女生。他的脑海里突然冒出一个念头。被强烈的欲望支配着的他根本无法战胜那个念头，毫不迟疑地决定付诸行动。他一路悄悄地跟踪着那个女生，来到一个僻静的地方，猛地冲了上去，抱住了她。女生刚想叫喊，就被薛某捂住了嘴，拖进路边的树林里。失去了理智的薛某用颤抖的双手在对方的身上乱摸。女生在黑暗中拼命挣扎，终于挣脱了薛某的控制。女生拼命地喊叫起来，薛某惊慌失措地逃跑了。

在闻声赶来的路人的协助下，被薛某猥亵的女生到公安局报了案。女生凭借自己的印象，指认猥亵自己的人可能是同校的薛某。第二天，薛某就被公安机关传讯，并交代了全部事实。最后，学校对薛某作出了开除的处理，公安机关将薛某送往劳动教养。薛某的父母无论如何也不相信自己的孩子会干出这样的事情，但面对事实，他们却无言申辩，欲哭无泪。

【评析】

《未成年人保护法》第 10 条规定："父母或者其他监护人应当以健康的思想、品行和适当的方法教育未成年人，引导未成年人进行有益身心健康的活动，预防和制止未成年人吸烟、酗酒、流浪以及聚赌、吸毒、卖淫。"这一规定将家庭培养青少年良好品德的责任予以法律化、条文化，加重了家庭的法律责任，有利于将青少年培养成党和国家要求的、具有正确行为规范和良好思想品德的社会主义事业接班人。具体地说，家庭教育、培养青少年良好思想品德应当做到以下几点：

(一) 严格要求，防微杜渐。

家庭教育要从小抓起，从小事抓起。俗话说："三岁养成的习惯，六十岁也难改。"因此，家庭对青少年从一出生起就应当给予良好的教育，才可能给青少年的健康成长打下一个好的基础。

关心爱护孩子不仅是要孩子吃好、穿好、玩好，而且更主要的是要注意培养孩子的良好品德。父母要对孩子进行讲文明、讲礼貌的教育，使其从小就养成文明行为与习惯；要教育孩子遵守社会法纪，尊重他人的合法权益，为将来步入社会做好准备。同时，父母对未成年子女应严加管束，注意观察他们的异常表现，当发现孩子有不良行为时，不能认为是无足轻重的小事而放任不管。青少年的违法犯罪行为，都是从一些小事开始的。当发现孩子第一次犯错误时，父母就应及时进行严肃认真的教育与指导，防微杜渐。例如，对未成年子女接触的读物和影视作品内容，父母应予关注和指导；限制未成年子女深夜外出或与有不良行为者交往等。

调查表明，有些青少年走上违法犯罪道路与家长溺爱、不严格要求有直接关系。前苏联教育家马卡连柯说过，父母像牛马一样忍受最大的千里之堤，溃于蚁穴。家长如果对子女不细心观察，不严格要求，等孩子走上违法犯罪道路以后，再进行教育，不仅困难，而且悔之晚矣。

（二）讲究方法，耐心教导。

家庭要重视青少年身心发展的特点，既要严格要求，又要耐心教育。高尔基说过，爱孩子，这是母鸡都会做的事，可是，要善于教育他们，却是一个伟大的国家的事业，这种事业需要才干和广泛的生活知识。随着青少年生理和心理的不断变化，他们对于外界的接受能力和反映方式是不同的。

只有采取适合青少年身心发展特点的教育方式，才能使他们易于接受，也才能达到教育的预期效果。教育孩子，就要了解孩子，掌握其心理特点，针对其存在的不良习惯和问题，循循善诱，动之以情，晓之以理，耐心说服，而决不能采取简单粗暴的棍棒式的教育方法——实践证明，这种教育方法有百害而无一利。它容易伤害孩子的自尊心，伤害孩子的感情，不仅无助于培养青少年的良好品德，解决其存在的不良习惯和问题，而且其教育效果往往相反，甚至会导致青少年离家出走，在坏人的引诱下，走上违法犯罪的道路。

（三）以身作则，言传身教。

在家庭中，父母的言行对子女影响很大。因此，家长对子女的教育，既要言教，更要以身作则，以自己的行动来影响和教育子女。家庭教育与学校教育、社会教育的不同之点，就表现在家庭教育是渗透在日常生活的潜移默化之中。由于青少年的年幼与知识的贫乏，他们对于自己行为的认识，往往以别人（特别是父母）的评价为转移，并善于模仿。所以，父母应特别注意自己的言行，应使孩子从自己的身上学到良好的思想、道德、作风和生活习惯。

如果家长经常损公肥私、损人利己、挥霍浪费和欺骗成性，怎么能够教育子女养成大公无私、艰苦朴素、诚实正直的道德品质呢？在本案中，薛某的父母对自己的独生子寄予了极大的希望，竭尽所能为他创造了良好的学习和生活条件，在平时也对他严加管教，但薛某为什么还是走上了违法犯罪的道路呢？原因就在于薛某的父母忽视了一点：他们的日常行为对孩子可能产生的影响。

由于父母不良的生活习惯影响和误导薛某，加上家长又没有及时发现这一点，未能及时地对孩子进行青春期知识的教育，引导孩子正确地认识和对待自己的生理需要，导致薛某在冲动之下铸成了大错，悔之晚矣。一个极有前途的孩子就这样毁掉了。这样的悲剧值得所有的家长们深思。为了孩子的健康成长，家长应当时时注意自己的言行，从而为心灵尚且稚嫩的孩子们树立一个人生道路上的典范。

家庭教育的预防作用

【案例】

2004年春节期间，某市警方破获了一起勒索、抢劫的犯罪案件，其成员由近10名无业青年和10多名流浪社会的少年组成。令人震惊的是，这个团伙的“老大”是一个只有13岁的少年。这名叫王某的“老大”以前在学校曾经是一名广受老师、同学、邻居、亲友喜爱的好少年，担任过少先队中队长、学习委员等职，还被评为“三好学生”。他的蜕变过程引人深思。

王某出生在当地的一个贫困的矿工之家。上有年过七旬的爷爷、奶奶，下有哥哥、姐姐、妹妹。全家7口人，经济条件极为困窘，爷爷、奶奶长年卧病不起，负债高达5万多元，唯一的指望是王某父亲每月的几百元工资。因为家贫，王某的哥哥、姐姐都没念完小学就辍学，靠每天爬上几十米高的矸石山捡煤核来维持生活，清偿大山一样的债务。王某上学的第一天，母亲殷殷嘱咐他："孩子啊，好好上学，学好了考大学，进北京……"

懂事的王某噙着泪答应了母亲的要求。贫寒的家境让王某在学习上分外刻苦，刚上小学二年级，他就被老师任命为学习委员，加入了少先队，不久，担任了中队长。看到班里富裕人家的孩子吃巧克力、车接车送，兜里掏出花花绿绿的钞票，嘲笑自己的寒酸，王某咬紧嘴唇，暗憋一口气：有什么了不起的，又不是自己挣来的。我只要好好学习，将来一切都会有的。王某学习成绩优秀、有礼貌、帮助同学，他的作文成为范文张贴在学校的墙报上，在学校、区、市的数学、语文比赛中多次争得荣誉，被学校评为"三好学生"。

王某的家像普通、困难的矿工家庭一样，父亲是这个家庭唯一的顶梁柱，但父亲也是一个脾气暴躁、嗜酒如命的山东汉子。王某最恐惧的是父亲的喝酒：父亲一喝上酒，就把满腔的怒气往妻子和子女身上发泄，经常把母亲打得鬼哭狼嚎，哥哥、姐姐们被打得抱头鼠窜，王某常常惊恐地望着父亲。

小学毕业了，王某一心盼望升入中学，但担心的事情终于发生了：父亲勒令他退学。王某舍不得老师、同学和学校，但抵挡不住父亲的拳头、皮鞭，只好含着眼泪默默地告别了校园。从此，王某和哥哥、姐姐们一样背上捡煤口袋，爬上了又陡又脏的几十米高矸石堆中，从岩石缝中捡煤核。

一次，王某正低着头捡着，突然，一块拳头大小的石块直奔王某滚来。"弟弟，闪开！"身后的姐姐向他喊。但王某闪身不及，石块已经砸中他的右腿，一阵钻心的疼痛，鲜血从裤腿流了出来，哥哥、姐姐急忙把他背回家中。正在家中喝酒的父亲一见王某被背回来，不仅没问王某的伤情，反而把他臭骂一阵，气极了的王某一下子掀翻了父亲的酒桌。暴跳如雷的父亲用锤子般的拳头没头没脑地向他打来。哥哥、姐姐见拉不住父亲，急忙出外找邻居来拉架。邻居们把王某解救出来，见到鼻青脸肿的王某满脸血渍，就纷纷数落王某的父亲。王某瘸着腿，一歪一跛地走出了家门，走向了茫茫的夜色之中……

王某走出没有温暖的家庭后，只好走进游戏厅、网吧打发时间。当地有个叫张某的流氓，一次，他惊异地发现了龟缩在角落里的王某，遂向他招手。王某知道张某是臭名远扬的人物（张某，22 岁，无业，曾因抢、偷窃被劳教 3 年)，不想答理他。但张某强拉着王某走进一家小饭馆，叫了满满的一桌子菜肴，给王某的杯中倒满啤酒。

三两杯啤酒过后，张某问起了王某的情况。

王某讲了自己在家中的遭遇。听罢王某的讲述，张某颇仗义地一拍胸脯："兄弟，没事，只要你从今往后跟定你大哥，保证让你吃香的、喝辣的、有玩的，成为'人上人'。"说完，张某与王某碰杯，王某认了张某为"大哥"。

从此，王某成了张某的"跟班"，每天跟随张某出入游戏厅、网吧、歌厅、饭店。王某看到：只要张某一走进游戏厅、歌厅、饭馆，人们对他毕恭毕敬，张某颐指气使，像主人指挥奴仆一样驱使恭敬他的人。渐渐地，王某原来的思想观念发生了嬗变：能驱使、命令人是多么威风，多么的有能力。

由当初对张某的厌恶到艳羡，最后直到效仿，王某开始往黑色的道路上滑行。王某第一次伸出黑手是在张某的"指导"下进行的。张某和王某瞄准了一家建筑工地，经过"踩点"后，一天深夜，他和王某悄悄地来到工地，把已经配好的钥匙插入库房门锁上，不大一会儿，张某从库房里抱出几大捆铜线，王某心惊胆战地给张某放哨。

一个多小时后，张某和王某把盗来的铜线卖给了一家郊区的废品收购站。张某和王某打了一辆出租车回到租房中，张某抽出几张钞票甩给了王某："兄弟，瞧见没，钱就是这样来的，以后咱们有了钱，也可以开个公司，过一过当董事长、总经理的瘾。"

王某颤抖着手，不想收张某给的钱，张某把眼一竖："怎么，小子，莫非想坏我的事儿不成？告诉你，咱哥俩可是一条绳上的蚂蚱，出了事谁也别想好！装起来吧，如今这社会，有钱才是大爷，没钱的是孙子。"

王某在张某的哄骗威逼下，收起了不义之财。以后，张某和王某又连续几次偷窃矿山、工厂、工地上的建材，所得钱财均挥霍一空。

张某在实施盗窃犯罪活动中，为了减少风险，让王某组织了一个由 10 多名十几岁少年组成的"少年队"，自己躲在幕后当"老板"。不久，张某被公安局抓走了，王某则成为少年队的"老板"。此时的王某再也不是原来的那个心地善良的少年了。在王某组织的"少年队"中，12 名少年中最大的15岁，最小的10岁，他们都是一群由于各种原因离家出走，有家不归的孩子。为了实现“称王称霸”的目的，王某和一位外号叫“大飞”的社会青年“叫板”。

2003年初，王某和“少年队”正在一个胡同口分赃，被大飞看见，过来就要抢。突然，从另一个胡同里冲出来了王某埋伏好的人马，只见这些“小将”手中拿着长刀向大飞奔来，就在刀口马上就要“招呼”到大飞身上时，王某高喊了一声：“住手！”王某望着脸吓得煞白的大飞，拍拍大飞的脸蛋：“怎么，还不服气呀？叫‘大哥’，从今往后，我就是‘老大’！”大飞眨巴眼睛，望着这些“狼孩”生死不惧的样子，豆粒大的汗珠滚落下来，口中连连喊道：“‘大哥’，我服了。以后您是这里的‘老大’。”

13岁的王某从此成为了“大哥”，不仅统领了“少年队”，而且还成了近10名18岁左右的犯罪团伙的“老大”。此后，他们不仅偷盗公共财物，勒索学生的钱财，进而发展到抢劫出租车司机。至警方抓获为止，他们已抢劫出租车司机10多起，涉案金额达10000余元。令人吃惊的是，在警方审讯时，王某竟轻狂地叫嚣：“我的目标是要做‘大陆第二个张子强’！”“你知道张子强是干什么的吗？”警察问他，王某用鼻子哼了一声：“张子强是大富豪，是大英雄，他是我心中的偶像。”“王某”和“少年队”现象引发了人们对青少年犯罪问题的关注。究竟是什么原因，让一个曾经得到老师、同学、邻居、亲友一致好评的少年、学生干部、“三好学生”蜕变为“黑老大”？由未来的有用之才成为社会的危害？

【评析】

青少年犯罪正成为一个严重的社会问题，引起了人们强烈的关注。据全国的统计数据表明，刑事涉案的青少年数占同龄人口的比例，10年间翻了一番。目前，18岁以下的青少年犯罪占犯罪总人数的14%，让人触目惊心，更令人忧虑的是青少年犯罪呈现出的发展趋势：犯罪主体低龄化。据调查，自20世纪90年代以来的青少年犯罪的初始年龄比70年代提前了2~5岁，13岁以下的犯罪明显增多；犯罪手段恶性化，青少年犯罪虽然年龄小，但作案手段十分凶残，他们人小胆大，不计后果；犯罪行为顽固化，违法犯罪的青少年中屡教不改，多次“进宫”者大有人在，并且反复作案比例不断增大以及犯罪形式团伙化、犯罪类型多样化等。

残酷的事实令人忧心如焚。青少年犯罪已成为继吸毒贩毒、环境污染后的第三大社会公害，也越来越引起全社会的重视。可以说，预防和减少青少年犯罪工作已经成为全社会必须全力以赴去抓并且要抓好的当务之急。其意义不仅在于减少青少年犯罪数量，保障青少年健康成长，更重要的是维护长治久安的社会环境，保证21世纪我国经济社会发展的强大后续力。

1999年6月第九届全国人大常委会第十次会议通过的《预防未成年人犯罪法》更是以立法的形式吹响了全社会预防未成年人犯罪的号角。同时为开展此项工作提供了坚强的法律武器。应当说，诱发青少年犯罪的因素很多。从个人原因看，既有个人思想、道德、素质、修养、法制观念的原因，也有个人心理、生理发育的原因，从社会原因看，既有家庭、学校教育、社会文化环境等因素，也有不良交往、社会道德规范弱化等原因。其中，青少年成长的家庭结构的缺陷、家庭教育的偏差或不完善等家庭因素在青少年犯罪过程中起着重要的作用。

王某和“少年队”成员都是因为家庭中缺少温暖而一步步误入歧途而走上犯罪道路的。王某这名曾是“三好学生”、中队长、学习委员的好少年之所以会蜕变成“黑老大”，与他的家庭有着密不可分的关系。如果王某不是生活在极端贫困的矿工家庭，不是生长在缺乏家庭温暖的“暴力家庭”，他可能不会一步步走向犯罪的深渊。

据对“少年队”成员的调查，80%的家庭处在一个经济困难、缺乏温暖的家庭条件中，造成离家出走，有家不归的原因是“家”对于他们失去了温暖，没有“吸引力”可言。这些“另类少年”坦言，父母大都是工人，缺少文化，家庭暴力成为“日常功课”，给他们的身心带来了极大伤害。尤其令人吃惊的是，不仅“少年队”成员100%为辍学、失学少年，并且连其他的成年团伙成员90%也是失学、辍学者，最高文化程度仅为初中。失去教育，没有文化，缺乏家庭温暖是以王某为首的“另类少年”走上犯罪的第一个重要因素。

从我国立法实践看，家庭（青少年的父母）对预防青少年犯罪，保护青少年权益方面负有最直接的法律责任。《预防未成年人犯罪法》以1/5篇幅的条文规定了父母在家庭教育和预防青少年不良行为等方面的责任；《未成年人保护法》也将家庭保护作为对青少年的“五大保护”之首专章作出规定，从而在立法上突出了家庭教育、家庭保护的重要地位。家庭作为青少年的人生第一课堂，家庭教育对青少年的成长发挥着至关重要、举足轻重的作用。诱发青少年犯罪的家庭因素归根到底是由于家庭教育功能的弱化和不完善，其具体表现形式包括：

1. 现阶段家庭结构变迁的现状。

随着经济和社会发展，“四世同堂”等传统家庭模式日趋瓦解，代之以父母和未成年子女组成的核心家庭。在农村，由于经济的发展和农业科技的广泛运用，农村出现大量剩余劳动力，使得大量农村青壮年男女流入城市且常年在外，造成农村家庭结构的失衡，农业生产和家庭教育的重担落到了一个人的肩上；在城市，由于城市妇女普遍就业，城市双职工家庭已相当普遍。据有关资料表明，城市双职工家庭所占比例超过 80%。

在这种家庭中，父母们整天忙于工作、家务，无暇顾及子女的事情。而孩子放学回家后，因父母不在家，生活上无人照顾，学习上无人辅导，在遇到挫折时，又无人商量和给予帮助，实际上等于有父母的“孤儿”。家庭对于他们来说，没有多少温暖和吸引力，很容易受社会的不良影响或坏人的引诱而误入歧途。目前，广泛存在的家庭结构现状，即父母整日不在家或长期与子女不在一起，大大削弱了父母与子女的联系，降低了父母对子女的直接影响、教育和监督作用。

2. 缺陷家庭。

所谓缺陷家庭又称破裂家庭、不幸家庭，通常指因父母分居、离异、死亡等原因导致家庭的完整性遭到破坏的家庭。家庭结构缺陷对青少年心理上造成的损害是巨大的。当前，传统的婚姻家庭观念受到挑战，离婚率上升趋势明显，不完整家庭日益增多，这对青少年子女的健康成长极为不利。在这样的家庭中，孩子往往得不到应有的教育和照顾，享受不到家庭的温暖和父母的慈爱，有时甚至处于被遗弃的状态。这些孩子很容易因此变得孤僻、自卑、抑郁，从而对家庭及周围一切产生猜疑、蔑视和仇恨的态度，而且很容易把这种情绪转移到他人和社会上，以致产生不良行为和违法犯罪。

3. 不当的家庭教育方式。

目前，家庭教育的偏差与青少年犯罪有着直接的联系，主要表现在以下几方面：

(1) 思想上忽略对未成年子女的教育。一些父母在对子女应尽的义务上存在着片面的，甚至是错误的认识。他们往往只知道抚养子女是自己天生的职责，尽量满足他们的物质需要，但却忽视对未成年子女的家庭教育，不注意培养孩子良好的思想品德和行为习惯。片面地认为教育孩子主要是学校的事，是社会的事；错误地坚持“树大自然直”的想法，认为孩子大了自然会学好，因此疏于教育，忽视8小时以外家庭教育的重要性，以致子女由小毛病最后发展到不可收拾的地步。

(2) 溺爱型家庭教育。现代家庭结构变化的一个显著特点就是独生子女的增多。由于众多长辈看护一个孩子，盲目溺爱现象也随之越来越严重。在这样的家庭中，独生子女是家庭的中心，是家里的“小皇帝”。有的家长对孩子百般呵护，满足他们一切的物质享受；有的家长不管子女的要求是否合理，一概予以批准；有的家长对孩子的缺点和错误袒护包庇，纵容放任。这些行为的后果往往造成未成年子女沉溺于物质享受之中，养成不思进取、自私、任性的性格或者严重的心理依赖，导致其社会化的不完全，很难适应不断变化发展的社会，极易产生偏差行为。古人云的“宠子不娇，娇子必歧”也正是这个道理。

(3) 专制型家庭教育。对子女盲目溺爱、袒护包庇容易导致不良行为，但对他们的过错施以极粗暴的体罚也会造成严重后果，“棍棒底下出孝子”的传统信条也是一种失败的教育方式。①从心理学的角度分析，少年期（青春期）的青少年有强烈的独立意向和自尊心，易感情用事但又不善于控制，常因一点小事被激怒而表现出反抗行动。有关数据表明，许多经常受父母打骂的少年，暴力和攻击倾向严重。特别是在父母的粗暴压制情况下，极易被激化而爆发。浙江某地一中学生杀母案就说明这一点。②家长专制使亲子关系紧张，从孩子不对父母说知心话、贴心话，发展到孩子对父母的对抗心理。由于缺乏家庭温暖和关怀，时间一长，未成年子女就会想方设法到家庭之外的社会上去寻找所谓的“温暖”，从而过早踏入社会，其后果也就可想而知了。③父母专制使青少年的人格特点畸形发展。有的孩子在外面做了错事或成绩不好，为逃避父母的体罚，慢慢地学会撒谎、欺骗的手段和方法，形成孩子说谎、欺骗和虚伪的不良心理品质，这正是孩子变坏的基础。

（4）庇护型家庭教育方式。这种教育方式实质是溺爱型家庭教育方式的一种极端发展。当自己的子女有不良行为或呈违法犯罪之后，家长不是主动地同社会有关部门一起，对其进行教育、挽救，帮助其改正，而是千方百计地袒护、包庇甚至怂恿，使未成年子女在违法和犯罪的道路上越滑越远。过去一个即将走上刑场的罪犯咬掉亲生母亲乳头的故事，早已揭示了这种庇护式家庭教育的失败。

4. 不正常的家庭环境。

所谓不正常的家庭是指家长间关系不睦，家庭关系紧张或者父母自身道德不良、行为不端的家庭。父母榜样的影响对未成年子女道德意识和道德行为的形成和培养具有重大的作用。前苏联教育家马卡连柯这样描述父母对自己行为要求的重要性："你们自身的行为在教育上具有决定意义。不要以为只有你们同儿童谈话或教育、吩咐他们的时候，才是在教育儿童。在你们生活的每一瞬间，甚至当你们不在家的时候，都教育着他们。你们怎样穿衣服，怎样跟别人谈话，怎样谈论其他人，怎样表示欢欣和不快，怎样对待朋友和仇敌，怎样笑、怎样读报……所有这些都对儿童有很重要的影响。"

不正常的家庭环境，对青少年的不良影响是十分严重的。主要表现在：

第一，父母关系不睦，家庭气氛紧张会对青少年的心灵产生严重的创伤。在父母关系恶化的家庭中，家庭生活气氛总处于紧张的状态下。在这样的环境下生活，一方面未成年子女得不到正常的引导和教育，更为不幸的是他们往往成为父母争吵的"出气筒"和"发泄对象"。孩子得到的不是父母的亲近、温暖和体贴，而是疏远、冷淡和怨恨，因而很容易养成暴躁、冷酷、孤僻、厌世以及不信任他人的病态性格。有的孩子由于不堪忍受而离家出走，流浪社会以致失足犯罪。

第二，父母不道德行为的消极影响。对青少年犯罪案例分析的结果表明：青少年许多不良品质往往是其父母生活习惯、价值观、品德的反映，是未成年子女模仿和潜移默化感染的结果。突出表现在：①父母的道德状况直接影响到子女的道德状况；②父母生活的不检点直接导致青少年性犯罪的增加；③个别父母直接唆使未成年子女违法犯罪等。

在本案中，王某就生长在一个专制型家庭里。父亲既是这个家的顶梁柱，同时又脾气暴躁、嗜酒如命，是家里的专制君主。在王某的生活中，充满了家庭暴力的阴影，使他的身心受到了无法弥补的创伤。这样的家庭环境最终使他走上了违法犯罪的道路。

事实证明，家庭暴力是青少年产生不良行为的催化剂。家庭暴力给青少年带来的不仅是皮肉之苦，更多的是心灵的创伤和行为的扭曲。家庭暴力加剧了青少年不良行为的产生和亲子冲突。事实上，打骂孩子不仅没有制止反而加剧了孩子的不良行为。同时，父母打骂孩子的直接后果，不仅使未成年的孩子承受皮肉之痛，更严重的问题是使他们的心灵受到伤害，对父母产生排斥心理，并成为“离家出走”的直接原因。

经常在父母的打骂中生活的孩子，极易产生不良的性格特征。性格暴躁是青少年犯罪的内在动因，而父母的打骂则是青少年不良性格产生的重要根源。父母的暴力行为成为孩子的攻击性示范。儿童具有强烈的模仿他人行为的倾向，家庭成员，尤其是父母，是年幼的孩子最早模仿的主要对象，而且父母在孩子心目中越是重要、权威性越强，孩子模仿得越起劲。孩子长期受到父母打骂，就会模仿父母的惩罚性行为，学会粗暴、打斗、残酷，并依照父母的这种示范来攻击别人。

我国《婚姻法》明确规定：“父母对子女有抚养教育的义务。”教育是指父母从思想品质、遵纪守法上关怀培养子女，这是为人父母者的法律义务。当前，独生子女多，家庭教育越来越显得重要。爱子女，不仅是生活上的关心照顾，更重要的是为子女的健康成长作长远考虑。教育子女懂是非，明爱憎，培养子女成为德才兼备的有用之材。根据《未成年人保护法》和《预防未成年人犯罪法》的规定，父母教育子女应负的义务和责任是：

1. 教育青少年不得吸烟、酗酒。青少年正处在生长发育阶段，对他们的身心健康，父母或者其他监护人都应当倍加关心、爱护和保护。吸烟、酗酒是有害健康的不良行为。如果青少年小小年纪就染上了抽烟、喝酒的不良嗜好，成瘾以后将很难戒掉，将会影响他们的健康成长。因此，法律规定父母或者其他监护人和学校，都负有责任和义务，教育青少年不得吸烟、酗酒。

2. 对夜不归宿的青少年应当及时查找。一方面，由于青少年智力发育尚未完全成熟，社会经验还很少，缺乏对复杂事物的判断能力和鉴别能力，也缺乏对不良行为的抵制力。如果青少年夜不归宿，更容易受到社会不法分子的教唆和引诱，染上一些不良习惯。另一方面，监护人负有保护青少年的人身安全的义务。青少年如果夜不归宿，其生命健康和安全会受到较大的威胁，极易受到伤害和侵犯，如被强暴、拐卖等。其他人欲收留夜不归宿的青少年，应当事先征得青少年父母或者其他监护人的同意，或者在留宿青少年时起24小时内，及时通知青少年的父母或者其他监护人、所在学校或者及时向公安机关报告。

3. 发现青少年组织或者参加实施不良行为的团伙，应当及时制止。一些青少年平时不注意品德修养，爱讲“哥们义气”，拉帮结伙，实施不良行为。青少年的父母或者其他监护人，如果发现青少年组织或者参加实施不良行为的团伙，应当及时予以制止。通俗地说，监护人要管住青少年，发现青少年组织或者参加打架、偷窃、赌博等团伙的，应当及时制止，使其脱离该团伙，并且不再实施这些不良行为。但是，家长也要注意方式方法，暴力、体罚、虐待等简单粗暴的管教方法，并不利于使青少年真正远离不良行为，也不利于青少年健康成长，而应当注重说服教育，注重做思想工作，使青少年真正意识到不良行为的危害性，自觉抵制不良行为。

4. 发现教唆、胁迫、引诱青少年违法犯罪的，应当向公安机关报告。社会上一些不法分子，利用青少年无知、幼稚、缺乏判断力和抵制力，为了达到其不可告人的非法目的，实施教唆、胁迫、引诱青少年违法犯罪的行为。教唆，是指以演示或传授方法，鼓动、唆使他人实施违法犯罪行为；胁迫，是指以威胁的方式迫使或者促使他人实施不法行为；引诱，是指以金钱、物品、名利等做诱饵，诱使他人实施不法行为。这些不法分子所实施的教唆、胁迫、引诱的行为本身，就属于违法犯罪行为，应受到法律的制裁。青少年的父母或者其他监护人，如果发现有教唆、胁迫、引诱青少年违法犯罪的，应当及时向公安机关举报，以便公安机关及时侦破案件，对这些实施违法犯罪行为的人依法予以查处。

5. 不得让不满16周岁的青少年单独居住。不满16周岁的孩子，身体和智力发育尚未成熟，生活上缺乏自理能力，智力上正处于接受教育阶段，对于社会上的一些现象和行为又缺乏判断能力和抵制能力，这时正是需要监护人尽监护职责的时期。一个未成年的孩子，一旦脱离家长的监护，单独居住，一方面由于生活上缺乏家长的照顾和抚育，健康会受到影响，另一方面孩子的教育也会受到影响，这里的教育即包括科学文化知识的教育、道德品质和做人准则的教育、法制教育等。更为严重的是，青少年单独居住，容易染上不良行为，侵犯他人权益；而且，青少年的生命安全也失去了家长的有效保护，也容易受到他人的伤害和侵犯。因此，未成年的家长必须尽到其应尽的职责和义务，不得让未满 16 周岁的青少年单独居住。如果青少年的父母或者其他监护人让不满 16 周岁的青少年脱离监护，单独租房居住，就是未尽到其法定的监护职责。

6. 不得放弃监护职责。青少年的父母或者其他监护人对青少年不得放任不管，也不得迫使其离家出走，放弃监护职责。现实生活中，有些青少年的家长或者只顾自己做生意，或者因贪杯酗酒，迷恋赌桌、舞场等，或者是对孩子的管理和教育失去了耐心和信心，而对孩子放任不管，任其自流，孩子的生活如何、学习怎样，根本不闻不问；或者对孩子采用棒打、体罚、虐待等简单粗暴的方法，迫使其离家出走，完全放弃自己的监护职责。这些家长的做法和行为是违法的，应当予以制止。青少年离家出走的，其父母或者其他监护人应当及时查找，或者向公安机关请求帮助，公安机关应当尽其职责。

7. 离异父母双方对子女都负有教育的义务。近年来，离婚家庭不断增多，父母离异给孩子的身心健康和教育都带来一些不利的影响。许多单亲家庭的家庭教育非常薄弱，孩子处于放任自流的状况，这也是孩子沾染上不良行为甚至违法犯罪的一个重要原因。为了保护离异单亲家庭孩子的正常成长，《预防未成年人犯罪法》对这种单亲家庭孩子的教育作了专门的规定："未成年人的父母离异的，离异双方对子女都有教育的义务。"毫无疑问，这里的教育义务，既包括文化知识、科学知识等方面的教育义务，也包括人格、品行、道德、法制等方面的教育义务。任何一方不得因离异而不履行教育子女的义务。

总之，家庭是预防青少年不良行为和违法犯罪行为的第一道防线，是孩子的第一课堂，家长是孩子的第一任老师。因此，家长必须尽到应负的责任和义务。

在本案中，王某长期离家出走，他的父母对其不闻不问，放弃了自己的监护职责。在王某受社会上的不法分子教唆、引诱和胁迫，走上违法犯罪道路，并参加和组织犯罪团伙的情况下，也没有及时发现和制止，未尽到作为青少年监护人的法定义务，是导致王某走上歧途的直接原因；导致王某和“少年队”成员走上歧途还有社会不良文化、不良环境的直接或间接影响。“一切向钱看”、“有钱就是人上人”几乎成了王某等人心中信奉的唯一准则，为了弄钱，王某等“另类少年”公然抢劫、勒索，并把臭名昭著的“张子强”作为心中偶像，宣称要成为“大陆第二个张子强。”

价值观念、价值取向错位与影响青少年的社会不良文化有相当大的因果关系，尤其是一些宣扬暴力、凶杀的影视剧中，“黑老大”成为威风八面的“好汉”、“英雄”，这些影视剧使青少年的身心受到极大的戕害，对青少年在是非善恶的辨别、认知方面进行了误导。可以说，不良的社会文化、社会环境是造成“王某”们走上犯罪道路的外因条件。

从另一个角度看，王某从一名“三好学生”最终成为“黑老大”的过程，也可以说是法律意识、法制观念缺乏的过程。普法教育必须从孩子们抓起，增加公民的法律意识和法制观念，第一步应从少年儿童身上抓起。王某蜕变成“黑老大”，在现实生活中给社会各界、法律工作者、教育工作者敲响了沉重的警钟。

引导孩子正确地面对网络

【案例】

徐某是某中学高二年级学生。为了孩子学习的需要，徐某的父母为他买了一台电脑。看着自己的孩子越来越熟练地使用电脑，徐某的父母十分地欣慰。缺乏电脑知识的他们，没有想到这背后潜在的危险。没过多久，徐某便开始痴迷上网聊天、打游戏。徐某的父母发现孩子每天早上起来都显得十分疲惫，还以为是晚上学习用功所致。一次，徐某在上网的过程中，偶然发现了一个黄色网站。徐某被网站上的内容所吸引，情不自禁地注册了一个账号，自此便频频地登录这家网站。这家网站不仅提供色情的电影、图片，还将一些色情娱乐场所的信息提供给上网者。尚未成年的徐某禁不住诱惑，按照网站上提供的地点，来到其中的一家夜总会。正当他准备接受夜总会里的色情服务的时候，被突击检查的民警抓获。

【评析】

近年来，世界各地尤其是发达国家的青少年受网络色情、暴力、赌博等种种网络垃圾影响而导致犯罪的报道屡见报端。在本案中，徐某正是受到网络色情的影响，才迈出了危险的一步。在这个过程中，徐某的父母未能正确地监督和引导孩子上网是一个重要的原因。由于青少年的身心尚不成熟，缺乏有效的辨别和控制能力，面对网络所提供的种种诱惑，如果缺乏正确的引导，他们常常会走进误区，甚至被引上歧途。因此，家庭、学校、社会要主动地引导青少年上网，提高他们的辨别和选择能力，使他们正确地使用网络，保障青少年的身心健康成长。

保护孩子不受网络垃圾毒害的最有效办法是从家庭做起，给孩子创造一个干净的空间，让网络垃圾没有市场。青少年是网络垃圾的最大受害者，特别是缺少家庭关爱的孤独的孩子和对新鲜事物好奇的孩子更容易受网络垃圾的诱惑。因此，家长一定要给予孩子更多的关爱，引导他们接触有益的事物，向他们讲解网络垃圾的危害。但青少年毕竟缺少完全克制自己的能力，面对新鲜事物好奇也是不可避免的。

在给予青少年亲情关爱的同时，还必须采取一些强制性措施，如坚决禁止孩子在成人网站上聊天、漫游；禁止孩子与网上的陌生人对话；将上网电脑安放在家庭的公共房间，绝不在青少年房间里安装上网电脑，以便随时掌握孩子的上网情况，不给他们因好奇而偷偷上成人网站浏览的机会等。与此同时，家长还要对孩子的情绪变化细心观察，注意随时察看孩子登录过的网站。如果发现孩子经常上网，并出现精神萎靡、离群索居等异常情况，应该予以警惕。及早发现、制止和纠正孩子的不良行为，是防止孩子因网络垃圾而走下坡路和犯罪的有效手段。提供网络垃圾的方式和手段是多种多样的，广大家长们一定要提高警惕，与全社会一道为孩子创造一个安全干净的空间，不给那些依靠网络欺骗青少年和牟取暴利的人以可乘之机，保护好孩子，保护好人类的未来。

防止子女强行索要财物

【案例】

万某（男，15 岁）是某中学高一年级学生。从小学到初中，万某的学习成绩都非常好，而且与老师和同学们相处得十分融洽，受到大家的一致好评。2003 年夏季，万某以优异的成绩考入了当地重点高中。但高中生活所出现的意外却改变了万某的人生道路。万某就读的高中，周边的治安环境十分不好，经常有一些社会上的小流氓、小混混在学校附近骚扰学生，向学生索要财物，如果不给，就会经常性地被欺负。

大多数学生都选择了破财免灾，忍气吞声。万某初到这所学校，不了解学校的情况。一次，万某在晚自习后到学校外面的小吃部吃东西。吃完东西，万某付了钱，刚刚走出门，就被几个小流氓拦住了。万某刚才付钱的时候，被他们看到钱包里有不少钱，所以他们就盯上了万某。他们把万某推到阴暗的墙角，威胁说："把钱拿出来，不然有你好看！"

倔强的万某瞪起眼睛，说："干吗要给你？"

话音刚落，迎面就是一记耳光，打得万某眼冒金星。接着是一顿拳打脚踢，把万某打得瘫倒在地上，钱也被抢走了。小流氓们临走时，还甩下一句话："以后见你一次，打一次。聪明点儿，就早点儿把钱准备好，孝敬大爷。"

果然，以后，几个小流氓经常性地来欺负万某，每次都把万某打得鼻青脸肿。回到家里，父母问起来，万某又不敢说，怕父母担心，就谎称自己是打球跌的。

时间一长，万某心里积满了仇恨，想起几个小流氓就不由自主地咬牙切齿，样子十分可怕。万某决心要报复。经过一番周密的计划，万某把学校里一些经常被校外的小流氓欺负的同学联合了起来，决心自卫。

一天晚上，万某在校外闲逛，又遇到了以前的抢他钱的小流氓。他们将万某围住，向万某要钱，只见万某一声呼哨，从各个角落里冲出了一群手里拿着木棍、砖头、扫把的学生来，把小流氓们团团围住。小流氓们见了这情形，吓得屁滚尿流，跪地求饶。万某就像黑社会"老大"一样，摆了摆手："滚吧，以后别让我再看见你们！"

从此，万某成了学生中的头头，凡是在校外被骚扰的同学都来找万某帮忙。遇到这种事，万某就组织一批同学，找对方谈判，很轻松地就将事情摆平了。

做这种事，让万某有一种心理上的满足感。他觉得自己很伟大，像领袖一样，一呼百应，没人再敢小看自己。时间长了，万某觉得这样白给别人帮忙很没劲，开始要求来求助的学生交"劳务费"，请出面帮忙的同学撮一顿。再到后来，万某竟然在学校里收起了"保护费"，凡是在这所高中读书的同学，人人都要交，否则就要被"修理"。最后，万某发展到强抢同学的财物，甚至到校外去抢。在一次抢劫中，万某被巡警抓获，并被公安机关拘留。

【评析】

《预防未成年人犯罪法》第 14 条规定："未成年人的父母或者其他监护人和学校应当教育未成年人不得有下列不良行为：

（一）旷课、夜不归宿；

（二）携带管制刀具；

（三）打架斗殴、辱骂他人；

（四）强行向他人索要财物；

（五）偷窃、故意毁坏财物；

（六）参与赌博或者变相赌博；

（七）观看、收听色情、淫秽的音像制品、读物等；

（八）进入法律、法规规定未成年人不适宜进入的营业性歌舞厅等场所；

（九）其他严重违背社会公德的不良行为。"

所谓强行向他人索要财物，是指利用轻微暴力、以暴力相威胁或者以其他手段要挟的方法迫使财物所有人或者保管人交出财物的行为。这种行为具有以下特征：

（一）在主观意图上，未成年人明知是他人的财物而强行索取，具有故意的心态。

（二）在行为上表现为以殴打、轻微伤害等轻微暴力手段加之于财物的所有人或者保管人；也可以是将要对财物的所有人或者保管人或其亲友实施暴力相威胁，或者以将要破坏其财产相威胁，或者以揭发被索要人的隐私相威胁等。未成年人强行索要他人财物可以直接面对面地对被索要人进行，也可以通过第三者的口头或者书面信件进行威胁，达到索要财物的目的。

（三）非常重要的一点是，这种行为必须是情节轻微。强行索要财物的数额很少，使用暴力的手段性质不算恶劣，也没有导致严重后果，社会危害性不大而不构成违法犯罪的行为。

未成年人强行索要他人财物一般表现为因喜欢而意图占有别人的玩具，抢吃他人的食物，在学校里向其他同学索要少量的饭、菜票、现金的行为等。

根据法律的规定，未成年人的父母或者其他监护人要教育未成年人不得实施强行向他人索要财物等不良行为，对实施上述行为的未成年人要进行批评，责令其改正。同时，根据法律规定，未成年人的下述严重危害社会，尚不够刑事处罚的违法行为是严重不良行为：

（一）纠集他人结伙滋事，扰乱治安；

（二）携带管制刀具，屡教不改；

（三）多次拦截殴打他人或者强行索要他人财物；

（四）传播淫秽的读物或者音像制品等；

（五）进行淫乱或者色情、卖淫活动；

（六）多次偷窃；

（七）参与赌博，屡教不改；

（八）吸食、注射毒品；

（九）其他严重危害社会的行为。

父母或者其他监护人和学校对青少年实施严重不良行为的，应当及时予以制止。对有严重不良行为的青少年，应当相互配合，采取措施严加管教，也可以送工读学校进行矫治和接受教育。对青少年送工读学校进行矫治和接受教育，应当由其父母或者其他监护人，或者原所在学校提出申请，经教育行政部门批准。青少年有法律规定的严重不良行为，构成违反治安管理行为的，由公安机关依法予以治安处罚。

因不满14周岁或者情节特别轻微免予处罚的，可以予以训诫。青少年因不满16周岁不予刑事处罚的，责令他的父母或者其他监护人严加管教；在必要的时候，也可以由政府依法收容教养。

根据《治安管理处罚条例》第23条的规定："有下列侵犯公私财物行为之一，尚不够刑事处罚的，处15日以下拘留或者警告，可以单处或者并处200元以下罚款：

（一）偷窃、骗取、抢夺少量公私财物的；

（二）哄抢国家、集体、个人财物的；

（三）敲诈勒索公私财物的；

（四）故意损坏公私财物的。"

因此，对青少年实施的强行向他人索要财物的行为，可以依法处以拘留、罚款或者警告。父母和其他监护人应当及时制止青少年的上述行为，严加管教，或将行为人送工读学校进行矫治和接受教育。已经构成犯罪，但因行为人不满16周岁而不予刑事处罚的，除责令父母严加管教外，也可以由政府收容教养。

在本案中，万某多次强行向他人索要财物，公安机关对其进行治安拘留，是正确的。但反思万某由一个受害者，被迫自卫，到走上违法犯罪的道路，最终堕落为一个抢劫犯的过程，有许多问题值得深省。在实施预防青少年犯罪教育，对青少年的不良行为进行预防和矫治的过程中，家庭和学校都承担着不可推卸的责任。

本案中，万某所在的学校负有保障在校学生人身和财产安全的责任。对学生的人身和财产长期和普遍受到来自校外的骚扰和侵害，学校不可能不知情，但却未能及时采取有效措施，保护在校学生的合法权益，致使学生被迫采取自卫的方式来保护自己，最终导致万某等人由自卫走上违法犯罪道路，学校应当承担相应的责任。

万某的父母作为万某的监护人，承担着抚养、教育和保护未成年子女合法权益的法律职责，在万某受到侵害时未能及时发现并向学校和公安机关反映、求助，在万某出现严重不良行为时也未能采取有效措施予以制止和管教，最终使万某堕落为违法犯罪分子，是万某父母的失职。

当然，万某在自己受到不法侵害时，本应向父母、学校和公安机关求助，但他却选择了自卫这种不明智的方式，既不利于保护自己，也最终使自己由自卫走向违法犯罪的道路，害人害己。这在一定程度上反映了青少年法制观念的淡薄和加在父母、学校和社会肩上的青少年法制教育的担子的沉重。

防止孩子夜不归宿

【案例】

王某是独生子，父母对他寄予厚望，要求很严。王某为了讨父母的欢心，努力学习，成绩一直很好。每次，王某如果考试取得了好成绩，父母都要为他庆祝，还送给他礼物，但如果考不好，就要挨父母的骂，甚至挨打。适逢期末考试，由于学校出的题比较难，王某临场发挥得又不好，虽然他做了认真的准备，但成绩仍然不理想。拿到成绩单，王某的心情十分难受，他知道自己又要挨父母的骂了。一想起父母那严厉的眼神和劈头盖脸的责骂，王某就心里一沉，那种滋味太难受了。由于害怕回家，王某在学校里徘徊了良久，眼看天都黑了，王某只好走出了校门。路灯一盏盏地亮了起来，转悠在街头的王某仍然鼓不起回家的勇气。时间越来越晚，王某内心的恐惧也越来越强，他更加地不敢回家了。走着走着，王某来到一个公园的门口，他停了一会儿，掏出口袋里的零钱，买了张门票，进了公园。由于天色已晚，公园里除了一些成双成对的情侣，已经没有什么人了，到处一片漆黑。王某找了一张没有人的长椅，躺了下去，度过了一个凄清、寒冷的夜晚。王某整晚未归，一开始父母还以为他去了同学或者亲戚家里，但一圈电话打下来，仍然不见王某的踪迹，这下可急坏了他们。他们发动亲友、王某的老师、同学到处寻找，直到天亮，还是不见王某。

在公园里睡了一整夜的王某又饿又冷，天亮后，他到外面的早点摊上吃了碗馄饨，又在大街上闲逛了一整天，晚上仍然到公园里度夜。王某的反常表现引起了公园工作人员的注意，他们将王某带到了值班室，经过一番询问，王某说出了自己因为害怕挨父母打骂而不敢回家的事情。在公园工作人员的护送下，王某回到了自己温馨的家。父母一看到自己的孩子回家了，便一把搂在了怀里，眼泪“劈劈啪啪”地掉了下来。知道了孩子是因为考试没考好，怕挨骂而不敢回家时。王某的父母迭声说：“以后，爸爸妈妈再也不骂你了!”王某是幸运的，在他夜不归宿期间，没有发生意外，父母在得知了他不肯回家的原因后，也作出了反省，但是，是不是每个夜不归宿的青少年都有这么幸运呢？面对青少年夜不归宿的反常行为，父母们又应当如何处理？从青少年夜不归宿的原因中，应该吸取什么样的教训呢？

【评析】

我国《预防未成年人犯罪法》第14条第1款规定：“未成年人的父母或者其他监护人和学校应当教育未成年人不得有下列不良行为：（一）旷课、夜不归宿……”所谓夜不归宿，是指未成年人未经其父母或者其他监护人的同意，到深夜还不回家的行为。导致未成年人夜不归宿的原因很多，如参加同学的生日晚会，或在外迷路未归，或在学校参加晚自修过晚而不敢回家，在学校留宿，或因逃学和考试成绩不好而不敢回家，或在外参加违法犯罪活动而未归，诸如此类。在本案中，王某就是因为期末考试没有考好，害怕挨父母的打骂而不敢回家，从而夜不归宿的。从事青少年犯罪原因研究的许多学者指出，离家出走、夜不归宿是“犯罪的温床”。夜不归宿的青少年往往身无分文、吃住无着落，夏天还可在街头、公园露宿，冬天则往往寒夜难熬，迫不得已时便产生偷盗的念头；或者纯粹是因为闲得发慌，从破坏公私物中寻找乐趣，这时路灯、公园的椅子等物品就难逃厄运。多次夜不归宿的青少年往往也不到学校上课，彻底游荡街头，容易与其他流浪者产生“同是天涯沦落人”的感觉，开始结成团伙甚至是违法犯罪集团。夜不归宿一方面使得青少年很容易成为堕落者；另一方面则因青少年势单力薄而易处于被欺负、被侵害的境地，夜深人静时遇到坏人难以求救，很容易成为抢劫、伤害等违法犯罪活动的受害人，而女孩子则往往成为强奸犯罪的被害人，她们被强奸后，若产生“破罐子破摔”的念头，则易走上卖淫的道路。因此，青少年切不应夜不归宿。

《预防未成年人犯罪法》第16条规定：“中小学生旷课的，学校应当及时与其父母或者其他监护人取得联系。未成年人擅自外出夜不归宿的，其父母或者其他监护人、其所在的寄宿制学校应当及时查找，或者向公安机关请求帮助。收留夜不归宿的未成年人的，应当征得其父母或者其他监护人的同意，或者在24小时内及时通知其父母或者其他监护人、所在学校或者及时向公安机关报告。”

绝大部分的父母或者其他监护人都能在发现未成年人夜不归宿时及时寻找，通过与学校、亲友联系，发现未成年人的去向和夜不归宿的原因，在夜不归宿的未成年人归家时做好他们的思想转化工作，避免他们以后再离家出走。

部分父母或者其他监护人则麻痹大意、放松警惕，以为自己的孩子是大人一个，不会出什么问题，即使当日未归也肯定是到亲友和同学家里去了，特别是那些经常在外留宿的未成年人的父母或者其他监护人更是有这种想法。这样的父母或者其他监护人很容易失去当时就去寻找未成年人的机会，等过了若干天之后才发现自己的子女或受其监护的人失踪了，此时再去寻找就非常麻烦。所以，任何父母或者其他监护人发现未成年人已经深夜不归家的，就应通过各种途径查寻未成年人的去向，以便发现其失踪时及时寻找。

如果未成年人是在学校留宿的，则应由学校肩负发现未成年人学生夜不归宿并及时寻找的义务，因为未成年人寄宿在学校，使得其父母或者其他监护人不可能及时知道未成年人是否夜不归宿的情况，而且，大多数寄宿在学校的未成年人的父母或者其他监护人的居住地离学校很远，他们没有及时查找夜不归宿的未成年人的便利条件；相反，未成年人寄宿的学校则比较容易发现未成年人夜不归宿并及时查找他们。

父母或者其他监护人或寄宿制学校在自己寻找夜不归宿的未成年人的同时，还可以请求公安机关帮助查找，特别是在大中城市，那里街道纵横，楼群林立，未成年人的父母或者其他监护人以及亲友在这样的环境里寻找失踪的未成年人往往力不从心，这时请求公安机关的帮助就显得特别必要。公安机关接到帮助请求的，不得推卸责任、贻误时机，应及时寻找夜不归宿的未成年人。

在本案中，王某在失踪的次日就被安全送回家中，应该说是不幸中的万幸。他的父母警惕性也比较高，在发现王某失踪后立即组织亲友、王某的同学寻找，处置也是比较得当的。但王某的父母应当从王某夜不归宿的原因中总结经验教训，改进对王某的教育方式，放弃对孩子过高的、不切实际的期望，以避免这样的事情再度发生。

帮助孩子远离校园暴力

【案例】

一个仲夏的晚上，一群初、高中生，相约来到某中学门口草坪纳凉。闲来无事，他们便彼此交换着社会上那些打打杀杀的传闻，聊到兴奋处，他们中忽然有人提议成立一个帮派，方便以后有谁被欺负的时候大伙好有个照顾。众人附和，随即便仿效港台影片中黑社会组织的一些做法，设立“帮主”、“帮规”，并发誓“有福同享，有难同当”。仅2个月时间，这个具有黑社会性质的帮派组织发展到100多人。不久前，这群未成年人仅仅为了“练胆子”而集体杀死2个小伙伴，令人震惊。他们结伙恐吓、勒索行人，调戏、侮辱女学生。帮派骨干分子先后多次带数十名成员，手持木棍、铁管、尖刀，为争夺“地盘”，与另一帮人“开片”、决斗。这是一股不可漠然视之的邪恶势力。后在公安机关的打击下，这个未成年人犯罪团伙终于被绳之于法。

【评析】

我国《预防未成年人犯罪法》第17条规定：“未成年人的父母或者其他监护人和学校发现未成年人组织或者参加实施不良行为的团伙的，应当及时予以制止，发现该团伙有违法犯罪行为的，应当向公安机关报告。”导致这群初中生、高中生走向犯罪道路的原因是多方面的：

第一，未成年人自身生理和心理上的原因。其主要表现在生理上发育加速、青春期提前、性意识开始出现，这是青春期典型的心理特点。

第二，是社会的原因。比如性信息量剧增，社会不良风气的影响增强等。

第三，是教育上的原因。教育可分为家庭教育和学校教育，但家庭教育往往起到主导作用，因为孩子首先接触的是其父母，并且大部分时间在家里度过，家庭的结构模式和父母的教育方式，对未成年人的成长有重大作用。那么做家长的应该经常反思，我们给了孩子怎样的家教，还应该怎样做。

首先，家长要明确教育对象。

思想正处于发育中的孩子，生理上和心理上的不成熟使得未成年人考虑事情极其简单和片面，所以父母应当时常关注子女的行为和变化，他看了什么样的书、什么样的影视作品，接触了什么样的人和事，对他们的世界观、人生观产生怎样的影响？要想办法尽可能地保持与孩子的交流。要在适当的时候，平静地与孩子讨论问题，比如“要是有好朋友约你逃课，你会去吗？”“你觉得谁是你心目中的英雄？”努力在一种轻松的气氛中，表达这样一种信息：爸爸妈妈不是想操纵你，把观点强加于你，只是想了解你，帮助你。

当然，孩子有时也会故意掩饰自己的某些观点，那么家长应在孩子日常表现上下功夫。比如，孩子是不是结交了新朋友，有没有逃学行为，最近情绪有没有变化，等等。一旦有问题，不能简单地限制和要求，更不能一味的责备甚至采取粗暴的处罚措施。只要孩子愿意坦诚地和父母交流意见、想法，那么，父母的意见就会产生作用。

其次，要教育孩子学会自我保护。比如，要教会孩子学会拒绝。当有人相约到偏僻的地方玩时，要坚决拒绝；教导孩子在受到侵犯时要立即逃脱，并寻求帮助。

家庭是构成社会的基本单位，是一个成长最可靠、最直接、最亲密的生活环境。良好的家庭环境和家庭教育，可以培养和激发人们正直、善良、乐观、积极向上的思想品德和高尚情操。所以家庭教育对未成年人起着十分重要的作用，家长应当把教育子女作为一项长期的任务。

青少年犯罪的家庭防线

【案例】

案例1：王某今年14岁，就读于某重点中学初二年级，是一个勤奋好学的好学生，有一次因为疏忽没有认真完成老师布置的作业，回家后被父亲狠狠地打了一顿，并被罚跪在地上承认错误后才能站起来，王某自尊心受到了很大的损害，他觉得父母并不爱他，家里面不再有温暖，于是当夜跳楼自杀。

案例2：郑某今年16岁，是某中学高一年级学生，由于迷恋上网，在外大手大脚地乱花钱，并到处借钱。一日趁父母外出做生意，为了还清债务，他偷了家里面抽屉里的500元钱，被在家的爷爷发现，爷爷说："你爸爸回来后，我告诉他，让他打死你。"郑某想到自己做错事被爸爸拳打脚踢的情景，气愤之下用扁担打死了业已70高龄的爷爷。

案例3：魏某今年17岁，在家备受父母的宠爱，又因家里有钱，所以在外经常吃吃喝喝。但由于魏某学习成绩优异，年年都被评为"三好学生"，所以每次向父亲要钱时，只要他开口要二三十元，父亲就会给他五六十元，父亲经常对他说："只要你成绩好，要什么我都满足你。"后来魏某在下馆子时，认识了几个"哥们"，于是魏某跟着几个"哥们"开始鬼混。经常出钱给"哥们"吃、喝、玩。某日，"哥们"几个喝酒过度，为了报答魏某，在校门外把魏某平时看不惯的赵某打成重伤。

【评析】

近年来，连续发生青少年自杀、杀人的案件。正当人们感慨万千、唉声叹气的同时，家长们也不得不反复认真地反思家庭教育中出现的诸多问题，反思应该如何做家长，反思当今家庭教育的弊端。

从以上3个案例我们可以看出，现在的家庭教育往往容易走入3个误区：有的是不容忍子女犯任何错误，犯一点小错误就严加惩罚，如案情中王某的家长；有的是对子女在外的行为放任不管，如案情中郑某的家长；有的只是在生活上给予孩子无微不至的关心呵护，如案情中魏某的家长。然而，这些家长都犯了一个严重的错误，即忽略了子女心理健康的教育，在心理上将孩子视作可以任意处置的私有财产，从不将孩子看作是有独立人格的平等主体。

家长"望子成龙、望女成凤"心切，只重视智力知识的学习掌握而忽视孩子性格、品德、道德情操的培养、教育。在这样的心态支配下，要么恨铁不成钢，对孩子抱着过高的期待与幻想，一旦预期得不到满足，他们就采用暴力，或者认为自己的子女无药可救，一切只有通过"武力"解决。正是因为他们错误的教育思想，往往导致孩子走上违法犯罪的道路，或者给家庭带来严重的不良后果。像王某那样，因为一次作业没有完成，被粗暴处罚，结果因自尊心受到很大损害而跳楼自杀；或是像郑某那样，因为偷钱还债，害怕父亲惨打而重压之下杀其爷爷，置关心疼爱自己的亲人于死地；或是像魏某那样，因在外私混而沾染了不良的社会习气。

“养不教，父之过。”只有不合格的家长，没有不合格的孩子。如何学会做一个合格的家长，这是每一个家长都不能回避的问题。家庭是社会的细胞，是人性、人生理想的养育所，是青少年生活时间最长、最重要的成长环境。家长与子女关系密切，接触多，对子女的影响也最大。在预防和减少青少年犯罪问题上，家庭是一条必不可少的重要防线。作为家长应该懂得，一个正常的孩子所能承受的压力是有限的，一旦超过这个极限，就有可能引起反常行为或精神崩溃，精神脆弱、自控能力差的孩子甚至会做出自杀或杀人的极端行为。最重要的缓解压力的办法是改变家长的思维方式，除了关心孩子的生活和学习以外，还应学会理解和尊重孩子，学会注意孩子是否生活得快乐、健康和幸福。

预防孩子产生偷盗抢劫行为

【案例】

王某今年 15 岁，父母经常在外做生意，留下他在家上学。然而父母刚走几个月，王某在家感到很孤单，于是便约同学到自己家玩扑克、打麻将。时间长了，扑克、麻将都玩腻了，他们便经常到外面租影碟到家里来看。某日，影碟店的出租老板告诉他们要不要看一些“好看”的，王某等几人欣然应允，看完这些“好看”的片子后，他们便再也无心上学，于是经常到外面玩耍，进而和社会上不三不四的人混在一起，经常逃学，没钱就去偷盗和抢劫。王某的父母回家后看到判若两人的孩子深感痛心。

【评析】

监护是指对青少年和精神病人的人身、财产及其他合法权益进行监督和保护的一种法律制度。承担这种监护任务的人叫监护人。根据《未成年人保护法》第 8 条规定：“父母或者其他监护人应当依法履行对未成年人的监护职责。”这监护职责包含着保护管教，要对子女不良行为加以必要的管理约束。所以，王某父母负有不可推卸的责任。王某的父母外出，应将自己的孩子带在身边或安排在当地学校住宿，定期与学校联系，履行监护义务。

本案中，对王某来说，他尚未成年，思想尚未定型，王某的父母外出做生意而把王某一人单独留在家，这种情况下导致王某的家庭教育呈现空白，王某在无人管束的情况下，丑陋最容易乘虚而入。王某先是玩扑克、打麻将，然后看那些充满暴力和色情的影碟，结果和社会上的人混在一起，在社会不良习气的影响下走上邪路。

家庭教育是父母对子女进行品德修养、人生观等多方面教育的重要方式，是否利用合理的教育方式，对子女是否健康成长往往产生重大的影响。王某的父母在外做生意，无暇管教自己的子女，他们认为只要管好子女的衣食住行就行，在这样的家庭中成长的青少年，由于不能得到父母在思想上的教育和帮助，所以就极易被诱惑而做出一些违法犯罪的事。

根据我国《预防未成年人犯罪法》第 21 条规定："未成年人的父母或者其他监护人对未成年人不得放任不管，不得迫使其离家出走，放弃监护责任。"对其子女放任不管，是父母不负责任的表现。要预防和减少青少年犯罪，家庭教育要合理化、科学化、全面化。因此，应当从以下几方面进行：

首先，家长应当提高自身的素质。因为家长的言行举动、文化素质、道德修养、处世待人为青少年的行为提供了参照模式，因此家长素质的高低对其子女的成长具有重要的指导和示范作用，所以提高家长素质是预防青少年犯罪的一项基础工程。

其次，必须了解和尊重教育的对象。父母应当根据不同年龄段的子女生理和心理上的特点教育子女。对他们有全面和清醒的认识，了解和尊重他们生理上和心理上不同时期的变化和要求，采取必要可行的有效措施，给予他们更多的关心与帮助，在精神上鼓励和诱导他们。只有这样，父母才能更好地完成家庭教育的任务。

再次，教育内容要全面。当前许多家长只关心子女的学习成绩而往往忽略子女的道德教育，使得他们虽然学习很好可是品行恶劣、素质低下，或者是学习好但自身独立意识差，进而导致了一幕幕家庭悲剧的发生。所以父母教育子女时，教育的内容必须全面。只有对青少年进行全方位的教育，才能预防和减少青少年犯罪的发生。

社会保护

清理学校附近的诱惑场所

【案例】

何某（男，15 岁）是某中学初三年级学生。上初三之前，在家里，何某一直是父母心目中的好孩子，听话，懂事；在学校，何某则是老师眼里的好学生，学习刻苦，遵守纪律，热心帮助周围的同学，积极参加班上的活动，尊重老师。但何某进入初三之后，他的家长和老师不约而同地察觉到了他的异常表现。

何某的父母发现何某放学后不再按时回家了，而且回家的时间越来越晚，没精打采的，一副很疲惫的样子。问他去了哪里，何某总是说去同学家里做作业了。何某的老师也察觉到何某上课时精力不集中，不知在想些什么。有时老师叫他起来回答问题，何某竟然不知道老师问的是什么。参加班上的各项活动也不积极了，一放学就背上书包跑掉了。

以往，何某完成作业的情况是班上最好的，但现在何某的作业经常完不成，而且错误很多。在一次模拟考试里，何某的成绩一下子下降了 10 多名。满怀疑问的老师找何某谈了话，但他始终支支吾吾地找各种借口来搪塞，不肯说实话。没有办法，老师和何某的父母取得了联系。何某的父母把何某在家里的反常情况告诉了老师，双方都确信何某最近一定有什么问题。

一天放学后，何某的老师和父母在校门外见了面，他们找了一个僻静的角落隐蔽起来，等待着下课的何某。不一会儿，何某背着书包走出了校门。他没有向回家的方向走，脚步匆匆地不知要去什么地方。何某的父母和老师一路跟踪下去，随着何某来到离学校不远处的一条小街上。这里有一家新开张的游戏厅，何某钻了进去。老师和父母心中的疑问终于有了答案。

何某的父母又是着急，又是生气，想立刻进去将何某揪出来，但被经验丰富的老师拦住了。他仔细地观察了一下这家游戏厅。这里离学校也就100米左右的距离，游戏厅门前没有设置任何禁止青少年进入的标志。进出游戏厅的人，有很多一眼就可以看出是学校的学生，游戏厅的工作人员只是在门口收钱，对这些未成年的学生根本不加阻拦。老师建议何某的父母暂时不要打草惊蛇，以免引起老板的警觉，给进一步的处理带来困难；对何某，他们可以在孩子回家后再问明详细的情况。何某回家后，面对父母的责问，只好承认了自己这一段时间迷恋游戏机的事实。

原来，2个月前的一天，何某放学后正打算回家，被一个同班的同学在校门前拦住了。同学向他借钱，何某不禁问了一句："借钱干什么呀？"

同学很神秘地对何某说："书呆子，带你去个好地方，怎么样？"

看着同学那副神秘的样子，何某起了好奇心，随着同学来到了学校附近那家新开张的游戏厅。从来没进过游戏厅的何某对这里的一切都很好奇，喧嚣刺耳的声音，五光十色的画面，看着周围的人全神贯注地玩着各种各样的游戏，何某不由得心动了。同学看出了何某的心思，给了他几个"币子"。

在同学的指导下，何某第一次坐上了游戏机。从来没玩过游戏的何某一下子就被吸引住了，平时家长和老师们一再告诫我们不要玩的电子游戏原来是这么好玩，这么过瘾，以前还以为它是洪水猛兽呢！从此，何某便一发而不可收拾，不论是在家里，还是在课堂上，何某的脑海里总是闪现着游戏里的画面和情节，不由自主地琢磨起打游戏来。只要一放学，何某的两条腿就像不听使唤了一样，把他径直带进了游戏厅。何某也知道不应该在打游戏上浪费这么多时间，把学习都荒废了，但他实在管不住自己。因为他已经对电子游戏上瘾了。

何某迷恋上电子游戏的事实让他的父母感到震惊，他们万万没想到从来都让自己十分放心的好儿子竟然会出这种事情。他们把何某的情况向老师汇报了。老师经过调查，发现原来学校里的很多学生都和何某一样，是那家游戏厅里的常客。老师意识到了问题的严重性，立即向学校领导做了汇报。学校领导经过研究，将有关情况反映给了当地的文化行政管理部门。

文化部门经过核实，对这家违法经营的游戏厅进行了处理，对经营者处以罚款并限期迁移。美丽的校园终于又恢复了往日的平静。

【评析】

我国《未成年人保护法》第23条规定："营业性舞厅等不适宜未成年人活动的场所，有关部门主管部门和经营者应当采取措施，不得允许未成年人进入。"

《预防未成年人犯罪法》第26条规定："禁止在中小学校附近开办营业性歌舞厅、营业性电子游戏场所以及其他未成年人不适宜进入的场所。禁止开办上述场所的具体范围由省、自治区、直辖市人民政府规定。对本法施行前已在中小学校附近开办上述场所的，应当限期迁移或者停业。"

第33条规定："营业性歌舞厅以及其他未成年人不适宜进入的场所，应当设置明显的未成年人禁止进入标志，不得允许未成年人进入。营业性电子游戏场所在国家法定节假日外，不得允许未成年人进入，并应当设置明显的未成年人禁止进入标志。对于难以判明是否已成年的，上述场所的工作人员可以要求其出示身份证件。"

所谓未成年人不宜进入的场所，是指那些经营方式、经营内容不符合未成年人的生理、心理特点，并会给未成年人的身心健康发展带来不利影响的消费、娱乐场所。除营业性歌舞厅、营业性电子游戏场所，其他未成年人不宜进入的场所还包括酒吧、练歌房、夜总会、通宵影剧院、带有赌博性的娱乐室、游乐场、营业性台球室、正在放映审定为"儿童不宜"的影片、录像的影剧院或者录像厅等。

法律之所以规定不得在中小学附近开办未成年人不适宜进入的场所，是因为：

（一）上述场所会对未成年人产生负面影响。不论是其活动方式、活动内容还是环境、气氛等都不适宜未成年人，不能达到陶冶未成年人情操，增长其知识，提高其欣赏水平等有益目的；相反，由于未成年人具有好奇心强、易模仿、辨别能力差等特点，其中的不健康东西便会慢慢腐蚀未成年人的心灵。再者，这些场所都是高消费的场所，未成年人没有经济收入，因此，为了进入这些场所，未成年人往往会采用非正常手段去"赚钱"，甚至走上违法犯罪道路。

（二）在中小学附近开办上述未成年人不宜进入的场所，则会使其负面影响加剧：①扰乱了学校正常的教学秩序；②对未成年人产生或多或少的诱惑力；③在中小学附近开办上述未成年人不适宜进入的场所，便利了未成年人的进入，特别是电子游戏厅表现得更明显。所以，禁止在中小学附近开办营业性歌舞厅、电子游戏厅以及其他未成年人不适宜进入的场所，是十分必要的。公安部、文化部对此也有明文规定：（1）除国家规定的节假日外，电子游戏厅（室）一律不得向未满18周岁的青少年开放；（2）凡经营性的电子游戏厅（室）必须远离学校200米。

由于青少年不宜进入的场所会给青少年身心健康带来严重的不良影响，因此，为了保护青少年，使其健康成长，社会各有关部门应当相互配合，协调一致，共同防止青少年进入不良场所。

首先，应当加强青少年的思想道德教育，增强其自身的“免疫力”。学校应当紧密联系在校青少年不同阶段的心理、知识以及思想发展的特点，结合现实生活，对青少年循序渐进，由浅入深地进行道德教育、法制教育等，引导学生树立正确的人生观和世界观。

学生迷恋校外生活的一部分原因在于学校生活的单调和枯燥，因此，学校应当多组织有益于青少年身心健康的集体活动。如举办文艺演出、歌咏比赛、集体郊游、演讲比赛等，丰富学生的课余生活，吸引学生的兴趣和注意力。父母应当在日常生活中，在点点滴滴中，教会孩子什么是真善美、什么是假恶丑，使孩子确立正确的价值观以及提高他们辨别是非的能力。

青少年在接受外在教育的同时，也应当时刻注意加强自我修养。可多读些有益的书籍，如科学故事、名人传记等，也可多培养一下自己的爱好，如画画、下棋等，使自己的生活充实而多彩。外因通过内因起作用，所以加强青少年自身的免疫力是防止青少年受不良场所诱惑的关键。

其次，加强对青少年不宜进入的场所的管理，督促该类场所履行法律规定的义务。我国《未成年人保护法》第23条规定：“营业性舞厅等不适宜青少年活动的场所，有关主管部门和经营者应当采取措施，不得允许青少年进入。”而《预防未成年人犯罪法》第33条则明确规定了该类场所在禁止青少年进入方面应当承担的法律义务：

（一）营业性歌舞厅以及其他青少年不适宜进入的场所，应当设置明显的青少年禁止进入标志，不得允许青少年进入。日本《青少年保护条例》就明文规定经营者有悬挂禁止青少年进入招牌的义务。在设置标志时，经营者应当注意：

1. 标志必须醒目、清晰，一是要求字体要足够大，能够使经过该场所的青少年不费劲就可以注意到；二是要求字迹清晰，不潦草，使人一目了然。必要时，要给标志设置夜间照明装置。

2. 标志必须放置在醒目的位置。一是要求放置在顾客最容易注意到的地方，如入口两侧，场所招牌旁边以及霓虹装饰广告旁边等；二是放在有足够的光线，使每个人都能看清标志内容的位置。

3. 标志内容要明显表达出青少年禁止进入的内容，但用语要礼貌，不得有暗示或侮辱性的语言。

（二）对于难以判明是否已成年的，上述场所的工作人员可以要求其出示身份证件。要求出示身份证件是上述场所工作人员的一项权利，但更是要求其禁止青少年进入的一项义务。

当难以判明顾客是否成年时，应当首先要求其出示身份证，若无法出示身份证，原则上禁止进入，除非其出示学生证、工作证，经认真核查确已成年的；对于其出具的身份证、学生证、工作证要认真核查，一要看是否本人的证件，二要看年龄是否已满18周岁，完全合格的，才能让其进入。

鉴于上述场所的营利性特点，经营者或者其他工作人员可能会置法律于不顾，违法经营，接纳青少年。为了预防和打击此类行为，我国《预防未成年人犯罪法》第55条规定：“营业性歌舞厅以及其他青少年不适宜进入的场所、营业性电子游戏场所，违反本法第33条的规定，不设置明显的青少年禁止进入标志，或者允许青少年进入的，由文化行政部门责令改正、给予警告、责令停业整顿、没收违法所得、处以罚款，并对直接负责的主管人员和其他直接责任人员处以罚款；情节严重的，由工商行政部门吊销营业执照。”

最后，各有关部门应当相互配合，共同为防止青少年进入不良场所而努力。家庭、学校应当随时注意孩子的动向，若发现孩子进入有不良影响的场所，在教育孩子改正的同时，可以向有关部门提出意见，要求予以查处。公安机关在必要时，可以进入上述场所查看是否有青少年，若发现有，则立即将其带出上述场所，并立刻通知其父母或学校，同时告知文化行政管理部门。居委会、青少年保护组织等群众性组织对上述场所要予以监督，若发现有允许青少年进入的情况，应积极举报。文化行政管理部门和工商行政管理部门对违反《预防未成年人犯罪法》第 33 条规定的场所依法予以处罚。

在本案中，何某就是因为有不法经营者在学校近距离内开办了游戏厅，从而对打电子游戏上了瘾，才荒废了学业，险些走上歧途，幸亏何某的父母和老师及时发现何某迷恋游戏机的情况和不法经营者在学校附近开办游戏厅，吸引大量学生前往消费的事实，在对何某进行教育、挽救的同时，学校立即向有关部门作出了反映，有关部门对不法经营者依法进行了处理，有效地整顿了学校的周边环境，保证了在校学生的正常学习和身心健康。

游戏机问题已经成为一个久禁不绝的“城市祸害”，给家庭和孩子带来无尽的祸患。现在整个社会都在强烈呼吁大力整顿游戏机场所，杜绝游戏机对未成年孩子的毒害。我国《未成年人保护法》和《预防未成年人犯罪法》都明文规定禁止未成年人进入游戏场所。不满 18 周岁的未成年人进入游戏场所属于“未成年人不良行为”；营业性电子游戏场所违反规定允许未成年人进入的，要受到法律的制裁。

游戏机对青少年的危害是极大的，我们要让青少年充分认识到这一点。孩子沉迷于游戏机至少会有如下几点危害：

（1）浪费学习时间。青少年正处于长知识的黄金时期，玩游戏机往往会无心学习，导致学习退步，荒废学业。在本案中，何某因为迷恋电子游戏而对其学业产生的负面影响是显而易见的。

（2）搞垮自己的身体。未成年孩子正处于长身体的关键时期，迷上游戏机后，不知道节制，吃饭和睡觉没有规律，严重危害他们的健康成长。

（3）容易诱发违法犯罪行为。打游戏机是要花钱的，青少年自己还没有能力赚钱，唯一的办法就是去偷、抢。

另外，游戏场所的经营者为了吸引青少年，往往不顾商业道德，在游戏中放进色情、暴力等不健康内容，以致青少年受游戏内容的毒害，经常寻衅滋事、惹是生非，甚至发生杀人、强奸等严重的犯罪行为。

为了杜绝青少年受游戏机的毒害，就要贯彻我国《预防未成年人犯罪法》关于游戏机问题的专门规定，明确以下几点：

①游戏场所的开办是有具体范围限制的。《预防未成年人犯罪法》第26条规定："在中小学附近禁止开办营业性电子游戏场所以及其他未成年人不适宜进入的场所。禁止开办游戏场所的具体范围由各省、自治区、直辖市人民政府规定。"依据公安部、文化部的有关规定，凡经营的电子游戏厅（室）必须远离学校200米以外。在本案中，不法游戏厅就开在距学校100米的地方，显然是违法的。

②青少年进入游戏场所是有时间限制的。《预防未成年人犯罪法》第33条规定："未成年人在国家法定假日可以进入游戏场所，其他时间一律禁止进入。"否则，依据《预防未成年人犯罪法》第14条第8项"未成年人的父母或者其他监护人和学校应当教育未成年人不得有下列不良行为：……（八）进入法律、法规规定未成年人不适宜进入的营业性歌舞厅等场所……"的规定，该未成年人进入电子游戏场所的行为属于"不良行为"，未成年人的父母或者其他监护人和学校必须对其加强教育。

③对营业性电子游戏场所的经营有严格的限制。营业性电子游戏场所应当设置明显的未成年人进入标志，对禁止未成年人进入负起责任，在难于判明顾客是否成年的情况下，游戏场所的工作人员可以要求其出示身份证件。对于部分违法经营的营业性电子游戏场所，如不设置明显的未成年人禁止进入标志，或者允许未成年人进入的，由文化行政部门责令改正、给予警告、责令停业整顿、没收违法所得、处以罚款，并对直接负责的主管人员和其他责任人员处以罚款；情节严重的，由工商行政管理部门吊销营业执照。

避免网络给青少年带来不良影响

【案例】

高某是某中学高二年级学生。身为独生子的他，性格比较内向、腼腆，平时也不太爱说话，很少和人交往。高某的学习成绩不太好，但人很老实，非常听父母和老师的话，从来不违反学校的纪律，老师和父母让做什么就做什么。所以，学校的老师对高某的评价很好，父母对他也比较放心。

由于高某没有什么爱好，既不喜欢体育运动，也不喜欢唱歌、跳舞，一放学就是回家，吃完晚饭做作业，这样的生活让他感到十分地沉闷。在同学的影响下，高某开始对上网感兴趣。一次，同学把他带到家里，两个人偷偷地躲在同学的卧室里，登陆了一个黄色网站。看着屏幕上那些充满诱惑力的色情照片，高某心跳加速，脸涨得通红。

自此，高某开始迷恋上网。由于家里没有电脑，他便频频出入网吧。只要一上网，他便径直进入那些黄色网站。即便是回到家里，网上的那些画面仍然闪现在他的脑海中，挥之不去。高某的内心里产生了一种强烈的冲动，他自己已经无法控制自己了，只要一天不上网去看黄色的图片和电影，他就心里发慌。但父母给他的零花钱是非常有限的，去不了几次网吧就用完了。

没钱上网的日子对高某来说，简直是度日如年。至于学习，他早已经把它丢在了脑后。父母和老师都找他谈过话，高某都支支吾吾地遮掩过去了。父母万万没有想到，自己的孩子正在堕入另一个“虚拟世界”的深渊当中。

2003 年 9 月的一天，高某放学回家后，因为没钱上网而坐卧不安。他在楼下的花园里徘徊了一会儿，觉得十分无聊，便又往楼里走去。在自家楼梯口前，高某正巧遇上楼上的女邻居——23 岁的王某上楼，便上前打听昨晚在她家里看的录像片，并提出想借影碟回家看看的要求。高某想借此来打发时间。

好心的邻居对高某的要求满口答应，二人便进入位于 5 楼的王某家中。王某一进屋子，便热心地帮高某找开影碟来，四下张望的高某瞧着王某一个人在屋子里翻找影碟的身影，突然产生了一种想向王某要点钱然后去上网的冲动。

于是，高某悄悄走到王某家厨房，取出一把菜刀后，便上前逼往王某，强行掏去王某身上的 140 元现金，王某因受到惊吓而不知所措。在搜钱过程中，高某摸着王某女性的躯体，一种性冲动又产生了，网上的那些色情图片和电影里的淫秽情节闪现在他脑海中。

此时，高某已经完全失去了理智，他仍以手中的菜刀相威胁，强行扒下王某的下衣。望着一脸凶相的高某，王某吓得花容失色，竟丝毫不知反抗和喊叫，王某的顺从给了高某机会，他从从容容地在王某身上发泄着各种兽欲，对其实施了猥亵和奸淫。实施完犯罪后，高某仓皇地逃离了邻居家，跑到网吧去上网了。公安机关接到报案后，很快就将高某逮捕归案。

人民法院审理后认为：被告人高某以非法占有为目的，当场采取暴力手段劫取他人钱财，其行为已构成抢劫罪；其违背妇女意志，强行与妇女发生性行为，其行为又构成强奸罪。鉴于被告人作案时不满16周岁，系偶犯，在校生，案发起因带有偶发性，且归案后认罪好，积极赔偿经济损失，确有悔罪表现，综合本案的各种情节，对抢劫罪可从轻处罚，对强奸罪可减轻处罚。依法判决：以抢劫罪判处其有期徒刑3年，并处罚金1万元；以强奸罪判处其有期徒刑2年。数罪并罚，决定执行有期徒刑5年，并处罚金1万元。

面对这样的事实，高某的父母和老师都难以置信，老实、听话的高某怎么会干出这样的事情来。听了高某在法庭上作的关于自己走上犯罪道路过程的陈述，他们终于明白了，是网络上的色情信息害了高某，但现在，一切都已经晚了。

【评析】

高某从一个老师和父母眼中的好孩子蜕变为犯罪分子的过程，让人扼腕叹息。这促使人们认真地反思网络问题。在网络的世界里，究竟该怎样保护青少年？

21世纪将是一个高度信息化的时代。由于信息技术革命，尤其是计算机网络和国际互联网的出现，使信息网络化、全球化，信息文明的浪潮正席卷全球。据统计，截止1999年底，全球最大的因特网已拥有160多个国家和地区的5.2亿用户，其中中国上网用户已达700万，而36岁以下的网民占80%。

人们在网上工作、学习、查询、购物、旅游、聊天、游戏等。互联网用虚拟手段为人类开启了一个全新的文化空间，网络文化以其无可抵挡的魅力对人们特别是青少年的教育、生活和工作方式以及价值观念产生着巨大的影响。然而虚拟的网络世界并不是一方净土，现实文明的阴影同样在网上折射。网络文化混杂着种种不良因素，对青少年造成许多负面影响，值得全社会关注和重视。

一、网上“文化侵略”对青少年人生观、价值观、道德观的侵袭。由于电脑和因特网的发明者是西方人，故迄今为止，任何一种电脑网络基础语言都是英语，其主导国家是美国。据悉，当前从国际互联网上可接收的信息来自美国的占80%，来自中国大陆的仅占0.01%。这表明，以美国为首的英文发达国家占据了国际互联网信息资源的绝对控制权，形成了网上信息的垄断和倾销，其实质就是一种信息侵略。

由于信息是文化的一种形式的代言人，因此，信息的侵略便直接导致“文化侵略”。那些附着西方价值形态的信息大量地从西方国家特别是美国流向中国，加之中国青少年对传统文化及其精粹知之甚少，民族文化远未在其思想上扎根，因而在外来网络信息流的淹没中难以产生免疫力和识别力。1998年5月，美国克林顿总统曾宣称：“当新世纪即将来临的时候，美国的敌人已将战场由物理空间扩展到虚拟空间。”

美国的“信息高速公路计划”提出：“高速发展的全球信息基础设施将促进民主的原则，限制极权形式的蔓延；世界上的公民，通过全球信息基础设施，将有机会获得同样的信息和同样的准则，从而使世界有更大意义上的共同性。”

这些充分暴露出以美国为首的西方大国，充分利用其信息控制权和影响力，极力向世界特别是仍坚持走社会主义道路的中国传输西方资产阶级的意识形态、政治制度、文化思想，进行“文化扩张、文化侵略”，实现其“不战而胜”之梦想的政治图谋。崇尚新知识，思想活跃，人生观、价值观、道德观尚未完全成熟的青少年将面临严峻的文化考验，少数青少年可能因网上“饥不择食”而招致“文化中毒”。

二、网上黄色流毒对青少年身心的摧残。在因特网汹涌奔腾的信息浪潮下面，潜伏着一股黄色流毒。据有关资料显示，目前互联网上大约有100万个黄色电脑文件，其中大部分是短篇小说、录像剪辑和图片。1995年，美国一份调查报告指出：在过去的18个月中，因特网上出现了91.7万幅（件）色情图片、小说和影片，向美国50个州的2000多个城市以及包括中国在内的160多个国家和地区扩散。淫秽色情制品通过网络对青少年造成“精神污染”，这些网络“色情文化”严重摧残着青少年的身心健康，将他们引入歧途。

我国近年青少年因有意无意访问色情网点，遭受“黄毒”侵害，甚至走上堕落和犯罪道路的案例时有披露。在本案中，高某正是在网上的黄色流毒的侵袭下，走上了违法犯罪的道路。

三、网上黑色信息对青少年精神的毒害。黑色信息指制造社会政治、经济、组织混乱的信息。由于计算机网络传递信息受传统控制影响很小，使社会对个人思想行为的制约发生变化，不再能够有选择地控制人们接触信息的范围、种类，不再能够有效地施行言论监督。网上交流的匿名化，给各种竭力逃避现实社会打击和控制的非法组织或个人以可乘之机。

在德国，出现了煽动种族主义的“电子纳粹”。在国际社会，少数别有用心者在网上散布政治谣言和恐怖言论，旨在扰乱人心，制造世界动乱。在中国，一些非法组织也通过因特网发布危害国家安全的信息，蛊惑人心。一些非法分子在互联网上进行诽谤、侮辱、赌博，侵害著作权和隐私权，等等。

四、网上暴力文化对青少年行为的误导。暴力文化，是指坚持有助于暴力行为发生的行为规范的亚文化。在暴力文化中，人们的行为规范受以武力或者暴力手段来解决日常生活中的问题的价值观念的指导，认为暴力并不必然是非法行为，它是人们生活的重要组成部分，是解决问题的重要手段。在这种文化氛围中，暴力已作为一种价值观念渗透到群体成员的品质之中，把使用暴力看成理所当然的事，甚至崇尚暴力而对不使用暴力者歧视或排斥。这种暴力文化对正处于早期社会化过程中的青少年，影响尤为深刻。

家长、学校和社会在鼓励青少年学用电脑上网的时候，并没有想到它会对下一代构成什么威胁。但是暴力文化会随着计算机网络这种新型的信息传播方式扩散，以至影响整个社会犯罪率。互联网在把境外大量先进科学技术、优秀的思想文化信息传输进来的同时，也夹带许多西方暴力文化信息。尤其是电脑多媒体技术的发展，各种负载境内外暴力文化特质的影碟、游戏软件，通过电脑和网络有声有色地传输给青少年。

更有不能容忍者，居然在网上教授如何制造炸弹、如何实施各种暴力犯罪。有人做过统计，在因特网上流动的非教育信息，70%涉及暴力。境内外暴力文化在网络上的表现形式主要是枪战、暗杀、绑架、武装走私贩毒、武功打斗、帮派行会、有组织犯罪等。由于青少年人生经历太浅，是非观念不清，加之缺乏自我控制能力，因而极容易通过网络传媒接受西方暴力文化和我国传统暴力文化的误导，常常会因生活环境中微不足道的失意、生活挫折或哥们义气大打出手，做出各种暴力行为，导致暴力犯罪。

五、网上黑客对青少年智能犯罪的示范。计算机黑客是指对计算机软件和网络技术相当精通的人（其中青少年占多数），未经授权进入计算机信息系统，对系统进行攻击，对系统中的信息窃取、篡改、删除，甚至利用计算机病毒破坏部分系统或全部网络。由于信息系统涉及有关国家安全的政治、经济和军事情况以及一些工商企业单位与私人的机密及敏感信息，因此它已成为国家和某些部门的宝贵财富，同时也成为敌对国家和组织以及一些非法用户、别有用心者攻击的对象。

当前，随着社会信息化进程的加快，信息网络全球化的普及，信息安全问题日益突出，黑客成为网络信息安全的最大威胁。据美国 FBI（美国联邦调查局）统计，美国每年因网络信息安全问题造成的经济损失高达 75 亿美元。我国近年也屡屡发生黑客入侵事件，更改网络主页者有之，破坏系统者有之，窃取经济利益者有之，危害难以遏止。当然，目前我们也采取了相应的措施，对网络犯罪进行钳制。

《互联网上网服务营业场所管理条例》（以下简称《条例》）已经于 2002 年出台并实施。根据《条例》的规定，国家对互联网上网服务营业场所经营单位的经营活动实行许可制度。未经许可，任何组织和个人不得设立互联网上网服务营业场所，不得从事互联网上网服务经营活动；中学、小学校园周围 200 米范围内和居民住宅楼（院）内不得设立互联网上网服务营业场所；互联网上网服务营业场所经营单位和上网消费者不得利用互联网上网服务营业场所制作、下载、复制、查阅、发布、传播或者以其他方式使用含有下列内容的信息：

（一）反对《宪法》确定的基本原则的；

（二）危害国家统一、主权和领土完整的；

（三）泄露国家秘密，危害国家安全或者损害国家荣誉和利益的；

（四）煽动民族仇恨、民族歧视，破坏民族团结，或者侵害民族风俗、习惯的；

（五）破坏国家宗教政策，宣扬邪教、迷信的；

（六）散布谣言，扰乱社会秩序，破坏社会稳定的；

（七）宣传淫秽、赌博、暴力或者教唆犯罪的；

（八）侮辱或者诽谤他人，侵害他人合法权益的；

（九）危害社会公德或者民族优秀文化传统的；

（十）含有法律、行政法规禁止的其他内容的。

互联网上网服务营业场所经营单位和上网消费者不得进行下列危害信息网络安全的活动：

（一）故意制作或者传播计算机病毒以及其他破坏性程序的；

（二）非法侵入计算机信息系统或者破坏计算机信息系统功能、数据和应用程序的；

（三）进行法律、行政法规禁止的其他活动的。互联网上网服务营业场所经营单位和上网消费者不得利用网络游戏或者其他方式进行赌博或者变相赌博活动。

互联网上网服务营业场所经营单位不得接纳未成年人进入营业场所。互联网上网服务营业场所经营单位应当在营业场所入口处的显著位置悬挂未成年人禁入标志。

互联网上网服务营业场所每日营业时间限于8～24时。互联网上网服务营业场所经营单位应当依法履行信息网络安全、治安和消防安全职责，并遵守下列规定：

（一）禁止明火照明和吸烟并悬挂禁止吸烟标志；

（二）禁止带入和存放易燃、易爆物品；

（三）不得安装固定的封闭门窗栅栏；

（四）营业期间禁止封堵或者锁闭门窗、安全疏散通道和安全出口；

（五）不得擅自停止实施安全技术措施。

在本案中，接纳高某上网的网吧应当受到法律的惩处。

青少年的网络安全不仅需要社会的保护，同样也需要来自家庭和学校的保护。作为青少年的父母或者老师，应当加强对青少年上网的正确引导，并在日常的生活和学习中，密切地监督青少年与网络接触的情况，避免青少年受网上不良信息的影响，危害其身心健康。

在本案中，对于高某的蜕变，他的父母和老师都负有一定的责任。高某由于痴迷网络上的色情信息而对自己的学习造成影响，父母和老师都已经有所察觉，但却没有予以足够的重视，未深究其中的原因，使高某在歧途上越滑越远，最终锒铛入狱。此时，一切悔恨都已经于事无补。这提醒老师和家长们，网络的世界不但精彩，而且还布满了陷阱，充满了诱惑，没有他的正确引导，青少年很容易在网络的世界里失足。

矫正青少年的严重不良行为

【案例】

丁某（男，13 岁）是某中学初一年级学生。在读小学时，丁某是一个大家公认的好学生，听父母、老师的话，和周围的同学和睦相处，学习勤奋、刻苦，成绩也很好，还担任了班上的团干部。但进入中学之后，丁某的情况发生了很大的变化。面对丁某的变化，家长和老师都感到十分心痛。

原来，丁某就读的中学周围的治安环境不太好，经常有一些社会上的闲散青年和地痞流氓骚扰在校的学生，勒索学生的财物，收保护费。公安机关曾经进行多次的专项打击和整治，但没过多久，这些人就又冒了出来，给该校的学生造成了很大的危害。

丁某入学后不久，也遇到了这种情况。那是一天放学后，丁某刚刚走出校门，就被几个小流氓拦住了。他们向丁某要零花钱。丁某当即予以拒绝，被小流氓连拉带扯，逼到了一个墙角，眼看着就要挨打，没有办法，丁某只好交出了父母给自己的 20 元零花钱。

丁某以为事情就这样过去了，以后不会再遇到这种事，但他没有想到，几个小流氓竟然盯上了他，隔三差五地来找他要钱。丁某只好将自己的零花钱、买文具的钱、父母给自己吃早饭的钱都拿出来“孝敬”。经常被勒索，让丁某终日生活在恐惧当中，他觉得自己是在忍辱偷生，很想起来反抗，但又鼓不起这个勇气，所以，内心里十分痛苦。

2003 年 10 月的一天，丁某搞完卫生，背上书包，离开了学校。出了学校没多远，迎面又碰上了那几个小流氓。他们将丁某叫到一个僻静的角落里，让丁某拿钱出来。丁某解释说，自己身上刚好没钱，过两天再给他们。

小流氓把丁某的书包翻了个底朝天，也没有找出钱来，他们又把丁某的全身搜了个遍，还是没有钱。小流氓们不肯善罢甘休，一边推搡丁某，一边满嘴骂着脏话。眼看着丁某就要挨打，突然从旁边钻出几个青年来，为首的一个身强体壮、20 多岁的青年叫几个小流氓住手。小流氓们乖乖地住了手。“欺负小孩子，算什么本事，给我滚蛋!”男青年骂着。小流氓们灰溜溜地走了。丁某认识这个青年，他是这一带有名的“老大”，为人很讲义气，在学生中的口碑特别好，因为他从来不欺负学生，还经常帮助一些被欺负的学生。男青年关心地拍了拍丁某的头：“没事吧?”

丁某感动得眼泪一下涌了出来。看到丁某的样子，男青年笑了：“看你这没出息的样儿，走，我给你压压惊。”男青年把丁某带到了一个酒吧，一边喝酒，一边问起丁某的情况。丁某把自己经常被小流氓欺负的情况和满腹的委屈都倒了出来。不知为什么，他对这个男青年有种说不出的亲切感，觉得他好像是自己的“哥哥”一样。

男青年对丁某好像也挺有好感的，他告诉丁某：“今后我就是你的大哥，有什么事情就提我，在这一片，不会有人再敢碰你。”

就这样，丁某认了“大哥”。男青年经常到学校来找丁某，丁某也特别喜欢和他在一起，只要一放学，家也不回，就跟着他到处去混。他像信任自己的哥哥一样信任着男青年，不管对方要他做什么，他都会毫不迟疑地去做。因为他喜欢这个“大哥”，不想让他失望。

实际上，男青年是一个犯罪团伙的头头，专门以盗窃为生。认识了丁某之后，男青年决定把他吸纳到自己的团伙中来。2004 年 3 月的一天，男青年叫上了丁某和几个同伙，趁着天黑，来到一家商店附近。他对丁某说，“最近大哥手里钱有点儿紧，咱们一块弄点儿钱，你也有份。”丁某明白了男青年的意思，一口答应，非但一点儿没有反感，还感到十分地兴奋和高兴，觉得能和“大哥”一起做点事，是自己的光荣。

丁某在外面放风，男青年和同伙撬开窗户，钻进了商店，从里面偷出一些货物和现金。销赃之后，男青年分给丁某 100 元钱。看着这轻松到手的 100 元钱，丁某的脸上露出了惊喜。男青年也十分高兴，告诉丁某：“跟着大哥好好混，今后有你的好日子过。”从此，丁某成了这个团伙中正式的一员，开始跟着男青年频频实施犯罪行为。

直到其被抓获为止，丁某已经参与作案10多起，盗窃财物金额达数万元。丁某的“大哥”因为盗窃和教唆青少年犯罪被判了刑，而丁某由于是青少年，依法不予追究刑事责任，由政府收容教养。

【评析】

根据《预防未成年人犯罪法》的规定，未成年人的严重不良行为，是指严重危害社会，尚不够刑事处罚的违法行为。主要包括：

（一）纠集他人结伙滋事，扰乱治安；

（二）携带管制刀具，屡教不改；

（三）多次拦截殴打他人或者强行索要他人财物；

（四）传播淫秽的读物或者音像制品等；

（五）进行淫乱或者色情、卖淫活动；

（六）多次偷窃；

（七）参与赌博，屡教不改；

（八）吸食、注射毒品；

（九）其他严重不良行为，即除前八项以外的其他严重危害社会的行为。

对青少年的严重不良行为，可以通过以下方法进行矫治：

一、及时制止。任何人，包括青少年的父母或者其他监护人，青少年所在的学校和社会上的其他人，一旦发现青少年实施上述严重不良行为，都应及时加以制止，将其严重不良行为制止在萌芽状态，不能放任不管。

二、由青少年的家长和学校相互配合，严加管教。家长和学校相互配合，共同教育青少年是实践中行之有效的教育方法。家长和学校发现青少年有严重不良行为的，应互相配合，共同采取疏导、谈心、制定教育计划等正确方法来引导青少年“弃恶从善”，矫正其严重不良行为。家长和学校应当关心、爱护有严重不良行为的青少年，尊重他们的人格尊严，不得对其体罚、虐待和歧视，更不能动辄开除其学籍，否则，有可能使这些青少年滑向犯罪的深渊。

三、送工读学校矫治。对有严重不良行为的青少年，家长难以管教，学校也难以管理时，可由青少年的家长或者原所在学校提出申请，经教育行政部门批准后，送工读学校进行矫治和接受教育。工读学校对有严重不良行为的青少年，应以转变其产生严重不良行为的思想为首要任务，针对青少年产生严重不良行为的原因以及有严重不良行为的青少年的心理特点，切实加强理想、道德、法制和爱国主义、集体主义、社会主义教育，帮助其辨明是非，认识并改正错误，树立正确的人生观、价值观，养成良好的品行。

四、由公安机关采取惩戒措施进行矫治。青少年的严重不良行为构成违反治安管理行为的，可由公安机关予以警告、罚款或者拘留等治安处罚；对因不满 14 周岁或者情节特别轻微免予处罚的，可由公安机关予以训诫。通过以上惩戒方式，使其认识到自己行为的性质及后果，并改正自己的严重不良行为。

五、由政府收容教养进行矫治。

如果青少年的严重不良行为构成违反《刑法》的犯罪行为，但“因其不满 16 周岁而不予刑事处罚”的，可责令他的父母或者其他监护人严加管教；必要时，可以由政府依法收容教养。

按照《刑法》的规定，因不满 16 周岁不予刑事处罚的情况有 2 种：

①已满 14 周岁不满 16 周岁的青少年，实施故意杀人、故意伤害致人重伤或者死亡、强奸、抢劫、贩卖毒品、放火、爆炸、投毒以外的犯罪行为，按照《刑法》规定不予追究刑事责任的；

②不满 14 周岁的青少年实施《刑法》规定的犯罪行为不予追究刑事责任的。

对这两种情况下的青少年，虽然不追究刑事责任，但其对社会所造成的危害是客观存在的。所以应首先责令其家长对其严加管教，及时予以矫治和正确引导，使其转变思想，走上正确的人生道路。但是，如果上述两种青少年的行为，给社会造成严重的危害后果特别严重、影响特别恶劣的，由家长严加管教已难收到教育的效果，而且一旦管教不严，还可能给社会造成新的危害，这时，就可以由政府依法收容教养。

收容教养是剥夺人身自由的强制性教育、改造措施。实践中，是由公安机关依照有关规定决定对青少年实行收容教养。被决定收容教养的青少年，一般在少年管教所或者劳动教养机构接受教育、改造，期限一般在 2 年以内。

收容教养，是从教育、挽救有严重不良行为的青少年的目的出发而采取的必要措施，主要不是为了惩罚青少年。通过比较严格的教育和训练，使有严重不良行为的青少年抛弃错误观念，形成正确的人生观，养成良好的品行，并初步学会和掌握有用的知识，做一个有利于社会的人。

在本案中，丁某从一个好学生和受害者，在犯罪分子的引诱下逐渐走上违法犯罪的道路，成为社会危害的蜕变过程，引人深思，发人深省。其中涉及青少年社会保护的多重问题，例如如何使青少年免受社会上不法力量的侵扰和引诱，如何增强青少年的法制观念和辨别是非的能力，如何及时发现青少年参与违法犯罪团伙并进行教育和帮助等问题，本案主要探讨的是在青少年出现严重不良行为后，如何进行矫治的问题。

由于丁某是不满 16 周岁的青少年，依法不予追究刑事责任。但丁某多次实施盗窃的犯罪行为，而且涉案金额达数万元，给社会造成了严重的危害，影响恶劣，后果严重。在这种情况下，由丁某的家长对其严加管教已难收到教育的效果，而且一旦管教不严，还可能给社会造成新的危害。

因此，公安机关按照《预防未成年人犯罪法》的规定，决定对丁某进行收容教养是正确的。通过在少年管教所或劳动教养机构里接受严格的教育和训练，有助于丁某改过自新，增强法制观念，告别过去，重新回归社会，成为一个遵纪守法的公民和对社会有用的人，是教育、挽救青少年的正确选择。

多方面预防青少年的不良行为

【案例】

宗某（男，14 岁）的父母都是农民。2000 年，他的父母带着他来到了南方的一座大城市。在这里，父母开始了艰辛的打工生涯，宗某也和他们一起过着苦日子。经过几年的打拼，他们终于在这座城市里站住了脚，日子一天天地好起来。但宗某的父母没有想到，在他们终日忙于逐渐有了起色的生意的时候，他们的孩子却在他们的眼皮底下一步步地滑向危险的深渊。

由于生意忙，宗某的父母根本无暇照顾和管教宗某，他们把宗某送到了一家专门为外地务工人员的子女办的子弟学校里，把对宗某的教育责任完全地推给了学校。白天的时间，宗某全部在学校里度过，吃饭也是在学校办的简易食堂。晚上回了家，累了一天的父母连和宗某说话的力气都没有了，更别说过问他的学习和生活。就这样，由于父母的粗心大意，宗某处于一种放任自流的状态。

刚进子弟学校的时候，宗某对学校里的一切还感到比较新鲜，能在学校里呆住，但时间一长，学校里的一切就变得无聊和乏味起来。宗某在学校里呆不住了，放了学，背起书包就走，到街上去闲逛，后来发展到逃课，甚至整天都不去学校，有时是露个面就走。老师也管不了他，几次请家长来，宗某的父母都因为生意忙而没有来成。2003 年年底的一天，宗某又逃学了。当他走出校门，来到街上时，发现学校对面的街边开了一家网吧。百无聊赖的宗某走进了这家新开的网吧。宗某以前没有接触过电脑，只是看电视和听同学们讲过，上网聊天和玩游戏是多么过瘾，所以他很好奇。

走进网吧，宗某看到很多人神情贯注地坐在电脑前面，电脑屏幕上五颜六色、变化万千的画面让他眼花缭乱。宗某茫然地站在那里，不知道该怎么做。

网吧的老板看到宗某的样子，心里明白了个八九分，一看就是没来网吧玩过的“土包子”。他主动地走上前来和宗某搭话：“小兄弟，没来网吧玩过吧？”

宗某有些不好意思地点了点头。

“没关系，我来教你，好玩得很，包你玩了一次就再也放不下了！”他把宗某拉到一台电脑前面，开始教宗某如何上网、如何聊天、如何玩游戏。宗某学得很快，不一会儿，就可以独立操作了。老板一个劲地夸他：“小兄弟，真聪明，将来肯定是一把好手。”

宗某听了，心里得意极了。但他哪里知道，老板自有他的目的。由于网吧刚刚开业，顾客还不是很多，老板急于揽生意。他看到宗某背的书包，就知道宗某是附近学校的学生，在宗某身上，一定有利可图。所以，他对宗某十分热情。在他的引导下，宗某迷上了上网，天天往网吧跑，根本不去上学了。但没过多久，问题就出现了。

宗某的父母给他的零花钱十分有限，所以，没上几次网就差不多用完了。一周后的一天，宗某在网吧里呆了一个小时，就准备离开。老板很奇怪，平时宗某在网吧一呆就是一天，今天是怎么回事？他拦住了宗某：“小兄弟，今天怎么这么早就走了？”

宗某支支吾吾地不好意思说。在老板地催问下，宗某才承认自己没钱了。老板灵机一动，计上心头。他把宗某拉到一旁，问：“小兄弟，你是不是旁边子弟学校的?”宗某点了点头。

“那好，咱俩来个君子协定。这样，你把你们学校的同学带到我这来上网，以后你上网的费用全免，怎么样?”

宗某一听，喜出望外，他没有想到自己还会贪上这样的好事，忙不迭地点头。

就这样，宗某又回到了学校，开始在班上和同学们大讲自己上网的经历，把上网的种种乐趣吹得神乎其神，还把学校对面的网吧的好处讲了一番，老板是如何热情，价钱是如何公道，网速是多么快，服务是多么好，等等。

很多同学听了宗某的介绍都动了心，放学之后，就和宗某一起进了这家网吧。宗某一下子为老板带来这么多顾客，让老板十分高兴，他兑现了自己的诺言，宗某在这里上网不用花钱。

时间一长，来这家网吧上网的子弟学校的学生越来越多，很多学生迷恋上了上网，开始和宗某一样逃学。这样的现象引起了学校的重视。经过老师的走访调查，才知道学生都是被这家新开的网吧给吸引过去了。很多家长也到学校来反映，自己的孩子最近不爱学习了，回家也不准时了，有时直到半夜才回家。

学校领导和管区的派出所取得了联系，向公安机关反映了这家网吧允许青少年上网的情况。老师在调查中还发现，网吧老板为了吸引顾客，竟然引诱一些青少年登陆黄色网站，玩有色情内容的游戏。管区派出所对此十分重视。

经过调查核实后，派出所民警和文化部门的工作人员一起对这家网吧进行了突击检查。在检查中发现，网吧里上网的大多是青少年，主要是对面子弟学校的学生；在网吧里，可以自由地登录色情网站和玩色情游戏；网吧与学校就隔一条街，距离仅 50 米左右。文化行政部门当即决定查封这家网吧，对经营者处以罚款；对在网吧上网的青少年，由公安机关责成其父母或者其他监护人严加管教。

【评析】

同时，《中华人民共和国预防未成年人犯罪法》第 31 条还规定：“任何单位和个人不得向未成年人出售、出租含有诱发未成年人违法犯罪以及渲染暴力、色情、赌博、恐怖活动等危害未成年人身心健康内容的读物、音像制品或者电子出版物。任何单位和个人不得利用通讯、计算机网络等方式提供前款规定的危害未成年人身心健康的内容及其信息。”

第33条规定：“营业性歌舞厅以及其他未成年人不适宜进入的场所，应当设置明显的未成年人禁止进入标志，不得允许未成年人进入。营业性电子游戏场所在国家法定节假日外，不得允许未成年人进人，并应当设置明显的未成年人禁止进入标志。对于难以判明是否已成年的，上述场所的工作人员可以要求其出示身份证件。”

在本案中，某网吧老板违反上述法律规定，在学校附近开办未成年人不宜进入的场所，而且允许，甚至引诱未成年人进入该场所，并利用计算机网络向未成年人提供色情内容的娱乐。

根据《预防未成年人犯罪法》第53条“违反本法第31条的规定，向未成年人出售、出租含有诱发未成年人违法犯罪以及渲染暴力、色情、赌博、恐怖活动等危害未成年人身心健康内容的读物、音像制品、电子出版物的，或者利用通讯、计算机网络等方式提供上述危害未成年人身心健康内容及其信息的，没收读物、音像制品、电子出版物和违法所得，由政府有关主管部门处以罚款。单位有前款行为的，没收读物、音像制品、电子出版物和违法所得，处以罚款，并对直接负责的主管人员和其他直接责任人员处以罚款”。

还有第55条“营业性歌舞厅以及其他未成年人不适宜进入的场所、营业性电子游戏场所，违反本法第33条的规定，不设置明显的未成年人禁止进入标志，或者允许未成年人进入的，由文化行政部门责令改正、给予警告、责令停业整顿、没收违法所得，处以罚款，并对直接负责的主管人员和其他直接责任人员处以罚款；情节严重的，由工商行政部门吊销营业执照”的规定，文化部门决定查封该非法经营的网吧并对经营者处以罚款，是正确的。

在本案中，宗某事实上成了网吧老板非法经营的帮凶和工具，这和宗某的父母疏于对宗某的管教有着直接的关系。

《预防未成年人犯罪法》第14条规定：“未成年人的父母或者其他监护

人和学校应当教育未成年人不得有下列不良行为：

（一）旷课、夜不归宿；

（二）携带管制刀具；

（三）打架斗殴、辱骂他人；

（四）强行向他人索要财物；

（五）偷窃、故意毁坏财物；

（六）参与赌博或者变相赌博；

（七）观看、收听色情、淫秽的音像制品、读物等；

（八）进入法律、法规规定未成年人不适宜进入的营业性歌舞厅等场所；

（九）其他严重违背社会公德的不良行为。”

宗某和其他子弟学校的学生进入未成年人不适宜进入的网吧，属于不良行为，因此，公安机关责成其父母或者其他监护人严加管教。本案反映出社会预防青少年不良行为的重要性和紧迫性。

《未成年人保护法》第5条规定：“国家保障未成年人的人身、财产和其他合法权益不受侵犯。保护未成年人，是国家机关、武装力量、政党、社会团体、企业事业组织、城乡基层群众性自治组织、未成年人的监护人和其他成年公民的共同责任。对侵犯青少年合法权益的行为，任何组织和个人都有权予以劝阻，制止或者向有关部门提出检举或者控告。国家、社会、学校和家庭应当教育和帮助未成年人运用法律手段，维护自己的合法权益。”《预防未成年人犯罪法》也规定了社会中与未成年人有密切接触的部门、组织、行业、单位和个人在预防未成年人犯罪工作中负有的具体职责以及违反该法规定的法律责任：

（一）加强治安管理，净化校园周边环境，为学生创造良好的学习环境。

（1）公安机关应当加强中小学校周围环境的治安管理，及时制止、处理中小学校周围发生的违法犯罪行为。城市居民委员会、农村村民委员会应当协助公安机关做好维护中小学校周围治安的工作。

（2）禁止在中小学校附近开办营业性歌舞厅、营业性电子游戏场所以及其他未成年人不适宜进入的场所。已经开办上述场所的，应当限期迁移或者停业。

(3) 营业性歌舞厅以及其他未成年人不适宜进入的场所，应当设置明显的未成年人禁止进入标志，不得允许未成年人进入。营业性电子游戏场所除在国家法定节假日外，不得允许未成年人进入，并应当设置明显的未成年人禁止进入标志。对于难以判明是否已成年的，上述场所的工作人员可以要求其出示身份证件。

违反上述规定的，由文化行政部门责令改正、给予警告、责令停业整顿、没收违法所得、处以罚款，并对直接负责的主管人员和其他直接责任人员处以罚款；情节严重的，由工商行政部门吊销营业执照。

(二) 加强对出版、通讯、计算机网络、广播、电影、电视、戏剧节目以及各类演播场所的管理，为未成年人的健康成长创造良好的文化环境。

(1) 以未成年人为对象的出版物，不得含有诱发未成年人违法犯罪的内容，不得含有渲染暴力、色情、赌博、恐怖活动等危害未成年人身心健康的内容。违反上述规定的，由出版行政部门没收出版物和违法所得，并处违法所得3倍以上10倍以下罚款；情节严重的，没收出版物和违法所得，并责令停业整顿或者吊销许可证。对直接负责的主管人员和其他直接责任人员处以罚款。制作、复制宣扬淫秽内容的未成年人出版物，或者向未成年人出售、出租、传播宣扬淫秽内容的出版物的，依法给予治安处罚；构成犯罪的，依法追究刑事责任。

(2) 任何单位和个人不得向未成年人出售、出租含有诱发未成年人违法犯罪以及渲染暴力、色情、赌博、恐怖活动等危害未成年人身心健康内容的读物、音像制品或者电子出版物。任何单位和个人不得利用通讯、计算机网络等方式提供危害未成年人身心健康的内容及其信息。违反上述规定的，没收读物、音像制品、电子出版物和违法所得，由政府有关主管部门处以罚款。单位有上述行为的，没收读物、音像制品、电子出版物和违法所得，处以罚款，并对直接负责的主管人员和其他责任人员处以罚款。

(3) 广播、电影、电视、戏剧节目，不得有渲染暴力、色情、赌博、恐怖活动等危害未成年人身心健康的内容。广播电影电视行政部门、文化行政部门必须加强对广播、电影、电视、戏剧节目以及各类演播场所的管理。影剧院、录像厅等各类演出场所，放映或者演出渲染暴力、色情、赌博、恐怖活动等危害未成年人身心健康的节目的，由政府有关主管部门没收违法播放的音像制品和违法所得，处以罚款，并对直接负责的主管人员和其他责任人员处以罚款；情节严重的，责令停业整顿或者由工商行政部门吊销营业执照。

（三）加强对暂住人口的管理，制止未成年人的不良行为。

（1）任何人不得教唆、胁迫、引诱未成年人实施《预防未成年人犯罪法》中规定的不良行为，或者为未成年人实施不良行为提供条件。违反上述规定，构成违反治安管理行为的，由公安机关依法予以治安处罚；构成犯罪的，依法追究刑事责任。

（2）公安派出所、城市居民委员会、农村村民委员会应当掌握本辖区内暂住人口中未成年人的就业、就学情况。对于暂住人口中未成年人实施不良行为的，应当督促其父母或者其他监护人进行有效的教育、制止。

在本案中，文化部门和公安机关在获悉某网吧存在的不法经营情况之后，及时采取有效措施，有力地制止了未成年人的不良行为继续发展下去，是值得肯定的。

不当消费给青少年造成的危害

【案例】

某中学初一年级学生万某一直有一个愿望，就是像他的大款父亲那样到歌舞厅、按摩房去“潇洒”一次。暑假开始以来，他的这一愿望更强烈了，于是，在不久前，他拿着攒下来的2000元钱，和5名同学一起到当地的餐饮一条街大吃了一顿，然后又走进了路边的按摩店。6个人各叫了一名“小姐”。这一天他把2000元全部花光了。他说：“我要像大人那样生活。”

另一名家在农村的学生把家里1000元卖猪款偷出来，到市区上网玩游戏，之后也进了泡脚屋。在把钱花光之后，无法回家的他向“110”报警台求助，最后是让警察叔叔把他送回了家。

无独有偶，在一个生活贫困的家庭里，为了修缮快要倒塌的房屋，家长向亲戚朋友借债30000元。不料，这笔钱却被还在念书的儿子王某偷了出去。王某带着钱和另一名13岁的孩子在当地的一些娱乐场所喝酒、唱歌，在歌厅领班的安排下，由2名“小姐”陪伴到酒店包房搓麻将。一个星期下来，30000 元钱竟挥霍一空，一分不剩。家长了解到 2 名孩子这几天的经历后，禁不住老泪纵横。

【评析】

青少年到歌舞厅、按摩房“潇洒”，中小学生呼朋唤友到高档酒店一掷千金，这种现象在各地已不鲜见。部分青少年正在误入成人化消费怪圈。有的青少年不仅进歌厅，甚至走进了性用品商店。青少年消费成人化现象有蔓延之势，正在使潜藏着的青少年成长的忧患浮出水面，这种现象背后的社会、教育、家庭等诸多问题，正引起社会各方关注。青少年消费成人化主要表现在高消费和灰色消费两方面。有关专家认为，这样的消费误区，即便是成人也很多有人误入，这对青少年身心健康的伤害是非常大的。

高消费导致一些青少年从小就开始追求享受，形成一种铺张、奢侈的生活心态。在某些中学校园里，一些学生已经不是在比穿着，而是开始比谁用的手机高档，谁过生日请客的酒店星级更高。而灰色消费给青少年带来的危害更深。一些青少年因为涉足色情场所，从此精神萎靡，无心向学，甚至走上犯罪的道路。一些性犯罪案件中的青少年，绝大多数都是过早涉足成人灰色消费场所的。

法律规定一些消费娱乐场所不得让青少年进入。《未成年人保护法》和各地制定的未成年人保护条例对有关消费领域接纳未成年人有严格的限制。例如《未成年人保护法》第 23 条规定：“营业性舞厅等不适宜未成年人活动的场所，有关主管部门和经营者应当采取措施，不得允许未成年人进入。”

第 50 条规定：“营业性舞厅等不适宜未成年人活动的场所允许未成年人进入的，由有关主管部门责令改正，可以处以罚款。”

《预防未成年人犯罪法》第 26 条规定：“禁止在中小学校附近开办营业性歌舞厅、营业性电子游戏场所以及其他未成年人不适宜进入的场所。禁止开办上述场所的具体范围由省、自治区、直辖市人民政府规定。对本法施行前已在中小学校附近开办上述场所的，应当限期迁移或者停业。”

第 33 条规定：“营业性歌舞厅以及其他未成年人不适宜进入的场所，应当设置明显的未成年人禁止进入标志，不得允许未成年人进入。营业性电子游戏场所在国家法定节假日外，不得允许未成年人进入，并应当设置明显的未成年人禁止进入标志。对于难以判明是否已成年的，上述场所的工作人员可以要求其出示身份证件。”

这是法律设在商家的门槛，但实际上形同虚设。为了赚钱盈利，一些商家忽略了社会责任，没有了起码的职业道德，甚至连国家法律也置之脑后。在网吧过夜、在酒店挥霍、在按摩店“潇洒”、在宾馆开房……当越来越多的未成年人作出这些令人惊诧的出格举动时，一些家长对不良商家表现出了深切的痛恨，继而是一系列的质疑：明明知道这么小的孩子拿这么多钱去消费是不正常的，店家为什么还要想方设法把他们的钱掏干？对乳臭未干、尚未成人的青少年，一些灰色服务行业为什么还要容纳他们消费？事实上，一些消费场所对未成年人的消费不仅仅是容纳，有的甚至还主动引诱。

对于青少年消费成人化问题，社会各界纷纷要求学校、家长加强教育，正面引导，但最关键的是社会应该给青少年营造一个杜绝诱惑、不受误导的消费环境。因为青少年误入一些灰色消费怪圈后，对身心发育有着不可估量的腐蚀作用。

这种现象的出现，有社会风气影响的因素，也有一些商家商业道德和法律意识缺失的因素，还有学校教育的失误的因素。除此之外，作为家长需要担负起榜样的责任，一些家庭因为生活富足，对孩子的消费限制很少，家长对自己的行为也不加节制，致使一些青少年从小开始模仿。这样的结果使青少年的生活观和世界观很容易发生倾斜。

社会的影响力有时使学校教育和家庭教育的作用显得苍白，课堂上我们给孩子一个明朗的世界，一出校门却是粉红的灯光下，按摩女在搔首弄姿地向他们招手。因此，一个相对纯洁的周边环境尤其显得重要。近一两年来，学校周边环境的治理一直没有停止过，但是效果却并不理想，这无疑对学校教育产生巨大的负面影响。

对于青少年消费成人化问题，除了学校和家庭教育层面的责任外，政府行政层面的责任和作用也不容忽视。对青少年成长过程中的一些荒诞现象，政府有关部门几乎是“民不告，官不究”。不作为不等于可以不负责任，有关部门对一些商家的违规行为要主动介入，重拳打击，严肃查处，给青少年营造一个纯净、健康、安全的消费环境和成长空间。

谁在诱使青少年吸食毒品

【案例】

17 岁的杨某为某高中高二学生，由于交友不慎，结交了社会上的朋友杜某。一次，杨某发现杜某与另外一个年轻人躲在歌厅包厢里吸食毒品。杨某感到十分好奇，问杜某感觉怎么样，杜某说“比做神仙还快活，舒服极了。你看的那些电视上放的痛苦的镜头都是骗人的，吸毒的妙处不试试是永远体会不到的。”尽管杜某竭力引诱和怂恿，但杨某仍拒绝了。为了达到引诱杨某上钩的目的，于是，在一个周末的晚上，杜某将毒品夹在香烟内给杨某抽并表明香烟内没有毒品。杨某吸食了杜某为其提供的毒品后，无法自拔，用完了所有的钱，杨某便开始拦路抢劫，最终被公安机关逮捕，后杜某也被抓获。杜某被检察机关以引诱、教唆、欺骗青少年吸毒罪向人民法院提起诉讼，要求追究其刑事责任。

【评析】

根据我国《未成年人保护法》第 52 条规定：“教唆未成年人违法犯罪的，依法从重处罚。引诱、教唆或者强迫未成年人吸毒、注射毒品的，依法从重处罚。”

《预防未成年人犯罪法》第 56 条规定：“教唆、胁迫、引诱未成年人实施本法规定的不良行为、严重不良行为，或者为未成年人实施不良行为、严重不良行为提供条件，构成违反治安管理行为的，由公安机关依法予以治安处罚；构成犯罪的，依法追究刑事责任。”

所谓引诱、教唆、欺骗未成年人吸食、注射毒品罪是指通过向未成年人宣扬吸食、注射毒品后的感受等方法，诱使并教唆未成年人吸食、注射毒品；或者隐瞒毒品真相，欺骗未成年人吸食、注射毒品行为。它侵害和破坏的是未成年人的健康和社会管理秩序。而强迫未成年人吸食、注射毒品罪是指违背未成年人的意志，以暴力、胁迫等非法手段强迫未成年人吸食、注射毒品的行为，其性质更为恶劣，在迫使未成年人走上吸毒道路的同时，还侵犯了其人身自由权。

引诱、教唆、欺骗或者强迫未成年人吸食、注射毒品的犯罪，不仅摧残青少年身心健康，同时也产生了较大的危害社会的后果。为了打击引诱、教唆、欺骗或者强迫青少年吸食、注射毒品的犯罪，我国《刑法》对其规定了严厉的惩戒措施。

《刑法》第353条规定："引诱、教唆、欺骗他人吸食、注射毒品的，处3年下有期徒刑、拘役或者管制，并处罚金；情节严重的，处3年以上7年以下有期徒刑，并处罚金。强迫他人吸食、注射毒品的，处3年以上10年以下有期徒刑，并处罚金。引诱、教唆、欺骗或者强迫青少年吸食、注射毒品的，从重处罚。"

在本案中，杜某向青少年杨某宣扬吸食毒品后的感受，并且隐瞒了毒品真相，欺骗并诱使青少年杨某吸食毒品，因此构成引诱、教唆、欺骗青少年吸食毒品罪，触犯了我国《刑法》，应当承担刑事责任，并依法从重处罚。

家庭、学校和社会共同预防青少年犯罪

【案例】

镜头1：杨某是某中学初二年级学生，今年14岁。李某今年13岁，与杨某同班。杨某在政治课上知道，盗窃罪的刑事责任年龄为16周岁，在一次"哥们聚会"上大肆宣称："我还能再偷1年再加上108天"。李某也不认输："这么说，我还能再干3年了？比'大哥'还要多风光1年。"

镜头2：李某今年13岁，因强奸罪被送上法庭，法官问他："你知道自己犯罪了吗？""犯什么罪啊！她又没有受到什么伤害，我以后娶她不就可以了吗？"

镜头3：一天黄某问他的好友吴某和赵某为什么不敢偷高级的摩托车，吴某和赵某说："不敢偷太高级的摩托车，怕失主觉得损失大去报案，所以我俩专门偷破旧车辆。"

镜头4：赵某和秦某被抢劫后，距离和抢劫地点20米的地方就有个派出所，她俩女孩谁也没报案，也没有人呼救，助长了犯罪者的侥幸心理，纵容了他们继续犯罪。

某乡在2004年过年后，就发生多起青少年犯罪案件，绝大多数是抢劫、盗窃等，当他们经济上无法满足需要时，他们就想到了通过违法途径解决。

究其原因，寻求刺激、享乐攀比、教育缺失和受害人无报案意识，是促使该乡青少年犯罪的四大因素，同时也符合当前青少年犯罪的特点。

令所有人感到吃惊的是，这些作案者大多是在校的中小学生和部分在家无所事事的青少年，涉案人员高达33名，在他们当中，年龄最小的仅有10岁半。这伙少年和儿童被该乡所在区警方悉数捉拿后，对他们展开了教育、感化和挽救工作。在有关部门的努力下，该乡就该案召开了违法犯罪青少年法制教育专题会，其中的10名违法犯罪青少年在家长的陪同下参加了会议，区工委、法院、司法局和来自学校、街道、村委会近100名代表出席了会议。会后，派出所与这10名违法犯罪青少年签订了“青少年帮教责任书”，违法青少年代表还写了“遵纪守法保证书”。

【评析】

我国《预防未成年人犯罪法》第2条规定：“预防未成年人犯罪，立足于教育和保护，从小抓起，对未成年人的不良行为及时进行预防和矫治。”对此为了有效预防未成年人犯罪，应当遵守以下3个原则：

①教育和保护的原则。对未成年人犯罪的预防，着眼点不是以打击来达到预防的目的，而是立足于教育和保护来达到教育的目的，这是基于未成年人的生理、心理特点而决定的。

②立足于从小抓起的原则。增强对未成年人对不良诱惑的抵制力，增强他们的是非分辨能力，使他们形成正确的人生观和价值观，从而使未成年人从自身方面消除了违法犯罪的诱因。

③及时的原则。一旦发现未成年人有不良行为，必须及时进行预防和矫治，是否及时预防和矫治，决定着是否把握住了有效预防未成年人犯罪的最佳时机。

以上案例便是典型的家庭、学校、社会与司法机关、国家机关一起来帮教违法犯罪未成年人的案件。

当今的青少年犯罪，是一个严重的社会问题，青少年能否健康成长，是关系国家存亡、民族兴衰的大事。今天的青少年，是祖国的明天，如何有效地预防青少年犯罪，是摆在家长、学校和社会面前的一个重要课题。对于那些违法犯罪的青少年，不仅需要司法机关的教育改造和保护，同时需要来自社会各方面的关心和爱护。

《未成年人保护法》第43条规定："家庭和学校及其他有关单位，应当配合违法犯罪未成年人所在的少年犯管教所等单位，共同做好违法犯罪未成年人的教育挽救工作。"

此即我们所说的社会帮教。社会帮教的类型主要有3种：家庭帮教、学校帮教和其他有关单位的帮教。社会帮教是广泛利用我国的社会力量对轻微犯罪的青少年进行群众性帮助教育的措施。社会帮教的性质，既不是行政处罚，更不是刑事处罚，而是一种特殊性的社会教育措施。帮教违法犯罪青少年工作是一项很大的系统工程，需要家庭、学校与社会齐抓共管，三者相互补充、相互制约，连接成一个帮教体系和教育保护网络，只有这样，才能更好地预防青少年犯罪。

家庭帮教是因子女违法犯罪而由少管所等单位托其家长进行的帮助教育措施。对此《预防未成年人犯罪法》第38条规定："对于因不满16周岁不予刑事处罚的未成年人，家长或者监护人要加以管教。"我们知道，家庭是预防未成年子女犯罪的第一道防线，也是重要的防线，但是，家长必须主动与学校、社会等有关部门密切配合、互通信息、互相合作、总体作战，只有这样，才能使帮教工作收到最佳效果。家庭的特殊职能决定它在帮教工作中起着特殊的作用。首先，家庭对违法犯罪的未成年人重新做人具有潜移默化的影响教育作用；其次，家庭教育具有消除青少年违法犯罪心理的作用；最后，家庭具有与学校、社会密切配合，发挥整体帮教的作用。

学校帮教。学校是专门的教育机关，担负着培养和造就人才的重任。学校应对违法犯罪的青少年进行特殊帮助教育，矫正他们的不良心理和行为。对此我国《预防未成年人犯罪法》第7条规定："教育行政部门、学校应当将预防犯罪的教育作为法制教育的内容纳入学校教育教学计划，结合常见多发的未成年人犯罪，对不同年龄的未成年人进行有针对性的预防犯罪教育。"对此学校首先要发挥学校政教处、班主任的主导作用。学校政教处在制定学校工作计划时，要把帮教违法犯罪学生作为一项重要内容，指导班主任更好地发挥他们对班级工作的组织、领导作用，以不同方式做耐心细致的思想政治工作；其次是要调动广大教师采取多种形式，做好预防青少年犯罪工作。

自我保护

正确地认识和远离毒品

【案例】

16 岁的男孩王某虽然从小爱玩好动，但学习成绩还算不错。这个年纪的孩子，爱打游戏机的挺多，王某也不例外。一次，在游戏机房里，王某认识了一群“哥们”。他们掏出一种白色粉末，围坐在那里吸，一副“飘飘欲仙”的样子，一下子就引起了王某的好奇。当“哥们”怂恿他尝一口时，王某毫不犹豫地伸出了手。有了第一次，就有了第二次、第三次。后来，为了弄钱吸毒，王某开始学会说谎，学也没心思上了，甚至骗取低年级同学的钱，最后走上了犯罪的道路。

【评析】

这个小小年纪的“瘾君子”让我们在叹息之余，更为他对毒品的不设防而痛心。面对毒品，青少年应当如何正确认识它的危害并加以预防呢？

科学告诉我们：无论是哪一种毒品，都可以使人体免疫力下降，血红蛋白减少，各种生理机能遭到严重破坏。特别是当前，吸毒人员向低龄化、吸毒方式向静脉注射、毒品原料向海洛因 4 号蔓延，对吸毒者的危害更为剧烈。毒品经吸食或注射到人体后，能破坏人体的消化系统，使消化系统功能失调；能破坏人的内分泌系统，使人反应迟钝，神经衰弱、失眠；能破坏人的生殖系统，导致畸胎、死胎、流产……吸毒过量还会使人中毒死亡。

有确凿的资料表明：静脉注射毒品是艾滋病在我国产生和传播的主要渠道。海洛因依赖者的平均寿命一般在 30 岁左右，吸毒者一般在长期吸毒后8～12年内死亡，平均死亡率高于正常人群的15倍。可见，让人能“飘飘欲仙”的“白粉”，实际是严重损伤人体、毁灭生命的“白色恶魔”，是扼杀人类的杀手，是世界性的公害。中小学生是祖国的未来和希望，是社会主义事业的建设者和接班人。如果吸毒，连自己生命健康都难保证，何以搞好学习，成为国家的栋梁之材？不仅不能成为有用之才，而且还会成为“害群之马”！

当有人教唆吸毒时，青少年切不可掉以轻心：（1）坚决拒绝吸毒，坚决不吸第一口。因为吸毒是社会的毒瘤，是违法行为，严重危害人的身心健康，最终致吸毒者死亡，还会导致各种犯罪，使人堕落，丧尽天良，同时危害社会秩序。所以，青少年绝不能迈出这危险的一步。（2）依法同教唆吸毒的违法犯罪分子作斗争。青少年要依据法律，自觉地与教唆青少年吸毒的违法犯罪分子作斗争。当发现有贩毒、吸毒分子教唆吸毒时，或在周围有贩毒、吸毒的丑恶现象，青少年应该及时地向有关部门或学校老师报告。

贩毒分子或吸毒人员诱骗青少年吸毒的手段多种多样：

（1）初吸“免费”。贩毒分子第一个手段就是设法和青少年，特别是那些逃学、辍学的学生套近乎，进而“免费”送给毒品，引诱他们吸毒。

（2）宣称吸毒“快乐”。当前毒贩拉拢青少年吸毒时，说什么吸毒感觉好、吸毒快乐。他们手中的毒品种类非常多，其外表与普通的药丸、药片、胶囊、药剂、药粉极相像，青少年千万莫被误导而上当。

（3）“朋友”引诱。无论在校内或校外结交的朋友，只要在交往甚密的人中有一个吸毒，其他人往往很容易受到感染而吸毒。因此青少年应坚决不与吸毒人交友。

（4）宣称吸毒能“解乏提神”。这是毒贩的一种比较常用的欺骗手段。青少年勿不可轻信，以免上当。

（5）宣称吸毒能“治病”。所谓的“治病”，正是毒贩的一个卑鄙手段，许多青少年就是被这些鬼话拉下水的。

（6）宣称吸毒是当前时髦时尚，炫耀身份和财富的形式。

（7）宣称吸毒能“减肥”。“减肥”说法完全是错误的，是不法分子拉拢青少年下水的罪恶借口，切莫相信所谓“减肥”等的鬼话。

(8) 乘人之危，拉人下水。

毒品危害无穷。广大青少年，特别是中小学生，为了保护自己，应团结起来，坚决抵制毒品，首先要从思想上真正认识毒品的危害，形成全社会、全学校、全体同学坚决反对毒品危害的氛围，让大家共诛之、共讨之，使贩毒分子和吸毒者不能接近青少年。

同时青少年要树立正确的人生观。中小学生应该明白，他们是国家未来的主人，责任重大，要集中一切精力搞好学习，要抵制毒害等一切腐朽的东西，并立志要在他们手里消灭这些丑恶的东西。

要克服不良的兴趣爱好。兴趣爱好一定要有益于身心健康发育，有益于自己形成高尚的人格，有益于自己学习成才，有益于社会。

再就是交友要慎重。益友能互相学习、共同进步；与恶人交友，就很容易被诱惑而参与偷、抢、吸毒等违法活动。所以，交朋友一定要慎重！

克服“欲偷不能”的不良心理

【案例】

小燕是个文静而庄重的女孩。一天，她满脸愁容地找到她的老师：“老师，我想和您单独谈谈。”关上了门后，小燕双手绞了一会儿，终于开口说：“老师，我做了一些很不好的事，却无法控制自己不做。”停了一会儿，小燕开始断断续续地讲述她的故事。

她说她放学后常去书店、礼品店、超市闲逛。有一次，不知怎么回事，她突然产生了一种想偷东西的念头，于是趁人不备将一盒香皂藏到口袋中，伴着一阵心的狂跳很快走出商店。回到家中，看着偷来的东西，产生了一种从来没有的兴奋感。

以后就一发不可收拾，只要一到商店，小燕就想顺手牵羊“带”走些东西。如能得手便感到很刺激，无法得手心里就觉得憋得难受。

其实她自己并不需要那些东西，她常将偷来的东西送给同学。只是每次得手后，都会有种莫名的快感。然而，事后又会很紧张，常常自责，想不干又控制不了自己，常处于极端矛盾之中。

后来，小燕和同学一起逛超市时忍不住又偷了一支钢笔，恰被同学发现，在她的再三恳求下，这位同学答应不张扬出去，但再不愿也不敢和她同行。小燕陷入了深深的痛苦之中。没有办法，她只好找到了她的老师。

【评析】

小燕的“拿”与“不拿”有着激烈的内心冲突，她最担心的是被人揭发的难堪和难以预料的后果，而不被人发现恰恰是她“成功”的基点，这是她欲罢不能的根本矛盾所在。针对此原因，老师应该给小燕进行心理治疗。

第一，和小燕一起分析这种不良行为的潜意识根源，她是个聪明的孩子，很快就领悟到自己错位的成功和报复心理对自己成长的不利。

第二，勇敢面对自己，痛下决心，坚决不给自己重犯的机会。并且把所偷的物品和钱款送回商店，争取谅解。

第三，厌恶疗法。这是一种有效的方法，即让小燕清楚地意识到“想拿”和“被抓后”的情景想象，这样她会感到害怕。

第四，帮助小燕认识什么是真正的成功，让她发现与开拓自己真正的兴趣，鼓励她多与同学交谈，积极投入到集体活动中去。

通过上述矫治和帮助，相信不久后，小燕不仅学习成绩会有进步，而且和同学的关系也会变得融洽。她一定会拥有真正的成功！

正确看待社会腐败现象

【案例】

16 岁的男孩小陆，是高一某班班长。他原来为人正直，性情温厚，关心集体，勤奋好学，是位品学兼优的好孩子。他从小学三年级起到高中，一直担任班长工作，是个受老师喜爱、同学欢迎的优秀学生干部，经常受到集体的表扬。认识他的人都觉得他将来必有大出息。学校、老师对他寄予了殷切的厚望。出乎意料的是，一贯积极向上的他，突然向班主任提出辞去班长职务的要求，理由是：“干班长工作没意思，当官没意思；我不能再干没意思的傻事了。”经调查，原来是社会上出现的一两起党政干部腐败的案子影响了他的情绪：

原某市委书记张 × 严重失职、贪污腐败的事见诸报端后，小陆百思不得其解。心想：张 × 是党的高级领导人，平时看起来那么能干，说起话来那么慷慨激昂，怎么干出这么多违法乱纪的事？他感到震惊，感到失望，认为自己当班长反而不光彩了。正在这个时候，从城里转来一位父亲是总经理的同学陈某，他被分到小陆所在的班，按照常规班长小陆负责向他介绍了学校的情况及班规。

陈某是十分健谈的学生，在谈话中，陈某也介绍了自己及家庭情况，并讲述了他父亲为了发展企业、搞好经营，如何拉关系的一些做法。本来，小陆对一些腐败事件还没有想明白，陈某又是这样讲述他父亲的所作所为，一时间，小陆的心情更是难以平静，老是在想：社会上大到高级领导，小到民营企业家，都在搞腐败、搞不正之风，社会怎么是这个样子的？一向单纯的小陆陷入深深的苦恼中。

【评析】

显然，小陆是在自己没有任何心理准备的情况下，突然接触到了许多与自己原有认识相悖的东西，一时思想转不过来，产生了适应不良症。心理学理论认为，只有适应环境人才能生存，否则人就会被环境所淘汰。人对环境的适应有 2 个方面：

①通过改造客观环境来适应自己的需要；

②调整自己来符合环境的需要。要对环境作出良好的适应，首先要对环境保持密切的接触，通过社会实践来正确认识客观环境，然后根据这种正确的认识来对自己加以调整，并对环境作出适当的反应。

对现实生活中的各种问题不退缩、不幻想、不逃避，而是正视它们，并以切实可行的方法来处理和解决。由于小陆所就读的学校是重点中学，全封闭式管理，学的教育又多是传统的、正面的，没有机会去接触社会，去了解学校教育以外的东西。所以，当客观现实出现与自己主观意念大相径庭的时候，小陆思想不通。

解开小陆思想困惑的正确方法是向他分析社会现象的原因。比如，一个班上的同学受同样的教育和管理，一样的环境而身体素质有如此的差别，这是为什么？是因为与个人的身体素质、锻炼及保护有关。系统的生活环境，人的身体发展也是不平衡的，这是客观现实，属正常现象；同样，系统的社会环境、政治思想觉悟发展也是不平衡的，而这一切要靠社会和法律来解决。

国家的要员是人，不是神，如果不经常学习、不严格自律，不从精神上武装自己，也会受某种膨胀的私欲支使而陷进犯罪的深渊。这如同一个非常健康的人长期不锻炼身体，最终也可能受病毒之害一样。所以张某虽然身居高官，但长期不注意学习，不严格要求自己、不能自我完善，抵制腐败侵蚀的能力就差，最终陷入犯罪的泥潭，这不足为怪。

这个案例也告诉广大教育工作者，在社会转型时期学生受社会大环境影响，思想意识发生了很大变化。传统的教育方式已经不能适应现代社会；学校教育滞后与社会发展，使学生不但远离“三个面向”（面向学生心灵，面向学生素质，面向学生发展），而且会出现心理障碍。因此教育必须适应形势的需要，必须改变方式。而要改变方式，则首先要转变传统的教育观念。

在飞速发展的社会，教师不仅仅是知识的传递者，学生集体的管理者，还应该是学生的家长、朋友、心理医生。尤其是在素质教育进课堂的今天，学生的心理素质教育尤为重要，没有良好的心理素质，学习成绩再拔尖，面对多变的社会环境，面对挫折和打击也是不能很好适应的。

坚决对黄毒说“不”

【案例】

据报道：某镇十几个中学生在参加完同学生日聚会饮酒后，在街道上遇到镇上居民陈某，双方因为小事发生口角，陈某当场被 11 名中学生打成重伤，经医院抢救 10 天后无效死亡。当天参与打架的十几名中学生的年龄都在 14～17 岁之间。在事发后的一两天内，他们由家长或老师陪同全部到派出所投案自首。根据调查，警方拘留了 3 个学生，检察院也提前介入。此事引起了当地群众强烈反应，一些同学和老师强烈反映这样一个现象，说他们学校许多同学自从上了一些黄色网站后，脾气变得越来越坏了，且动不动就抢女生的东西，还经常拉帮结派打架，影响了其他同学的学习。

【评析】

作为高科技手段的计算机网络为人们的学习和休闲提供了方便，使人大开眼界，大饱眼福，但是它也可以传播有害信息，制造黄色毒品来腐蚀人们的精神世界，有时让人防不胜防。很显然，案例中的几个少年正是受了黄色毒品的影响而变坏的。据说这种情况在国外也广泛存在。

美国就曾报道一户美国家庭中孩子受网络黄毒侵害的事。当家里开通因特网时，一家三口人都非常高兴，丈夫决定用它来管理投资，计划旅行；母亲是作家，可以用网络收集资料，女儿则兴奋地投入到与全国各地孩子们的网上闲聊中。起初，父亲还在孩子闲聊时去检查一下内容，后来一忙就疏忽了，只是简单地提醒女儿“要学会自我保护”。有一天，父母在女儿熟睡之后坐到电脑前，输入女儿的上网口令，屏幕上立即显示：“你有电子邮件。”邮件附有图片，等图书下载完毕，父母大吃一惊，屏幕上全是不堪入目的性场面。

研究人员曾经作过长久而细致的调查，在 1995 年 1 月 ~ 1996 年 6 月的 18 个月中，在国际互联网上曾发现了约 90 万幅的色情图片、小说和影视片，它们已经扩散到包括中国在内的 40 多个国家和地区，对青少年的身心健康成长构成了巨大的腐蚀和威胁。大量的色情图片涌人家庭，成为儿童犯罪的教唆犯，令无数的家长对于新兴而极具诱惑力的因特网望而生畏。

在信息时代，为了帮助儿童抵御网上的黄色诱惑；各国相继出台了一些对计算机网络上发布“黄色”内容信息的行为加以惩罚的法规，并即将成为制止和打击网络黄毒的有力武器。与此同时，我们也应看到，尽管人们已作出了种种努力，但真正消除网上黄毒并非易事，因此，每个入网者建立有效的防护机制，增强自身免疫能力才是抵御黄毒的最有效措施。

青少年朋友上网时，要这样保护自己：

1. 向父母承诺：不下载网上的黄色游戏、照片、小说；不与网友讨论有关性的问题。

2. 请成年人帮助安装保护软件，以便过滤出黄色、暴力节目。

3. 从科技书籍上获取性知识。

4. 上网时间不宜过长。

5. 远离黄色淫秽的书刊和各种音像制品，包括不健康的小报、杂志，隐蔽性更强的电子光盘，带有黄色画面的游戏机。做到不买、不看、不传、不藏，不受坏人的拉拢、利诱或胁迫。

6. 凡拉拢你观看黄色制品的人，不管是成年人，还是你的同学、朋友，都是违法行为者，应该勇敢地与之作斗争，及时报告有关部门。

避免因迷恋网络而走向犯罪

【案例】

一次，一位青年妇女在晚饭后散步，与两名男青年迎面相遇，两青年突然出手抢走挎包，她边追边扯起嗓门大喊："有人抢劫!"正在巡逻的两位保安飞速赶到，并用保安防范通讯系统群呼友邻保安增援。公安部门立即出动了十几位民警，在保安的协助下围堵，经过5个多小时的奋战，抓到了抢劫人。然而，让警员们吃惊的是，两抢劫犯竟然都是青少年：一个14岁，一个15岁。

据二人交待，他们是为给女网友打胎治性病，他们还有一位同伴在宾馆，没来。民警赶到宾馆房间时，只见一张床上睡着一对少男少女，另一张床上躺着一名少女。两名少女分别叫莉莉和艳艳，今年都只有14岁。

据了解，14岁的莉莉和艳艳曾是某中学品学兼优的学生，两三年前迷恋上网聊天，从此深陷网恋不能自拔，最终厌学、逃学。学校、家长多次教育，但收效甚微。今年春节，两少女相约偷偷离家出走，与网上情人相聚并同居，致使莉莉怀孕2个月。不料男方却染上性病，不得不返回家找钱治病。但男方父母也是一对迷恋于《传奇》游戏、麻将游戏的夫妻，对儿子迷恋网吧并与艳艳在家同居不但不阻止，反而认为儿子有本事。

于是，发生了抢劫青年妇女的一幕。

【评析】

青少年时期是世界观、价值观、人生观的形成时期，思想波动大，自我调控能力差。现实生活中不愿说的话，他们更愿在网上倾诉，针对这种情况，应如何做好青少年的思想工作呢?

1. 要做好青少年思想工作，一定要放下架子，抛弃说教，深入到青少年之中，和他们交朋友。要让青少年明白网络是把双刃剑。

2. 对青少年迷恋网络的问题，要正面引导，宜疏不宜堵，通过老师在网上指导，调整其心态，增强自控力；

3. 多组织专家在校园网上开辟心里话聊天室、思想政治网站，让网络充满更多先进的文化。

此外，社会应如何营造一个青少年上网的健康环境呢？

1. 加强校园网络管理。学校校园内供上网的开放或公用计算机机房、微机，都是接入学校校园网，纳入校园网的统一管理，并由校园网提供统一的网络出口可对学生上网进行时时监控，杜绝学生上不良网站。而且学校的计算机机房、微机都是非营业性，对学生只收取成本费，这样也可以减轻学生的负担，因此现在来学校上网的学生越来越多。所以，作为青少年学习和生活的主要场所，学校要充分发挥优势，利用校园内的网络吸引学生们正常地健康地上网，以免学生流入校外“黑色网吧”。

2. 家长带动孩子上网。据了解，有许多家长买电脑是想让孩子跟上时代，多学点东西。但有时候电脑也会给孩子带来的负面影响，倒没有引起他们的注意。

家长应该如何为孩子们营造一个健康的网络环境？要引起家长们的重视，必要时，家长与孩子一起上网。比如有一家母女俩，暑期同进计算机培训班，她们《计算机一级教程》已经考过，正在利用周末时间学“平面设计”。这位母亲说“给孩子买电脑，装宽带，孩子会不自觉地通过网络上一些不健康的网站去浏览不健康的东西或者上网玩网络游戏，误了学业。”所以，她与女儿约法三章：“只有周末才能上网；上网时要由母亲或姥姥陪同；不能连续上网超过 4 小时。”这样一来，不仅女儿受益，自己的一些观念也受网络信息的影响。

3. 青年朋友要提高自制力。绝大部分青少年绝大部分时间是玩网络游戏和网上聊天，并不是网上学习。深夜的网吧更容易使他们走进黄色网站。所以，应该教导他们利用年轻多学点知识、技能，抓紧时间给自己充电，把他们对互联网的爱好向好的方向引导。这就需要家长、学校各方面都行动起来，老师、家长可以适当地将网上一些有用信息，通过言传身教交给学生；同时，给学生做好思想上的引导，让他们真正拥有免疫和自制能力。

避免网络毒害

【案例】

案例 1：某市警方陆续接到 2 起学生报案，称他们在学校附近被数名少年拦截索要钱款，其中一名男生不但被抢走170多元钱，鼻子还被打出血。据反映，被抢的不只他们两个，其他人因为害怕不敢报案。民警经过调查走访，将3名作案少年抓获，并在他们的房间里找到了砍刀和铁棒等凶器。经审查，3人交代了伙同另外5名少年抢劫学生的犯罪事实。

据了解，这8名少年多为父母离异、失学少年，他们通过网络相识，有钱便一起上网、喝酒、聚会，没钱便到中学附近的胡同、楼道、树林里抢学生的钱，遭到拒绝后便动武，有时还动用凶器。至被捉时，他们已抢劫30余起，最少的一次抢了10元，最多一次抢了700多元。另外，他们还和另外11名少年一起将一名走路时多看了他们一眼的男生打成骨折。这群少年网虫在风华正茂的年纪里就这样犯罪了。他们面对的是法律的惩罚。

案例2：被判3年徒刑的不满18岁的少年小凯1岁时母亲离家了，9岁时父亲意外死亡。无人管教的他，14岁开始进入网吧玩游戏，不高兴时特爱玩恐怖暴力游戏，觉得打死人的那种感觉特别痛快，仿佛在那一瞬间所有的痛苦都消失了，取而代之的是一种强烈的快感。

一次，参加完朋友婚礼的小凯又到网吧上网，在网上与一个人对骂起来，后来发现2个人竟在同一网吧里，他们打起来，对方有3个人，打着打着跑了2个，小凯就把和他在网上吵架的那个人拽到锅炉旁，用绳子勒住他，赶来的保安及时制止了他，然而那人已被打成重伤。小凯就这样走入了监狱。

案例3：17岁的姜某、刘某，由于早早迷上了网络游戏，学习成绩一落千丈。发展到后来，他们根本没心思上学，每天的大部分时间都泡在网吧里玩游戏。勉强上完初中后，他们开始混迹社会，与一些不良青少年结成“铁哥们”。

一次，姜某在玩游戏时，与不是自己一伙的小浩发生“网骂”，因此引发矛盾。去年2月9日夜11点多，姜某在网上得知小浩下落，当即纠集刘某及另2名男孩，各持一把砍刀直奔小浩所在的网吧。找到小浩后二话没说，上去就是一阵乱砍。因对小浩构成轻微伤害，姜某、刘某被分别判刑。

【评析】

相关部门近期进行的一项调查表明，60%的未成年犯人曾经常出入游戏厅、网吧。随着互联网迅速普及和发展，互联网信息服务单位、接入单位和上网服务场所出现了迅猛发展的态势。青少年作为互联网的主要消费群体之一，每时每刻都在接收着大量信息。而互联网天然的开放性与信息安全管理的滞后性不可避免地导致了大量有害的互联网信息产生。如一些互联网单位存在着违法违规经营、安全管理职责不落实，对有害信息不防范、不删除、不报告等突出问题，而另一些单位和各个在互联网上设立的网站、网页无人管理，客观上为色情、暴力、赌博、愚昧迷信等有害信息的传播提供了条件。

黄色书刊、黄色画片、黄色影碟，而今又加上“黄短信”和“黄段子”，黄毒之泛滥，无疑已成为社会公害。特别是青少年儿童，因阅历浅，识别力差，极易受其毒害，误了学业、毁了青春，甚至在自己的一生中留下一个永难消除的阴影和污迹。

案例中的少年犯罪，显然就是受网络中传播的“暴力”毒害的结果。所以对网络淫秽色情和暴力的舆论谴责和依法整治，是绝不可少的。不过，最要紧的还需从治本着手，即运用各种方式，通过教育引导，启发青少年们深刻认识其危害，识美丑、辨是非，从而不接触、不欣赏、不沾染、不模仿、自觉抵制网络黄毒和暴力的侵袭。

另外，个别网吧经营业主受经济利益的驱使，置国家法律法规和青少年的健康成长于不顾，仍准许、怂恿青少年进入网吧。许多青少年到网吧浏览境外的一些色情网站，经营者也不进行劝阻和正确引导，一些无经营许可的黑网吧仍然存在，给管理增加了一定的难度，带有反动、赌博、诈骗及计算机病毒等有害信息的垃圾电子邮件也频繁出现。所以，加大对网吧经营业的法治力度，是阻止青少年网络犯罪的最有效的屏障。

避免网络上的犯罪诱惑

【案例】

案例 1：据最新公布的互联网网民构成显示，中国已有 8700 万的网民，其中学生占 70%，青少年占 20%，超过 1500 万。然而在泛滥的色情网站面前，这样的数字变得十分沉重。据保守的调查估计，约 46% 的未成年网民光顾过色情网站。某少年法庭的随机调查显示，100 名在押少年犯中，61%

的人经常浏览色情网站。

案例2：某市检察机关提供的一份统计数据显示，近几年来青少年犯罪呈直线上升之势，从该市的具体情况看，2000年，检察机关共批捕青少年犯罪247人，起诉232人；2001年批捕287人，起诉300人；2002年批捕359人，起诉347人；到2003年，这两项数据就较4年前分别上升了61.5%和66.4%，更加令人不安的是，青少年犯罪已呈现出低龄化、团伙化、恶性化的可怕特点。而2003年的青少年犯罪就突出集中在抢劫、盗窃、故意伤害、故意杀人等情节较重的案件。这些犯罪的青少年中相当一些是受了网络中色情和暴力等影响。

【评析】

网络给人们的生活、工作和学习带来了很多的便利的同时也带来了很多负面的影响。《传奇》游戏是风靡全国的网络游戏之一。在网吧里，随处可见很多身着校服的在校学生或青少年都在玩着《传奇》游戏。这之中有什么秘密呢？创作游戏的人们是如何把握住玩游戏者的心的呢？原来如果自己在游戏中级别很高，而且装备精良，就有可能称霸某一区域，成为什么堡的主宰。这时经营网络游戏的公司就会给这个游戏账户上每天打入100万元“传奇币”。而这100万元“传奇币”在市面上的价格是人民币10元。所以，一些大中专院校和初高中在校学生，社会上的待业青年，企事业单位的年轻职员都乐意玩这种网络游戏。

网络的出现是社会进步的标志，网络游戏是网络发展的产物。但是，当人们在享受现代的智力的同时，一方面却让人们能创造新技术的头脑被幻想和虚拟的空间所代替；另一方面，当人们的人际关系越来越紧密，紧密到让广大未成年朋友“以身相许”的地步时，人们却发现，下一代的再创造能力的素质受到了挑战，他们因上网游戏而成了游戏现实人生的人，甚至于走上轻生的路。

如果说，中国是一个具有悠久历史的文化大国，五千年的文化底蕴为人们提供了丰富的想象空间，每个历史时期都有许多的传奇人物与故事，再加上古今无数的文学巨匠留下的传世之作，都能够为中国网络游戏提供完美的“脚本”。那么，我们为什么不以此塑造一个有利于青少年健康、提高青少年创造技能的网络空间呢？

网络技术的专家为了下一代的健康，为了国家的栋梁，能做些什么呢？

1. 立法是当务之急，一些互联网规范还不全面，立法并做到司法介入，成为第一个有效解决网络色情泛滥的最好办法。

2. 发展网络审查技术，将网络色情从源头切断。比如青少年浏览色情网页，可以用很好的分级审查技术来识别。同样，移动运营商完全有办法实现某些内容的无法传输，而非现在的光顾赚钱而不管不顾任何道德。再比如QQ，完全不能在自己每天发布的短信中提供色情的信息，不光不能发布，还要引导青少年正确使用QQ。

3. 一些无道德心的网吧从业人员甚至给这些孩子推介色情网站，以利于自己的营收，这都是需要很好的管理。所以，要有针对性地对网吧从业人员进行素质培训，提高他们的道德水准。

学生干部何以坐牢

【案例】

几个月前，柴某还是某校高一年级的一名学生、优秀的学生干部，可是，由于一念之差，两次抢劫杀人，现被关押在看守所的高墙内。究竟是什么原因导致柴某走上犯罪之路的？

从小学到初中，柴某都是一个品学兼优的学生。在学校，柴某的成绩虽不是很拔尖，但他很努力，上进心很强，德、智、体、美、劳等方面都能严格要求自己，游戏网吧与柴某从不沾边，因而在熟悉柴某的老师和同学的心目中，柴某是一个品学兼优的好学生、好同学。在家里，柴某很懂事，勤快、听话、尊敬长辈，在父母和亲友眼里，他是一个懂事、孝顺的孩子。后来他满怀上大学的希望跨进了高中的大门，为了能实现大学梦，柴某学习很努力，对自己的要求也很高，经常告诫自己不去沾染社会上对青少年成长不利的东西。作为一名班干部，尽管学习成绩不是很好，但他对工作十分负责，深得老师和同学的好评和信任。

从前读中学时是在乡镇，上高中却是在市里了。城市是个五彩缤纷的大千世界，令柴某眼花缭乱。在他的周围，许多同学都喜欢上网聊天、玩游戏，课余饭后常听见他们谈得津津有味。由此，柴某认为自己落伍了，如今已是信息时代，自己却既不会上网，又不会玩游戏，感到很没有面子，心里不是滋味。

于是，柴某便开始培养自己的网络兴趣，逐渐放松了对自己的要求。一个星期六的下午，柴某怀着极大的兴趣与同学钻进了一间网吧，第一次目睹并尝试了同学们所讲的网络精彩。从此，差不多每个周末，柴某都是在网吧感受网络带来的快乐。

又一个周末，柴某随同学走进了一家游戏室。可是他不会玩游戏呀！还是那台老虎机吸引了柴某，柴某便抱着闹着好玩的心态参与了第一次，可没想到就这么一玩就输掉了几十元钱。输钱的滋味，确实让柴某难受、后悔，但并不甘心，总想将输掉的钱赢回来。因此，柴某就时常一个人悄悄地溜出校门，钻进游戏室去参与第二次、第三次……就连坐在教室听老师讲课时，游戏室那些乱七八糟的东西也老是在柴某眼前晃来晃去的。于是，每当放学以后，柴某总是怀着自己能有好运的心态向游戏室走去，几乎整个心思都陷进去了。在近一个月的时间里，柴某就输掉了几百元，生活费输完了，就回家找借口拿，或是去亲戚处借。

更可恨的是，除了游戏，他还迷恋上了网上的色情，每天不去见一下那些图片，他就无法安心。而每次见到那些图片、性动作的场景时，他又无法撒手离开电脑。他堕落了，他必须有钱，他需要钱，于是，除了抢劫，他没法了。他忘不了，在那一有稀疏星光的校园外的小道上，他拦住了一位女同学，他本想拿了她1000多元就离开，可是，他忍不住，他强奸了她。就这样，他把自己送进了大牢。

【评析】

这是个令人惋惜而又沉重的故事。它告诉我们：网络的正确利用是多么的重要！

互联网的广泛应用给青少年的教育开启了新的窗口，而互联网上的不健康内容也给青少年的教育问题提出了新的挑战。据不完全统计，到网吧上网的中小学生占网站顾客的50%以上，他们上网多为聊天、结识异性朋友，有的甚至为躲避家长或老师的管教专门跑到公共网吧登录色情网站寻求刺激。这无疑对青少年的身心健康有不利的影响。造成上述现象的原因主要有以下几点：

①互联网具有全球性、互动性、信息资源及表现形式丰富和使用方便等特点，这为以营利为目的色情服务业提供了难得的营业场所。这些网站为吸引顾客，往往在主页上张贴色情图片，使任何在网上冲浪的人有意无意地就能看到，青少年当然也不例外。心智尚未成熟的青少年一旦接触这些内容，受到的影响可想而知。

②传统教育又往往回避正面的性教育，孩子缺乏正确的引导，在网上很容易接触色情内容后，本来就早熟的他们便找到了猎奇和宣泄的场所。

为此，一方面要从正面充分发挥互联网的优势，一方面又要把互联网的负面影响控制在最低水平。普及互联网教育，尤其是在学校普及是当务之急。

首先，建立青少年自己的网站。大人喜欢的青少年不一定喜欢，通过建立他们自己的网站，不仅为青少年提供学习、交流和娱乐的空间，而且还对他们实践所学的知识并进行创造性学习提供机会。

其次，以技术手段控制青少年接触网上不健康的内容，设立网站安全规则，将青少年保护在不良影响之外。

再次，加强立法。虽然一些地区已经出现了网吧管理办法，但无论是从立法的层次还是立法的内容来看，还远远达不到保护的目的。

青少年犯罪的种类

屡次滋事导致伤亡

【案例】

郑某（男，14 岁）是某市中学初中二年级学生。2003 年 3 月 31 日中午休息时间，郑某及几个同学在学校后面的菜地里打牌玩耍时，遭到了曾是该校学生的蔡某（男，15 岁）等一群十五六岁少年的抢劫。他们有的持木棒，有的拿皮带对郑某等人拳打脚踢，并抢走了郑某带在身上的 20 元零花钱。蔡某等人事后怕被发现，拿出随身携带的匕首恐吓郑某等人不许向学校报告，也不许去报案。郑某等愤愤不平，及时向当地公安局报了案。蔡某等人先后被抓获，蔡某后被判处有期徒刑 6 个月，缓刑 1 年。其他人也分别受到了惩处。

2003 年 12 月 23 日，蔡某找到在该市某职业中学读高一的同学曾某，要他找人打郑某以发泄心中的气愤，曾某马上同意，并表示一定要为蔡某“效劳”。曾某当天便请同校的几个“铁哥们”文某（本案被害人）、常某、邵某等人帮忙打架。

第二天下午，曾某、常某、文某、邵某等人来到郑某就读的学校，在学校后面对郑某进行了殴打。郑某跑脱后，把此事告诉了学校领导，当学校保安赶到现场时，曾某等人已经离去。郑某回家后，把挨打受欺的事告诉了家人。12 月 25 日下午，曾某、常某、邵某等人又来到该中学，欲找郑某滋事，被开车前来接郑某回家的姐夫徐某发现后，将邵某扭送到公安机关进行了教育。

文某得知邵某被扭送到公安机关后，当晚 8 时许，又赶到该中学大门外，欲找郑某滋事。等到郑某放学后，他们在学校大门外发生争吵并扭打在一起，在互殴中，郑某拔出随身携带的水果刀朝文某左胸部、腰部刺了两刀，文某受伤后，跑了 100 余米后倒地，郑某随即打“120”召救护车，经送医院抢救，文某于当晚 9 时因失血性休克死亡。

案发当晚，在家长的陪同下，郑某到公安机关投案自首。在看守所中，14 岁的郑某写下了悔罪书：自从进了看守所，我通过学习，学到了许多法律知识，从一个法盲变成一个懂法的人。我对自己的罪行感到非常后悔和难过，认识到给被害者和家属带来了痛苦和损失，给社会带来了严重的打击，也耽误了自己美好的学习时光。我会认清自己的罪行，改过自新，重新做人，我会加倍努力学习，将来做一个对社会有用的人，来报答所有关心和帮助支持过我的人。

【评析】

故意伤害罪，是指故意非法损害他人身体健康的行为。郑某故意非法损害他人身体并致人死亡的行为，已触犯刑律，符合故意伤害罪的构成要件，构成故意伤害罪。案发时，本案的被告人郑某 14 周岁，在家长的协助下向公安机关投案后，如实交代了犯罪事实，如实供述自己的罪行的行为，根据我国《刑法》第 67 条的规定属自首。本案中被害人文某在案件起因上先是伙同他人殴打被告人郑某后，又多次去找郑某滋事，从而引发了本案，被害人文某也具有一定的过错。

本案留下的思考是沉重的。对于处于求学求知年龄的花季少年来说，郑某将在铁窗内度过他人生最美好的年代。他将为犯罪行为付出惨痛的代价，使被害人父母痛失爱子，使自己的家庭面临沉重的打击，还要付出巨大的经济赔偿。郑某主观上不加强法律学习，不懂法，不守法，遇到不法侵害时，没有采取正确的方法对待，却以暴制暴，持刀伤人致死，走上犯罪道路，其教训令人深省。

然而在客观上，在我们国家大力倡导实施普法教育的今天，如何让更多的人知法、守法，也是法律工作者值得深思的问题。法律是用来维护社会秩序的，是用来调整社会关系的。因此国家不光是制定了法律，制定了法律只能说明有法可依，而法律如何更好地得到实施才是国家所需要的，这才是法的意义之所在。因此广大法制工作者应当把研究如何高效实施普法教育作为一项重要的责任。

近年来，青少年犯罪现象呈上升趋势，校园暴力案件时有发生，在校生犯罪比例呈逐年上升趋势，这不得不引起有关教育部门的重视。本案涉及的当事人中，除未成年的蔡某辍学外，其余都是未成年的在校学生，他们被邀约参与殴打他人时，竟不辨是非，不计后果，不顾学校的校规、校纪，接二连三找被告人郑某滋事。

可以说，被告人郑某本人也是受害人，当他受到一群同龄人的暴力伤害后，他先后告诉了学校、家长，向公安机关报警，其家长也采取了防范措施，开车去接孩子回家，还将施暴的学生扭送到公安机关接受教育，但是，悲剧还是不可避免地发生了。透过本案的审理，再次给人们敲响了警钟，加强学生道德观念和法制观念的教育，加强对学校周边环境的治理，倡导学生树立爱学习、遵纪守法的观念，从而减少和杜绝青少年犯罪案件的发生，还需要全社会的共同努力。

愤怒之下砸伤他人

【案例】

王某是17岁的某高中毕业生，考上一所大学后因家里没钱交学费，于是利用暑假时间到广州打工，打算替人补习一年。到广州后，他在一家歌舞厅找到一份工作当服务员。歌厅一般都是晚间营业，王某白天要干些其他杂活，晚上又要招待客人，因此睡眠严重不足。几个月下来，他已疲惫不堪。但是由于这家歌舞厅效益很好，所以王某一月下来能拿800元的收入。而且歌舞厅包吃包住，于是他就在这里干了下来。可是好景不长，不幸的事情发生了……

在一个周末夜间12点，歌舞厅里来了几个客人，男男女女的大约六七个。几个人进来后要了2箱啤酒，于是在那“剪刀石头布”地喝起来。王某白天干活很累，迷迷糊糊地在旁边的椅子上睡着了。

“喂！服务员呢，死到哪去了？麦克风坏了没人修，开什么歌舞厅啊？”

王某被吵醒后，见说话的是一个高高瘦瘦的中年男子，他们一同来的人叫他李老板。王某问他："怎么坏的，是不是你们喝酒喝多了摔坏的啊？"那男子说："你哪来那么多废话，管它是怎么坏的，我叫你修你就修！"王某很是生气，两眼鼓得大大的。但他想着怕被老板给炒了一时又不知道到哪去找工作，于是只好忍了忍，开始修麦克风。

到了凌晨3点，李老板们一行人唱够了，玩够了，开始结账，但因收费问题与收银员吵了起来，王某走过去说："吵什么吵，麦克风摔坏了都没有另外要你们的钱。"李老板大声嚷嚷："你小子是不是活得不耐烦了，想坑我不成，你是谁啊你，烂打工的东西！"

王某由于几天来睡眠不好，心情烦躁，再加上李老板如此伤害他的自尊心，气急之下忍无可忍，提起放在身边桌子上的啤酒瓶，直朝李老板头部砸去，只听李老板"哎哟"一声，倒在地上。

李老板被送到医院后，被诊断为后脑枕骨骨折，经法医鉴定为轻伤。王某因故意伤害他人身体，被依法逮捕。检察机关以故意伤害罪对他提起诉讼。在案件审理过程中，李老板提起附带民事诉讼，要求王某赔偿医疗费、误工费、交通费、营养费等人民币3万元。远在四川老家的母亲听到这个消息后，老泪纵横，七拼八凑，四处借贷，千里迢迢来到广州。王某因一时冲动而酿成大错，既后悔又惭愧。

【评析】

本案中，王某因一时冲动而伤害他人身体，导致李老板受伤，又经法医鉴定为轻伤，故王某的故意伤害罪成立。根据我国《刑法》第234条的规定："故意伤害他人身体的，处3年以下有期徒刑、拘役或者管制。"本案即是一起故意伤害案。

根据《刑法》第17条第1款、第3款的规定："已满16周岁的人犯罪，应当负刑事责任。已满14周岁不满18周岁的人犯罪，应当从轻或者减轻处罚。"本案中因王某系青少年，而且无前科劣迹，认罪悔罪，故对其应当从轻或减轻处罚。

由于王某的故意伤害行为，造成被害人轻伤，根据我国《刑法》第77条第1款的规定："被害人由于被告人的犯罪行为而遭受物质损失的，被害人可以在刑事诉讼过程中有权提起附带民事诉讼。"本案中因为王某尚未成年，根据我国《民法通则》第133条第1款规定："无民事行为能力、限制民事行为能力人造成他人损害的，由监护人承担民事责任。”

监护人尽了监护责任的，可以适当减轻他的民事责任。但是在本案中，王某一月能挣 800 元，已经有了自己的经济收入，所以根据《民法通则》第 11 条第 2 款规定：“16 周岁以上不满 18 周岁的公民，以自己的劳动收入为主要生活来源的，应当由他本人赔偿因故意伤害行为给被害人造成的经济损失。”而在本案中，王某的监护人即王某的母亲主动替儿子负担了给被害人造成的经济损失，因此法院在对王某的量刑上酌情考虑。

青少年正处于心理、生理的发育期。由于生理上过早成熟而心理不成熟，使得这一阶段的青少年体格发达健壮、精力旺盛。但身体发育成熟与心理发育不成熟的矛盾性，使得青少年容易冲动意气用事，不考虑其行为的后果，进而导致犯罪行为的发生。本案就是一个例子。

然而，法律是无情的。如果故意伤害他人的身体达到一定的严重程度就要负刑事责任，受到法律的制裁。因此，青少年要学会理智地处理问题，调节好自己的情绪，控制好自己的情感，培养积极乐观的生活态度，勇敢地面对各种失败和挫折，对未来充满希望和信心。当因情绪不好需要发泄时，青少年可以向长辈倾诉，或者向自己的知心朋友诉苦，或者做自己平时喜欢做的事，保持适度的生活节奏，做任何事之前考虑一下后果，就可以避免很多犯罪的发生。

投毒致人死亡

【案例】

牛某今年 15 岁，某中学初三年级学生。他向来成绩较差，又因父母感情不和而离婚，所以平时很少和同学交往，一心只想把学习搞好。可是他很嫉妒同寝室的林某，因为林某成绩比他好。俩人在寝室里，早晚都得见面。俩人同住上下床，林某睡上铺，因此林某每次上床都得从牛某的床上踩一下才能够上去。对此牛某非常地不满，可是他没有直说。有一次，因为林某洗脚后没有擦脚，脚上还有很多水，他也不等脚上水干了一下就直接从牛某床上踩上去，当时两人争吵起来。

2003 年 12 月 8 日，林某又因体育课上不小心把牛某撞倒在地，牛某当时便骂了林某几句脏话，老师狠狠地批评牛某："你怎么这么没有教养啊，别人不过是撞了你一下，你在这发什么疯!"牛某当时心里难受极了。当天晚上，牛某在床上辗转反侧，久久不能入睡，他认为老师偏袒林某，就是因为林某比他的成绩好。他决定要"好好教训林某"，而且他要林某连自己是怎么死的都不知道。学校寝室是晚上 11 点关灯。林某有一个习惯，就是晚上经常用电筒看书看到 12 点，而后下床来泡方便面，泡好方便面后，便去洗脸，洗脸回来之后，吃完面再去漱口。牛某的这条妙计就是把握好时间在林某的泡面里下毒。

12 月 12 日，牛某在集市上买了毒药"敌敌畏"，当林某泡好泡面去洗脸时，牛某将一小袋毒药投进了林的泡面里……牛某亲眼看到林某吃下毒面，心理乐滋滋的，他终于可以拔掉林某这颗"眼中钉"了。

林某吃完面后照例上床睡觉，可是不到半小时，便感觉肚子隐隐作痛，他开始并不在意，可是不到一会儿，他感觉肚子越来越不舒服，于是便下床呕吐，呕吐结束后，又上床睡觉。可是他的胃再也受不了，他叫同寝室的同学陪他去医院。寝室的人纷纷起床扶林某上医院，牛某也起了床，假装陪牛某上医院。由于药量较大，在医生抢救过程中林某死亡。牛某亲眼看着林某死去，但却没有露出一点惊慌、紧张之色。

在法庭上，法官问牛某："你知道杀人要坐牢的吗？"

牛某回答："我只听说大人杀人放火要坐牢，我没有听说过学生杀人要坐牢。"

法官说："你马上就可以尝试坐牢的滋味了。"

牛某说："不会吧，过两天我还要回学校参加期末考试呢。"

【评析】

根据我国《刑法》第 17 条规定："已满 16 周岁的人犯罪，应当负刑事责任。已满 14 周岁不满 16 周岁的人，犯故意杀人、故意伤害致人重伤或者死亡、强奸、抢劫、贩卖毒品、放火、爆炸、投毒罪的，应当负刑事责任。已满 14 周岁不满 18 周岁的人犯罪，应当从轻或者减轻处罚。"

本案中，牛某在林某的泡面里下毒，导致林某中毒死亡。那么牛某是犯投毒罪吗？所谓投毒罪，是指故意投放毒物，危害公共安全的行为。本罪的主体为一般主体，即年满 14 周岁的人犯了投毒罪都应承担刑事责任；

主观方面表现为行为人的故意；客体为公共安全。客观方面表现为投放毒物，危害公共安全的行为。本案中，牛某投毒毒死林某，其行为没有危害公共安全，因此与我们上述分析的客体和客观方面都不符合，所以牛某的行为不构成投毒罪。牛某用投毒的方法毒死牛某，构成了故意杀人罪，应当按照故意杀人罪对牛某定罪量刑。

区分故意杀人罪与投毒罪，关键是看投毒行为是否危及公共安全。如果用投毒的方法杀害特定的个人，不危及公共安全，属于故意杀人罪。如果同时危及公共安全的，属于想象竞合犯，应以投毒罪论处。本案中，牛某虽还是青少年，但其已年满14周岁，且所犯的故意杀人罪为《刑法》所规定的8种应受法律处罚的犯罪之一，因此应当负刑事责任。

近年来，我国青少年犯罪的种类和数量不断增加，就其原因主要有以下3个方面：

1. 从家庭结构看，家庭残缺的比例呈上升趋势。残缺型家庭（如父母离异、死亡等）缺乏家庭亲和力，给青少年心灵蒙上阴影，有的青少年因缺少家庭温暖和管教而逐渐养成不良习性和反社会意识，容易产生自卑心理，形成孤僻性格，极易步入歧途。尤其是婚姻家庭观念的变化，离婚数量逐年上升，父母无法弥补的痛苦，影响了他们的健康成长，本案中牛某孤僻的性格便是因家庭破裂而走向犯罪道路的一例。从一项调查的情况来看，家庭残缺的未成年犯，1998年占28.4%，1999年占30%，2000年占32.6%。这说明家庭教育对子女的成长起着至关重要的作用。随着问题家庭的增多，在问题家庭中生长的未成年子女犯罪的频率也增高。

2. 从青少年自身的文化程度看，未成年犯文化程度普遍偏低，且辍学、流学、退学的较多。大部分未成年犯只有小学和初中文化，文盲、小学的占30.8%，初中的占63.4%，而高中以上文化程度的仅占6%。其中，初中以上的未成年犯中绝大多数并没有正式毕业。调查显示，辍学的占24.5%、退学的占49.1%、被学校开除的占9%。而那些闲在家中的青少年犯罪最为突出，学校不用管、家长管不了、社会无人管的局面造成这些人无所事事，一旦与沾染上不良习气或与有不良习气的人纠合，极易犯罪。

3. 从学校教育来看，学校教育的畸形化，表现为只重学生考试成绩，片面强调学校的升学率，而忽略了学生综合素质的培养，尤其是忽略了学生思想道德和法律观念的培养，忽略了对学生健康心理的筑造。因此随着考试升学压力的增大，很多学生的心理承受力就越来越差，妒忌比自己成绩好的同学，久而久之便产生极不平衡的心理，最终由妒忌而演化为仇恨。当这一切无法化解的时候，便走上了极端。

本案中，牛某妒忌比自己成绩好的林某，逐渐由妒忌而生仇恨，最终采用投毒杀死林某就是其中极为典型的一例。牛某在实施犯罪行为，面对一条鲜活的生命断送在自己手中而表现出的镇静、冷漠和对法律的无知，是让人震惊的，它给教育工作者和法律工作者提出了一个沉重的课题，再一次呼吁社会、学校、家庭：救救我们的孩子！

为玩游戏抢劫钱财

【案例】

李某、王某、周某都是某中学高一年级学生，今年都是16岁。3人不用心学习，每次考试都是全班倒数的成绩。老师经常批评他们，他们对学习失去了兴趣，经常旷课逃学。

李某家有一台电脑，安装了很多游戏，3人经常到李某家玩游戏。被李某的爸爸发现后，遭到李某爸爸狠狠地批评，3人就到营业性的游戏厅玩游戏，游戏厅的内容和环境气氛让他们3人倍感刺激，于是经常把家长给的零花钱凑到一起，去游戏厅玩，一直到把钱花光。

2003年8月15日这天是李某的生日。3人相约准备为李某庆贺生日。他们先是到游戏厅，可是当他们把钱凑到一起时，总共才6元钱。正当他们为玩游戏的钱发愁时，李某看到了游戏厅对面的一家小卖部，他灵机一动，便对王某、周某说："现在天很晚了，那家小卖部是一个女孩看守，街上也没有多少行人，咱们过去威胁那女孩，然后把她的钱抢了，咱们抢了就跑。反正她又不知道咱们是谁。"王某、周某觉得李某的话有道理，于是随声附和。

李某3人走近小卖部，刚走到柜台时，李某发现有一沓钱用夹子夹着，就放在柜台旁边的架子上，李某趁那女孩不注意，拿了钱就跑，女孩惊慌之下大喊"有人抢钱啦！有人抢钱啦！"她一边大喊一边去追李某3人。女孩很快追上了李某，在一旁的周某见状立即从地上捡起一块砖头朝女孩头部砸去，女孩顿时头破血流。3 人没跑多远，便到一偏僻处数钱，足足有 300 元，当他们高兴之余准备进游戏厅时，被两个高大的拿着亮铮铮手铐的民警抓住了。

【评析】

根据《刑法》第 263 条第 1 款规定："以暴力、胁迫或者其他方法抢劫公私财物的，处 3 年以上 10 年以下有期徒刑，并处罚金。"本案中李某 3 人以暴力、胁迫方法抢劫他人财物，均构成抢劫罪。所谓抢劫罪，是指以非法占有为目的，当场使用暴力、胁迫或者其他方法，强行劫取财物的行为。本案中李某 3 人的行为不仅侵犯了他人的财产权益，同时也侵犯了他人的人身权利，构成了抢劫罪。由于李某 3 人均系青少年，根据有关法律的规定，法院应当从轻处罚。

在对某市 5000 多名学生的一项问卷调查中表明：有 39.1% 的学生去过电子游戏厅，有 26% 的学生认为游戏很刺激，有 13% 的学生把平时父母给的零花钱用来玩游戏。可见，玩游戏在学生中具有一定的诱惑力。本案中，李某 3 人经常出入游戏厅便是实际的例子。然而，从本案我们也看到，许多游戏厅的经营者利欲熏心，不顾国家有关法律法规的规定，非节假日仍允许青少年在游戏厅里娱乐。我国《预防未成年人犯罪法》第 33 条第 2 款明确规定："营业性电子游戏场所在国家法定节假日之外，不得允许未成年人进入，并应当设置明显的未成年人禁止进入标志。对于难以判明是否已成年的，上述场所的工作人员可以要求其出示身份证件。"

青少年正是长身体、长知识的时期，这一时期的主要任务是学习和锻炼身体。玩游戏不仅浪费金钱和宝贵的学习时间，而且很多游戏的内容不健康，严重影响青少年的成长。我们知道，营业性场所经常有很多闲杂人员出入，青少年经常出入那里容易染上很多恶习，对自己的成长极其不利。李某等人抢劫一案也告诉我们，有关部门要加强对营业性场所的管理，净化这些文化娱乐场所，对于那些非法让青少年进入的营业性游戏厅要严加处罚。同时学校也应该在广大青少年学生中提倡开展健康、有益的文化娱乐活动，倡导文明的生活方式。

敲诈勒索他人财物

【案例】

高某今年 17 岁，是某中学高二年级学生。由于高某的父母对其千依百顺，娇溺宠爱，使他养成了骄横任性的性格和很多不好的习惯。在学校因为他的表现不好，经常受老师的批评，可是不管老师怎么说，他都听不进去，用高某的话来说，那就是："父母我都不怕，老师又算什么啊？"

一次因为他打低年级的同学，老师批评了他几句，他虽然嘴里口口声声承认自己错了，可是没过几天，他又因琐事与同学发生口角而打伤对方。老师将他的父母叫来，由于父母对他平时千依百顺习惯了，所以就是批评他，也舍不得重言重语，致使高某的坏毛病越来越多，尤其对那些弱小的同学，他经常是拳打脚踢。

后来，高某又迷恋上了玩游戏机，花费一天比一天大，所有的零花钱都搭了进去还是不够，于是他开始向同学借，渐渐地，他借钱的数量从几十到几百，而且经常找那些弱小的同学借钱，那些人都胆小怕事，不敢得罪他。一次他向一同学借 2000 元，并威胁他说如果不借的话，就要拿点颜色给他看看，除非他不想来学校读书。那同学无法忍受，就向公安机关报了案，最后高某被公安机关逮捕，高某在法庭上供认自己共敲诈该同学人民币有 3000 多元。

【评析】

敲诈勒索罪，是指以非法占有为目的，对公私财物的所有人、管理人实施威胁或者要挟的方法，强行索取数额较大的公私财物的行为。敲诈勒索的行为外在表现是对被害人将要实施暴力或者其他损害相威胁，迫使被害人交出财物。

实践中敲诈勒索的行为主要表现为威胁或者要挟。威胁和要挟可以是直接对被害人提出，也可以通过其他方式发出，威胁和要挟的内容包括生命、健康、自由、人格、名誉、财产。威胁和要挟的对象可以是财产的所有人、持有人、保管人，也可以是他们的亲属。构成敲诈勒索罪，必须满足以下几个构成要件：

①必须是取得数额较大的公私财物。在实践中，我们通常以人民币2000元为标准进行计算，少于2000元的，不以敲诈勒索罪论处。

②行为人必须有主观上的故意，且以非法占有为目的，否则不构成本罪，比如像过失。

③犯罪主体的最低法定责任年龄是16周岁。不满16周岁的青少年实施敲诈勒索行为不作为犯罪处理。

敲诈勒索罪在责任年龄上与抢劫罪不同，如果敲诈勒索的人民币或者公私财物不足2000元，或者敲诈次数较少，而且情节较轻，那么就不构成犯罪，只是一般的违法行为，由公安机关进行治安管理处罚或者由学校进行行政处分即可。

本案中，高某对同学实施了多次勒索，并以武力相威胁，使同学产生恐惧心理，在主观上有敲诈勒索的故意。高某今年17岁，达到了法定责任年龄。他敲诈勒索的人民币数额超过2000元，因此，高某的行为构成敲诈勒索罪，应当受到法律的制裁。

从本案我们可以看出，高某走上犯罪道路与他的父母的娇惯密切相关。随着我国计划生育政策的实施，独生子女增多，加之人民生活的不断改善和经济条件的好转，家庭中的"小皇帝"、"小公主"也不断增加，娇养、溺爱成了家庭教育最普遍的问题。

很多家长对孩子唯命是从、千依百顺，对孩子物质上有求必应，思想道德上放任自流，结果使不少孩子品德下滑，甚至走向犯罪的深渊。本案中，高某是典型被父母宠坏的例子，高某唯我独尊，在物欲上表现为自私，在性格上无法无天，在学校横行霸道，最终因玩游戏而到处"借"钱，终因敲诈勒索罪受到审判。

事实证明，金钱、物质不能成为教育子女的好方式，金钱和物质代替不了孩子道德品质的教育，过分的溺爱和物质刺激只会害了孩子。

以为不用承担刑事责任

【案例】

李某今年16岁，其父母4年前就离婚了，李某随父亲生活。父亲是个生意人，满脑子装的就是钱，从来不管教他。于是李某上课逃学，不务正业，和社会上不三不四的人混在一起，干些偷鸡摸狗的事。

村里人因为他可怜，又无人管教，没有人和他较真，可是李某却越来越加疯狂，肆无忌惮地干坏事。他经常和别人说："谁要是得罪了我，我绝对不会饶了他，连我老爸我都不放在眼里，其他的算哪块料啊？"李某在社会上结识了当地年仅17岁的"老大"。"老大"常常对他们的小弟兄说："我们都是未成年人，平时犯了错别人总是说我们是不懂事的孩子，因此我们不管做了什么事，都没事。"

某日恰逢星期天，李某在网吧与同班同学王某在网上聊天，因王某不小心开了一句玩笑而李某误以为真，李某对其怀恨在心，一定要叫"老大"给他点颜色看看。星期一下午放学，李某和"老大"在校门口等候王某，王某刚一出校门，就遭李某2人的拳打脚踢，把王某打伤后2人扬长而去。后学校保卫处的老师发现王某受伤，将其送进医院，法医鉴定属重伤。王某父母到当地公安局报了案，后法院以故意伤害罪对李某等判处了刑罚。

【评析】

本案中的"老大"认为"未成年人不管做了什么事，都不会犯罪"属于对法律认识上的错误。这是未成年人违法犯罪时普遍存在的心态，对未成年人是否应当承担责任问题，应当具体分析，并不是所有未成年人犯罪都一律不追究刑事责任。

我国《刑法》对未成年人犯罪的刑事责任追究，共分为3种情况：

①不满14周岁的未成年人不管实施任何社会危害行为，都不得作为犯罪处理，都不让其承担刑事责任。

②已满14周岁不满16周岁的未成年人，只对故意杀人、故意伤害致人重伤或者死亡、强奸、抢劫、贩卖毒品、放火、爆炸、投毒罪此8种罪行承担刑事责任。也就是说，对于已满14周岁而不满16周岁的未成年人来说，他们只对以上这8种严重的犯罪行为承担刑事责任，而对于其他的社会危害行为，法律并不将其作为犯罪处理，比如偷盗行为、拆看他人信件、敲诈勒索行为等。但是，是不是说只要法律不追究这些行为的刑事责任就允许未成年人为所欲为呢？答案是否定的。他们虽然不承担刑事责任，但是他们需要承担自己的行为所带来的相应的民事责任或者行政责任。

③16 周岁以上的青少年实施任何危害社会的行为，构成犯罪的，都应当追究刑事责任。考虑到未满 18 周岁的青少年的身心发育状况，我国《刑法》也已经明确规定了已满 14 周岁而不满 18 周岁的人犯罪，应当从轻或者减轻处罚。本案中，李某已满 16 岁，故意伤害他人而致人重伤，符合故意伤害罪的构成要件，已经构成故意伤害罪，因此应对此行为负刑事责任。但在法院判决时，考虑到他毕竟是未成年人，应当对他从轻或者减轻处罚。

从李某一案我们可以看出，近年来很多家长为了挣钱而忽视子女教育的现象是屡见不鲜的，未成年人由于考虑事情肤浅，对法律问题一知半解，经常会做出一些违法犯罪的事情。因此家长应当承担起对子女进行教育的责任。父母离异家庭属于问题家庭。所谓问题家庭，是指因父母一方或者双方死亡，或因感情破裂导致离异、分居、遗弃等原因，使父母的一方或者双方不存在，或家庭成员的劣迹使得家庭完整性、稳定性遭受破坏，家庭固有的功能因之而损失或消失的一种家庭状况。

为了确保青少年受教育权利的实现，我国《宪法》第 46 条规定：“中华人民共和国公民有受教育的权利和义务。”第 49 条规定：“父母有抚养教育未成年子女的义务。”同时我国《未成年人保护法》第 9 条规定：“父母或者其他监护人应当尊重未成年人接受教育的权利，必须使适龄未成年人按规定接受义务教育，不得使在校接受义务教育的未成年人辍学。”

因此父母应当按照法律规定，义不容辞地承担起监护人的职责，确保自己的子女得到完整、健康的教育，使之茁壮成长，将来成为国家的有用之才。

为讲“江湖义气”而打伤他人

【案例】

刘某是某中专一年级学生，女，今年 16 岁。在一次体育课上，刘某因其打乒乓球的动作较为搞笑，同班同学王某便与她开玩笑说：“小刘，你这个样子，国家乒乓队的脸往哪搁啊！”刘某本来已经觉得面子过不去，又听王某当着全班同学的面这么一说，更是异常气愤，此后心存芥蒂的她，总是想找机会报复王某。

一个周末的星期天，刘某找到二年级的周某（17 岁）。周某是刘某的

“哥们”，刘某经常呼其为“哥哥”。刘某在周某面前撒娇地说：“哥，王某在我们班经常取笑我，欺负我，你一定要帮帮小妹啊，教训她后我请客，一切包在我身上。”周某听到“妹妹”被人欺负，于是决定好好教训王某。当天周某回家后，叫了和自己一起长大一起“患难”的李某（17 岁），李某一听是好友的“妹妹”有难，哪有不帮的道理，于是满口答应。

第二天，刘某、周某和李某一行 3 人来到学校门口等候王某，同学们放学后渐渐离开了，可是还不见王某的身影。等了好久，突然之间刘某指着一刚出校门的红毛衣女生说：“哥哥，就是那个穿红毛衣的，我先走了。”说罢打了一辆的士车扬长而去。等王某一出校门，迎面扑来的就是拳头和耳光，直到王某鼻子流血不止，用手捂住双眼倒在地上痛苦地哭喊，被学校保卫人员听到后，奔出校门，朝着周某 2 人大喊：“住手!”，周某 2 人拔腿就跑。

保卫人员一面派人把王某送往医院，一面打电话报警。诊断结果出来了，王某眼眶内壁骨折，头外伤后神经反应，经法医鉴定为轻伤（偏重）。在学校的协助下，案情很快被公安机关侦破，周某一行 3 人走上了被告席。

本案在庭审中，刘某 3 人有如下的供述：

刘某说：“当着那么多同学的面她那样取笑我，我觉得非常没面子，我乒乓球打得不好，关她什么事嘛，我找我认的‘哥哥’教训她，其实就只是为了出口气，哪里想到把她给打进医院去了。”

周某在供述中说：“我平时和刘某虽然没有多少来往，但她认我做她的‘哥哥’，我做‘哥哥’的也得有所‘表示表示’吧!”

李某说：“我和周某一块长大，我小的时候经常被人欺负，每次他都帮我，这次他叫我，我当然得去，不然算什么弟兄啊?”

【评析】

本案中，刘某因为王某一句话便对其怀恨在心，进而心生报复之念，纠集其“哥哥”周某对刘某实施报复行为，周某 2 人在刘某的提议指使下，将王某打成轻伤，其行为已构成故意伤害罪。根据我国《刑法》第 234 条规定：“故意伤害他人身体的，处 3 年以下有期徒刑、拘役或者管制。”本案中。刘某虽然没有直接实施故意伤害行为，但周某 2 人是在刘某的指使下实施犯罪行为的，所以刘某属于故意伤害罪的共犯，故 3 被告人均构成故意伤害罪。由于周某等人均不满 18 周岁，法院可以对 3 人做出从轻或减轻处

罚。同时，3被告人需赔偿给被害人造成的经济损失

本案中，3被告人都认为彼此是好朋友，他们讲的是“江湖义气”，可是又不明是非，为了一句玩笑而大打出手，结果既害了别人，也害了自己。同学朋友之间是需要友谊的，可是真正的友谊应当是学习上互相帮助，共同进步，共同提高，相互激励。朋友有难应当帮助，这无可厚非，但帮助朋友首先要明辨是非。

当同学之间发生矛盾时，要保持清醒的头脑，本着友爱的善意化解矛盾，而不是不分青红皂白激化矛盾，凭一时的冲动鲁莽行事。如果本案中刘某直接找老师解决，或者周某知道此事后拿出作“哥哥”的姿态，将刘、王叫到一起，进行朋友式的帮助和调解，就会化解矛盾，促进团结和友谊，就不会出现打人的一幕，也不会有后悔莫及的行为。

多次私拆他人信件

【案例】

赵某是某县一中高一（1）班的生活委员，今年17岁。赵某作为生活委员，负责班里报刊信件的收发。他对工作认真负责，总是以最快的速度将信件传到同学手里。最近，赵某发现班长唐某有很多信件，而且信封上的邮票都是倒贴的，按照他们的说法，凡邮票倒贴的都表明是女孩子寄来的情书。

唐某和赵某经常因为班里的一点小事发生争执，又因为他俩都是班里的佼佼者，所以相互之间都在妒忌对方。一天，赵某发现唐某的信里有硬硬厚厚的东西，他想一定是唐某女朋友的照片，一时之间他很是妒忌也很是好奇，于是偷偷将唐某的信给拆开看了。看完之后，他小心地把信封好给唐某。

此后，赵某多次拆看唐某信件。一次，赵某在看完唐某信后，不小心将自己一篇作文一起装到了唐某的信里。唐某打开信件之后，发现信里面夹有赵某的作文，唐某回想起以前他的很多信件好像都有被人拆开过的痕迹，他想一定是赵某所为，唐某非常气愤，当即把这一情况告诉了老师。老师非常重视，马上把赵某叫来，赵某承认了自己的错误，并承认了自己多次偷看唐某信件的行为。学校看他态度诚恳认真，也为了给别的同学敲警钟，给予了赵某留校察看的纪律处分。

【评析】

我国《刑法》第4章规定的是侵犯公民人身权利、民主权利罪。侵犯公民人身权利罪，是指故意或者过失侵害他人人身权利和其他与人身直接有关的权利的行为。侵犯公民民主权利罪，是指非法剥夺或者妨害公民自由行使依法享有的管理国家和参与政治活动等各项权利的行为。这类犯罪侵犯的客体是公民人身权利、民主权利和其他权利。

所谓人身权利，是指人的生命、健康、自由、人格和名誉，以及与人身直接有关的其他权利等。所谓民主权利，是指《宪法》和法律规定公民享有参加管理国家和政治活动的权利，如选举权与被选举权、批评权、控告权或者检举权、申诉权等。所谓其他权利，是指《宪法》和法律规定公民享有的除人身权利、民主权利以外的权利，如宗教信仰自由、通信自由、保持少数民族风俗习惯等权利。这其中侵犯公民其他权利的犯罪，包括强迫职工劳动罪，非法搜查罪，侵犯通信自由罪，私自开拆、隐匿、毁弃邮件、电报罪，非法侵入住宅罪等。

本案中，赵某的行为实际上侵犯了唐某的通信自由权。通信自由和通信秘密是我国法律赋予公民的一项基本权利。我国《刑法》第252条规定："隐匿、毁弃或者非法开拆他人信件，侵犯公民通信自由权利，情节严重的，处1年以下有期徒刑或者拘役。"所谓隐匿，就是指把他人的信件秘密藏起来，使收件人无法查收；"毁弃"是指把他人的信件予以撕毁、烧毁或者抛弃，其目的同样是使收件人无法查收；"非法开拆"是指未经法定程序，私自开启他人信件。

这里的"他人"，是指自己以外的任何人，包括父母、子女、兄弟姐妹、老师、同学、邻居等，个人和单位，认识的和不认识的，只要不是自己的信件，都不能私自拆开，这里的"信件"不仅是指书信，还包括明信片、贺卡、电报、照片等。只要是以信件外观形式交送邮局邮递的信件，都是本罪的犯罪对象。

侵犯通信自由罪的主体为一般主体，凡年满16周岁的人都可以成为犯罪的主体，在主观方面，只要行为人有主观上的故意，不强调其动机。同时，侵犯通信自由罪以"情节严重"为程度条件，这里的情节严重是指：多次隐匿、毁弃或者私拆他人信件的；因隐匿、毁弃或者私拆他人信件而贻误收件人重大事项的；因隐匿、毁弃或者私拆他人信件而导致他人精神失常、自杀等严重后果的；隐匿、毁弃或者私拆他人信件数量较多的。本案中，赵某的行为尚未达到“情节严重”的程度，且又为未成年人，故作为校纪处理是恰当的。

私刻学校公章

【案例】

徐某是某市一中高三的学生，今年 17 岁。临近高考，徐某非常着急，自己基础不好，成绩忽高忽低，对是否能考上理想的大学十分担心，整天都没有心思复习。徐某在上海上大学学习的表哥李某今年毕业，正在四处联系工作。为了给弟弟鼓气，李某从上海赶回来看徐某。

李某带了几份自己的求职材料。徐某拿来翻看了一下，见表哥的材料中满是各种获奖证书。其中英语过了六级，计算机过了三级，他崇拜地对李某说：“表哥你真厉害啊，每年都能获得奖学金，还得到那么多其他的荣誉，我想你在学校一定是很牛的啊。”徐某笑了笑告诉表弟，说所有这些是有水分的，很多是假的。

为了找一个好工作，很多同学的荣誉证书都是伪造的。表哥走后，徐某心想，我也可以请人刻制一枚学校的公章，做几张“三好学生”、“优秀学生会干部”的证书。高考投档率是 105% ~120%，这样自己就会在录取时占得许多先机。于是徐某私下托人伪造了学校公章，制作了 5 张荣誉证书。结果投档时被招生老师发现是假的，招生老师上报到招生办，招生办上报到司法机关，司法机关以伪造印章罪追究徐某的刑事责任。

【评析】

伪造、变造、买卖或者盗窃、抢夺、毁灭国家机关的公文、证件、印章的，分别构成伪造、变造、买卖国家机关公文、证件、印章罪和盗窃、抢夺、毁灭国家机关的公文、证件、印章罪。此外，伪造公司企业、事业单位、人民团体的印章的，构成伪造、变造公司、企事业单位、人民团体印章罪。我国《刑法》第 280 条规定：“伪造、变造、买卖或者盗窃、抢夺、毁灭国家机关的公文、证件、印章的，处 3 年以下有期徒刑、拘役、管制或者剥夺政治权利；情节严重的，处3年以上10年以下有期徒刑。伪造公司、企业、事业单位，人民团体的印章的，处3年以下有期徒刑、拘役、管制或者剥夺政治权利。”

我国法律对公章的刻制、管理和使用都有明确的规定，只有合法成立的单位才能刻制公章。公章是国家机关、企事业单位、人民团体在外交中证明自己身份，刻制公章必须在公安机关备案后由专业单位进行，同时公章必须合法使用，不得非法转借、出租。私刻公章的行为是社会危害性较为严重的行为。在本案中，徐某私自到外面请人刻制学校公章，已经违反了法律的规定，构成伪造公司、企业、事业单位、人民团体印章罪。因此，应当受到法律的制裁。

诽谤他人造成伤亡

【案例】

邓某是某市的职业学校模特表演专业的女生。她虽然身材标致，但却有一个最大的毛病，就是喜欢整天打听、传播别人的私事、闲事。谁要是得罪了她，准没有好日子过，同学们私下就干脆叫她“微型喇叭”。

2003年7月，邓某毕业了，她刚好17岁。邓某和同窗好友高某一起在市里某演艺文化交流中心工作，两人同时被分配到演艺部。在演艺部里，有一刚分来的某电影学院的学生李某。李某是演艺部的现场制片（注：现场制片是影视业一工作部门或其执行人的职业称呼），事业的成功和天生的帅气，使他成为众女生的追求对象。刚工作不到半年，李某便喜欢上了高某，而邓某明知李某喜欢高某，自己却偏偏也爱上了李某。

邓某是个小心眼，她妒忌高某，一有机会就恶心她，说她坏话。并使出自己的“微型喇叭”功能，添油加醋地到处散布谣言，绘声绘色地对别人说：“高某老是偷吃酸水果，还不时地在洗手间里吐过。”怕人家不明白，她又加了一句：“这不是怀孕了吗？”一会儿她又接下去说：“高某不仅跟李某有一腿，还跟外面社会上的小混混乱搞，据说我们演艺部的退休老部长和她也走得很近。”

日子一天天过去，高某感觉到总是有异样的眼光在注视着自己，她已经很难忍受这种沉闷压抑的空气，谣言所带来的压力使她喘不过气来。在迫不得已的情况下，高某向演艺部的部长提出了辞职。几天后，高某跳楼自杀了，在她的日记里写下了她被邓某造谣诽谤的经过。

高某的妈妈苦不堪言，遂向人民法院提起诉讼。

【评析】

所谓诽谤罪，是指故意捏造并散布某种事实，损坏他人人格，破坏他人名誉，情节严重的行为。该罪侵犯的客体是公民的人格尊严和名誉权；犯罪对象是特定的人。客观方面表现为，捏造并散布某种事实，损坏他人人格，破坏他人名誉的行为。所谓“捏造”，是指无中生有，凭空捏造虚假事实。如果传播的是客观存在的或者略有夸张的事实，不构成诽谤罪，而构成侮辱罪。所谓“散布”，是指用语言或者文字的方式扩散捏造的内容，使众人知道。

本案中，邓某心胸狭窄，嫉妒心强，以卑鄙的“微型喇叭”的手段，故意捏造事实，当众散布谣言，污蔑高某的人格，破坏高某的名誉，严重侵犯了高某的人格尊严和名誉权，使高某在无力承受重大的压力之下自杀。

我国《刑法》第246条规定：“以暴力或者其他方法公然侮辱他人或者捏造事实诽谤他人，情节严重的，处3年以下有期徒刑、拘役、管制或剥夺政治权利。前款罪，告诉的才处理，但是严重危害社会秩序和国家利益的除外。”邓某的行为不仅违反了做人的道德，而且触犯我国《刑法》的有关规定，构成了诽谤罪。

在我国，公民的名誉、人格是受法律保护的。从邓某的违法犯罪中我们应当引以为戒、吸取教训。嫉妒，是使人心态失衡的妖魔。青少年要有意识地对自己的这种不健康心理进行自我调适，努力提高自身的道德修养。同时要注意学法、懂法、用法，用法律规范自己的行为，依法行事，做一个知法、守法、品德高尚的好公民。

青少年贩卖毒品

【案例】

赵某曾有一个充满温暖和爱的家庭。小时候，家里虽然并不富裕，可是她是父母的掌上明珠，父母疼她爱她，给她提供较好的学习环境和生活条件，她的成绩在班上一直名列前茅，年年被评为“三好学生”。品学兼优的她，得到了同学们的恭维和老师的夸奖，她觉得世界是这么的美好，生活是那样的甜蜜，她也感到自己是世界上最幸福的人。

上初中后，父母双双下岗，家里的生活一天比一天拮据。父母开始吵架，本来和睦的家庭不复存在，直到最后的解体。那年，她14岁。赵某不明白好端端的家庭为什么会因为金钱而变得分离破碎，她开始失望、沮丧，上课的时候没精打采、精神恍惚，她对学习失去了兴趣，直到无法坚持学业而退学。

长期的迷茫和失落，赵某开始不安本分，结识了社会上一些不三不四的人，这群人当中，有一个关心着她、慰藉着她的庞某。她感激他，长时间的交往，由感激变成了爱，最后开始与庞某同居。这一年，她15岁。

赵某想找到一份工作，她凭着娇美的形象、伶俐的口齿、花样的年华，从饭店、酒店的服务小姐一直干到某歌舞厅的领班。随着收入的不断增多，赵某开始戴首饰、穿时装、讲名牌、有名车，她想过一种奢靡的生活。人生在世，“吃喝”二字；不管死活，只顾玩乐。吃喝玩乐成了她生命中唯一的追求。

在一次舞会上，赵某认识了英俊潇洒的男青年王某，王某是一家公司的董事长，收入丰厚，家资万贯。王某对她出手大方，请她跳舞，请她进五星级酒店，带她旅游全国风景名区。渐渐地，两人熟悉了，她离开了庞某，投入王某的怀抱，她认为王某才是这个世界真正的男人。一次，王某与赵某来到歌舞厅，他们俩跳得满头大汗。王某拿出几粒粉色药片：“给，吃一片吧！跳起来更刺激、更有劲。”她很好奇，吃了一片。果然，服后马上来劲，使人兴奋，使人过瘾。此后，赵某每次去舞厅都会吃上一粒，从此，她染上了毒瘾。

2004年4月，赵某结识了一个娱乐公司的业务员李某，李某和她有共同的“爱好”：吸毒。李某经常为一些歌厅联系演出，不到几个月的时间，李某为她拉来了很多客人。赵某不想再做领班，而是承包了这家歌舞厅。由于有李某联系生意，短短几个月的时间，她的收入突破10万元。2004年5月，她离开了王某，开始与李某同居。2004年6月，李某和赵某通过几层朋友的联系，开始贩卖毒品。朋友朱某打电话称需要40粒摇头丸，当赵某带着摇头丸来到一家饭店与朱某交易时，被民警抓获。此时赵某才17岁。

【评析】

毒品是指鸦片、海洛因、甲基苯丙胺（冰毒）、吗啡、大麻、可卡因以及国家规定管制的其他能够使人形成瘾癖的麻醉药品和精神药品。吸食毒品后人往往会变得兴奋和激动，焦躁不安，容易产生暴力倾向。毒品能抑制人的呼吸，如果剂量过大的话，会造成人的呼吸停止或者以致死亡。由于毒品作用于人的神经中枢易使人产生依赖，因此人一旦吸食便很难戒掉。

根据我国《预防未成年人犯罪法》第34条的有关规定，吸食、注射毒品属严重不良行为，应当加以预防和矫治。

我国《刑法》第347条第1款规定："走私、贩卖、运输、制造毒品罪，无论数量多少，都应当追究刑事责任，予以刑事处罚。"第3款规定"走私、贩卖、运输、制造鸦片200克以上不满1000克、海洛因或者甲基苯丙胺10克以上不满50克或者其他毒品数量较大的，处7年以上有期徒刑，并处罚金。走私、贩卖、运输、制造鸦片不满200克，海洛因或者甲基苯丙胺不满10克或者其他少量毒品的，处3年以下有期徒刑、拘役或者管制，并处罚金；情节严重的，处3年以上7年以下有期徒刑，并处罚金。"同时，规定对具有走私、贩卖、运输、制造毒品数量大等严重情节的，可判处死刑。

本案中，赵某贩卖毒品摇头丸40粒，构成贩卖毒品罪。由于赵某作案时尚是未成年人，应依法对其进行从轻或者减轻处罚。

本案中，赵某尚属未成年人，父母下岗后因为生活拮据，进而家庭解体，从此疏于对赵某的管教。赵某经常出入歌舞厅，因交友不慎而渐渐地染上毒瘾，然后滑向犯罪的深渊。为了减少类似案件的发生，对此，我国《预防未成年人犯罪法》第33条第1款规定："营业性歌舞厅以及其他未成年人不适宜进入的场所，应当设置明显的未成年人禁止进入的标志，不得允许未成年人进入。"同时第3款规定："对于难以判明是否已成年的，上述场所的工作人员可以要求其出示身份证件。"

"哥们义气"带来牢狱之灾

【案例】

屈某和李某都是某中学初一年级的学生，屈某14岁，李某13岁，他俩是小学的同学，来到这所中学后成了特别要好的朋友。一天，屈某和同桌祝某闹矛盾，屈某心里感觉不舒服，便记恨在心，伺机报复。他把这件事情告诉李某，李某说要不要打他一顿，给他两刀子，瞧瞧咱们哥儿俩的厉害。屈某很害怕，因为屈某的父母经常告诉他不要打架，不要做坏事。李某说："怕什么啊，我听邻居吴某的妈妈说我们这个年纪的人杀人不犯罪。"

屈某惊讶地说："为什么啊？怎么杀人了还不犯罪，我表哥比我们大不了几岁，他就因偷盗被警察抓走了。""那你表哥一定超过16岁了，我妈妈也说了满16岁的人才会犯罪。"屈某开始有些害怕，听李某这么一说，便放心了好多。

第二天放学后，屈某和李某便在学校门口等祝某。祝某刚一出校门，李某便叫住他，祝某当时不知道是怎么回事，便走过去。刚一走过来，李某便一把将祝某抱住，屈某拿出事先准备好的牛角刀，朝祝某的屁股捅了两刀。祝某奋力反抗，随手捡起地上的石子，屈某和李某见状，马上把祝某按倒在地，又是一阵子拳打脚踢。这时引来了很多围观的人。学校的门卫跑过来一看，立即将他们制止，这场恶斗才算结束。

在法庭上，屈某流下了悔恨的眼泪，他哭着告诉法官："我的好友李某说我们这个年龄的杀人不犯罪，他说他妈妈说的满16岁才犯罪，我又不犯罪，你们抓我干什么啊，我今年才刚满14岁啊！"

【评析】

我国《刑法》第13条规定："一切危害国家主权、领土完整和安全，分裂国家、颠覆人民民主专政的政权和推翻社会主义制度，破坏社会秩序和经济秩序，侵犯国有财产或者劳动群众集体所有的财产，侵犯公民私人所有的财产，侵犯公民的人身权利、民主权利和其他权利，以及其他危害社会和行为，依照法律应当受刑罚处罚的，都是犯罪，但是情节显著轻微危害不大的，不认为是犯罪。"

行为人只有达到法定刑事责任年龄，才能对自己的犯罪行为负刑事责任。这是因为，年龄小的儿童，大脑结构还不成熟，辨别是非和自我控制能力很差，还不能真正了解行为的性质和意义，因此，即使他们实行了危害社会和行为，也不应作为犯罪加以处罚。

未成年人犯罪，是指已满14周岁不满18周岁的人实施了法律规定的犯罪行为。实施犯罪时的年龄，一律按照公历的年月日计算。过了周岁生日，从第2天起为已满该周岁。

18周岁以下的未成年人犯罪负不负刑事责任，我国《刑法》及最高人民法院《关于办理未成年人刑事案件适用法律的若干问题的解释》作出如下规定：

（1）已满16周岁的人犯罪，应当负刑事责任。

（2）已满14周岁不满16周岁的人，犯故意杀人、故意伤害致人重伤或者死亡、强奸、抢劫、贩卖毒品、放火、爆炸、投毒罪的，应当负刑事责任。而具体确定已满14周岁不满16周岁被告人的刑事责任，还要根据案件的情况慎重考虑。具体是：

a）已满14周岁不满16周岁的人被胁迫、诈骗参与犯罪，被教唆犯罪，或者属于犯罪预备、中止、未遂，情节一般的，可以免除处罚或者不认为是犯罪。

b）已满14周岁不满16周岁的人以大欺小、以强凌弱，使用语言威胁或者使用轻微暴力强行索要其他未成年人的生活、学习用品或者钱财的，可以不认为是犯罪。

c）已满14周岁不满16周岁的人偶尔与幼女发生性行为，情节轻微，尚未造成严重后果的，可以不认为是犯罪。

d）未成年人在年满14周岁以前和已满14周岁不满16周岁期间都实施了故意杀人、故意伤害致人重伤或者死亡、强奸、抢劫、贩卖毒品、放火、爆炸或投毒的犯罪行为，对其已满14周岁不满16周岁期间实施的行为追究刑事责任。

e）因不满16周岁不予刑事处罚的，责令其家长或者监护人加以管教；在必要的时候，也可以由政府收容教养。

（3）已满14周岁不满18周岁的人犯罪，应当从轻或者减轻处罚。

（4）不满14周岁的未成年人犯罪，不负刑事责任。

本案中，屈某故意伤害他人，而且屈某实施该行为时已经年满14周岁，因此他的行为已经构成故意伤害罪。而李某作案时尚是13岁的未成年人，根据我国《刑法》第17条的规定："不满14周岁的，一律不负刑事责任。"所以李某不负刑事责任，而屈某要承担故意伤害罪的刑事责任。

青少年犯罪的现状与特征

未成年女性的犯罪特征

【案例】

案例1：李某是某中学高一年级的女学生。她家离学校较远，每天上学、放学都要乘公交车。最近，为了满足强烈的吃喝欲望，她开始借上下车时拥挤的机会，偷盗乘客的钱包。几次得手后，看着不费功夫得来的钱财，李某十分得意："这比苦上学强多了"。慢慢地，她成了惯偷，几天不偷感觉手就发痒。最后终因事发而进了工读学校。

案例2：被称为"校花"的吴某为了满足自己吃、穿和游山玩水的欲望，借助自身的"优势"以色相勾，让男人带她到北京、广州、上海等地游玩，任凭别人摆布玩弄而不知羞耻，反而向他人夸耀自己的生财之道，经常对同学朋友炫耀自己说："漂亮就是资本。"

案例3：学生周某，看见别人穿着时髦的服装，羡慕不已。但家境贫寒无法满足她的奢求，于是她把自己打扮成衣衫褴褛、举目无亲的孤儿向别人讨钱。长时间的欺诈行骗，使她最终走进了少管所。

【评析】

近几年来，在我国青少年犯罪中，女性青少年犯罪成了备受关注的问题。其犯罪的原因是多方面的，既有客观方面的原因，又有主观方面的生理心理方面的原因。就客观方面而言，在宏观上，色情网络、淫秽书刊电影等通过各种渠道腐蚀着青少年，对女性青少年违法犯罪有着重大的影响。

在微观上，女性青少年个性品质的好坏主要取决于微观环境。所谓微观环境，主要指人们所处的家庭环境、学习环境、居住环境、工作环境以及交往环境等。在对女性青少年犯罪原因的一项调查中，发现有40%的女性青少年犯罪是受家庭的影响，有家庭破裂的，有家庭成员行为不端的，有家庭教育不当的。

当一个人形成某种不良的品质时，他的心理就会经常失去平衡，于是在与人交往中开始寻求补偿和安慰，特别是容易受到男女违法犯罪分子的诱惑、拉拢、腐蚀，于是她们很快就坠入犯罪的深渊。从主观方面看，女未成年人的违法犯罪也有诸多原因。首先她们一般认知能力较低，不分是与非、丑与美、善与恶、荣与辱的界限，往往把吃喝玩乐、乱搞两性关系当做人生的追求和享受；其次，女青少年情感不稳定，缺乏荣辱感。其主要表现为感情多变、喜怒无常。她们爆发激情时往往不顾后果，对人对事往往感情用事，有的少女仅仅因为别人对自己说几句好话或者做点好事就献出自己的贞操。再次，女性青少年意志薄弱，缺乏控制力，没有树立正确的人生观和世界观。

有学者指出，女性青少年易走两个极端，有时，她们自卑，缺乏坚强的意志；有时，她们又很自负。大量的事实证明，许多违法犯罪的女青少年，都是由后进生转化而走向邪路的。她们在学校学习差，经常遭到别人的冷眼，使她们常常感到不被他人和环境所接受，于是便自暴自弃，丧失了人格尊严和进取心，这就是她们意志薄弱的表现。当她们受到挫折时，她们薄弱的意志无法支撑她们走出阴影，这时，如果我们的教育跟不上，她们便破罐子破摔，“要坏就坏到底！”，从而养成各种恶习，在错误的道路上越走越远。

以上3个案例中，3个女性青少年有一个共同的特点，就是追求金钱与虚荣。近几十年来，以孩子为中心的家庭越来越多，又由于家庭教育不当和不良社会因素的影响，很多女孩子变得意志薄弱，经不住诱惑，不会控制自己的需要，随心所欲地希望拥有一切。由于青春期的到来而产生物欲和对异性强烈欲望的她们，一旦受到限制和得不到满足时，她们往往就容易将这种欲望畸形发展为犯罪的动机，一旦初犯得手，便一发不可收拾，直到走上法庭才后悔莫及。

案例1中李某为了满足自己强烈的吃喝欲望而偷偷摸摸；案例2中吴某

为了满足精神物质两方面的享受而不惜出卖自己宝贵的青春；案例3中周某和别人比吃比穿而到处招摇撞骗。她们有着强烈的虚荣心，结果终因追求金钱与虚荣而走向违法犯罪的道路。这就提醒女性青少年：当内心强烈的欲望得不到满足时，要学会用道德规范和自己的理智来控制自己，战胜诱惑。

青少年团伙的犯罪特征

【案例】

林某、李某、陈某小学毕业后，整天呆在家里没事干，他们经常到街上闲逛，养成了小偷小摸的习惯。随着年龄的增长，他们3人组织一帮流氓团伙，到处招兵买马，势力渐渐发展强大起来。林某年纪较大，被推选为“老大”。与陈某等人同时长大的叶某、闻某、伍某也组织了另一流氓团伙。一次，林某的表弟马某不小心惹了叶某，被叶某狠狠地“修理”了一顿，林某知道后，很是生气，感觉叶某欺负的不是他的表弟，而是不给他面子。一天，林某纠集起自己的“弟兄”，与叶某一伙在街上“决一死战”。从此“一战”相逢之后，他们结下了“深仇大恨”，在街上多次互相斗殴，成了死敌。

一天晚上，听说叶某要在某酒店过生日，林某等便要在酒店附近埋伏，要炸死叶某一伙。林某告诉他的“小弟们”：“今晚是叶某的生日，也是叶某的死期!”

可是，叶某也不是简单的，他已经料到林某会在那天晚上对他的弟兄们下毒手，所以他也做好了充分“迎敌”的准备。

叶某一伙吃饱喝足从酒店出来的时候，“砰”的一声炮响，叶某身边落下了很多细沙和破碎的啤酒瓶，叶某一伙都“哎哟”一声纷纷倒下。这时，林某带着“弟兄们”刚一从黑夜中露面，叶某一伙马上从地上爬起来，提起早有准备的西瓜刀和铁棍，朝林某出现的方向冲过去……

林某一伙被砍得四处逃散，当林某感觉有人在背后向他追来的时候，他回转身，投出最后一颗贴身的“天雷”，只听“哎呀”一声，不再有人向他追赶。

第二天，林某的“弟兄”们都解散了，因为叶某的“手下”有两人被打死，林某非常担心害怕，只好到公安局自首。

【评析】

本案中，林某、李某、陈某与叶某等的行为已构成聚众斗殴罪。所谓聚众斗殴罪，是指聚集多人进行斗殴的行为。该罪的客体是社会公共秩序；所谓“公共秩序”，是指社会公共生活安定与宁静的状态。聚众斗殴的双方成帮结伙使用刀、枪、棍等凶器打群架，这不仅容易引起参斗一方或者双方的人身伤亡，而且可能会引起社会公共秩序的极大混乱。

本罪的客观方面，表现为行为人实施了聚众斗殴的行为。所谓“聚众”，是指首要分子纠集众人，在同一时间，同一地点相聚集。

所谓“斗殴”，是指双方相互进行攻击或殴斗。该罪的主体为一般主体。行为人主观方面为故意。至于行为人的犯罪目的和犯罪动机，不影响该罪的成立。

本案中，林某等人的行为已经符合聚众斗殴罪的构成要件，因此构成犯罪。我国《刑法》第 292 条规定：“聚众斗殴的，对首要分子和其他积极参加的，处 3 年以下有期徒刑、拘役或者管制；有下列情形之一的，对首要分子和其他积极参加的，处 3 年以上 10 年以下有期徒刑：

（一）多次聚众斗殴的；

（二）聚众斗殴人数多，规模大，社会影响恶劣的；

（三）在公共场所或者交通要道聚众斗殴，造成社会秩序严重混乱的；

（四）持械聚众斗殴的。聚众斗殴，致人重伤、死亡的，依照本法第 234 条、第 232 条的规定定罪处罚。”

本案中，对林某、叶某聚众斗殴行为的具体情况，应以故意伤害罪、故意杀人罪论处。

团伙型青少年犯罪已经成为当前青少年犯罪中一个严重的社会问题，是青少年有组织的一种新的共同犯罪形式。团伙型青少年犯罪，是指具有一定组织形态的青少年犯罪主体，纠合或结伙共同实施的犯罪。近年来，我国几乎所有的大中城市，甚至有一些乡镇都存在着青少年犯罪团伙，他们通常多人纠合在一起，流动作案，进行各种违法犯罪活动，给社会治安带来了极大的危害，成为我国严重刑事犯罪的重点打击对象之一。

就我国青少年团伙犯罪的原因而言，其深刻的社会根源就是封建行帮思想，其次随着国际的交往增多和旅游事业的发展，国外一些资本主义国家的犯罪形式和港澳台黑社会组织也渗透进来，还有一些宣扬凶杀、色情的电影，严重影响了青少年的身心健康。就青少年自身方面的因素而言，主要有以下几个方面：

（1）青少年有很强的依附性。心理学研究表明，青少年独立性比较差，意志比较薄弱，当他们遇到一些不愉快的问题时，为了寻找温暖和同情，于是向伙伴靠拢，有的甚至向犯罪团伙靠拢，其次是他们喜欢聚群、结伙、乐于交往，进而自发组成团伙，构建了青少年团伙犯罪的先决条件。

（2）青少年有强烈的生理、物质财富的需要和自我显示的需要。青少年对生理性需要和物质性需要表现得极为强烈，当他们无法满足自身的需要时，就向团伙靠拢。在团伙中，他们会感到安全。在团伙打架斗殴时，他们会大打出手，显示自己能耐，以降服对方为荣耀和满足。

（3）青少年正处于长身体、长知识的时期，他们有很强的好奇心理，可是他们考虑事情和是非分辨能力很弱，法制意识也很淡薄，因此容易受到外界不良因素的引诱而走上犯罪道路。

团伙型青少年犯罪比单个青少年犯罪危害性更大，对国家、人民生命财产带来了很大的威胁，所以，研究青少年团伙犯罪的自身原因，从根本上铲除青少年犯罪的思想基础，防止和减少青少年团伙犯罪的发生，严厉打击青少年团伙犯罪是维护社会治安的一项重要任务。

未成年学生的犯罪特点

【案例】

蒋某是某中学的高二的学生，今年 17 岁，身材高大，很多人都说他像是 20 岁的大男生。蒋某为人小气多疑，同学们大多都不喜欢跟他交往，只有一个女生白某跟他比较要好。

有一天放学，在学校的走廊上，蒋某听到一阵吵闹声，而且声音很熟悉，他向那声音传出的方向望去，发现一男生对白某出言不逊。蒋某一看有男生欺负白某，便冲了上去：“别在这欺负一个姑娘，有本事我和你单挑，老子看你这种人就不顺眼。”那男生是该校补习班的学生，叫周某。

周某一看低年级的学生这样吆喝自己，感觉自己非常没有面子，于是对蒋某说：“小子你给我少管闲事，想英雄救美吗？我就是欺负她，你怎么了，要单挑吗？我随时奉陪！”

听他这么一说，蒋顷刻之间火冒三丈。“打架就打架，怕你不成！”话一出口，就狠狠地给了周某一耳光，于是两人就在学校的走廊上厮打起来。同学听到厮打的声音，跑出来将他们拉开。

蒋某占着自己“人高马大”的优势，把周某打得鼻青脸肿。周某越想越不是滋味，还有很多女生也在观看，感到面子真是丢尽了，于是恶狠狠咬牙切齿地对蒋某说：“今天算我栽在你手里，明天老子喊人把你剁去喂狗！”

蒋某见他说话如此粗鲁，一时之间怒气冲天，冲过去把周某按倒在地，提起脚狠狠地朝他的身子乱踩，只听到一声声的惨叫，直到周某昏过去了蒋某才住手。

在同学们的帮助下，周某被送进医院。医生检查发现周某共被蒋某踩断了3根肋骨，属轻伤。周某家长遂将蒋某告上法庭。

【评析】

我国《刑法》第234条规定：“故意伤害他人身体的，处3年以下有期徒刑、拘役或者管制；致人重伤的，处3年以上10年以下有期徒刑；致人死亡或者以特别残忍的手段致人重伤造成严重残废的，处10年以上有期徒刑、无期徒刑或者死刑。”本案中，蒋某踩断他人3根肋骨，给对方造成了一定的人身伤害，经医生检查已构成轻伤，其行为已经构成故意伤害罪。因其犯罪时尚不满18周岁，法院在对其量刑时应从轻处罚。

本案中，蒋某作为一名高中生，世界观已初步形成，自主意识、辨识能力有所增强，但又明显不成熟，处理问题时理智思考较少，受情绪影响较大。他看到自己喜欢的白某和其他男生打闹，不能理智、冷静处理，而是叫那男生单挑，进而和对方厮打。出现如此过激、过当的行为的原因，归根结底是由于蒋某自身在为人处事中缺乏正确的行为准则，是非观念不清，遵纪守法意识淡薄，最终导致他走向违法犯罪。

未成年学生犯罪问题已引起全社会的高度关注。近年来，这一问题又呈现出许多新特点：

①学生犯罪案件呈高发状态，犯罪人数居高不下，共同犯罪、团伙犯罪现象突出；

②财产犯罪、色情犯罪、激情犯罪比例高，盗窃、抢劫犯罪所占比例为73.8%，强奸犯罪比例为7.8%，因一时冲动而故意伤害、故意杀人的案件屡见不鲜。在某市警方摧毁的一个持刀抢劫杀人团伙案件中，这个成员的大多数都是在校生；

③犯罪呈现低龄化趋势，刚进入法定处罚年龄的14岁少年占学生犯罪的15%左右，甚至一小部分黑社会犯罪团伙外围成员已出现中学生，学生犯罪已由在校园内犯罪逐步向社会转化。

调查表明，家庭教育失调、社会不良影响、学校教育薄弱是当前学生犯罪的3大原因。心理上的狭隘自私、唯我独尊、好出风头是未成年学生走上犯罪道路的内因，而不良的社会环境熏染和错误的家庭教育方式又助长甚至直接促使未成年学生走上违法犯罪之路。我们认为，对未成年学生的普法教育，绝不仅仅是单纯地让他们读懂法律条文，而应当培养他们的法律意识和法制观念，让他们了解法律是他们生活及健康成长的保障、遵纪守法自然会得到好结果，靠个人意志去寻找所谓的自由，只会触及法律。

要用科学的方法从公平、公正、人与人之间的平等关系去进行教育，并努力改变外在环境。对待未成年学生犯罪，一定要家庭、学校、社会和司法部门教育和保护多管齐下，抓早、抓小、抓苗头、抓原因，防患于未然，把犯罪消灭在萌芽之中。

青少年犯罪的发展趋势

【案例】

2004年3月，某市公安局向媒体通报，一个长期以中小学生为抢劫对象的少年犯罪团伙被当地派出所抓获。被抓获者中，年龄最大者仅15岁，最小者12岁，全部是年幼辍学者，大部分都来自单亲家庭，平时缺少家庭和社会关爱，他们基本都是在网吧相识的，这些孩子经常沉溺于网吧，甚至长时间不回家，吃饭、睡觉均在网吧内，没有钱吃饭和上网时就纠集出去抢劫。

该团伙成员利用年纪小、体形小的“优势”，先后实施入室盗窃6起，盗得大量现金和家电。这个犯罪团伙平时经常在学校周围采用持刀搜身、暴力威胁等手段对同学及过往行人实施抢劫。抢劫过程中，受害人的所穿衣服、鞋子、乘车卡、现金等无一幸免，得手再将所抢物品销赃。有时甚至因抢不到钱就用刀杀人或实施绑架等违法犯罪活动。由于该团伙的存在，曾使不少学生一度上学、放学不敢单独行走，需要家长接送。

【评析】

近年来，青少年违法犯罪人数呈上升趋势，犯罪手段不断向成人化、智能化发展，犯罪类型也多种多样。青少年犯罪问题已成为社会问题，引起了人们强烈的反响。据全国的统计数据表明，刑事涉案的青少年数占同龄人数的比例，10年间翻了一番。目前，18岁以下的青少年犯罪占犯罪总人数的14%，让人触目惊心，更令人忧虑的是青少年犯罪的发展趋势呈现出了4大特点：

1. 团伙犯罪增多。青少年违法犯罪中，有相当一部分是团伙犯罪（如结伙抢劫、结伙偷盗等）。他们往往模仿武侠小说、武打影片中帮派活动的形式，结伙成帮、结帮成派，共同进行犯罪活动。本案中的犯罪集团便是当今青少年团伙犯罪的典型。

2. 暴力犯罪突出。青少年模仿性较强，犯罪时带有很大的盲目性，往往不顾一切，不计后果，仅凭一时冲动实施故意杀人、故意伤害、抢劫、强奸、纵火等暴力型犯罪。青少年犯罪虽然年龄小，但作案手段十分凶残。他们人小胆大，不计后果。

3. 犯罪类型多样。青少年犯罪涉足的类型越来越广，除盗窃、抢劫、伤害等传统型犯罪外，对一些新类型案件，如绑架勒索、吸毒贩毒等也有所涉足。

4. 犯罪年龄偏低。据调查，90年代以来的青少年犯罪的初始年龄比70年代提前了2~5岁，13岁以下的犯罪明显增多。青少年犯罪中，在校生犯罪占据了相当比例，犯罪低龄化趋势日渐明显，初犯年龄越来越小。

本案中，这些年幼辍学少年组成的低年龄犯罪团伙，作案方式多样，手段残忍，给社会带来了极大的危害。互联网等新兴媒体的快速发展，给青少年学习和娱乐开辟了新的渠道。同时，腐朽落后文化和有害信息也通过网络传播，腐蚀青少年的心灵。在各种消极因素影响下，少数青少年精神空虚、行为失常，有的甚至走上违法犯罪的歧途。

本案中，这群犯罪团伙的青少年都是辍学者，而且很多是因为家庭变故而使得他们心理扭曲，他们没有得到更多的温暖和关爱。为防止因父母离异的家庭而使得孩子不能享受教育的权利，我国相关的法律法规明确规定了父母的义务，以确保青少年受教育权利的实现。

我国《宪法》第46条规定："中华人民共和国公民有受教育的权利。"第49条规定："父母有抚养教育未成年子女的义务。"《预防未成年人犯罪法》第21条规定："未成年人的父母离异的，离异双方对子女都有教育的义务，任何一方不得因离异而不履行教育子女的义务。"

在对子女进行教育方面，思想道德教育是最主要的。中共中央国务院关于《进一步加强和改进未成年人思想道德建设的若干意见》指出"家庭教育在未成年人思想道德建设中具有特殊重要的作用，要把家庭教育与社会教育，学校教育紧密结合起来。"

确实，家庭教育既是基础教育又是终生教育，对一个人的启蒙、成长、成才起着奠基作用，其教育效果，不仅直接影响孩子的前途和家庭的幸福，也关系到整个社会风气的优化，国家、民族的兴衰。

青少年的财产犯罪特征

【案例】

案例1：7名青少年由于看不惯别的孩子比自己穿得好而结伙抢劫杀人，高峰时一月内作案20多起，杀伤10余人。这7名少年都来自离异家庭。在他们7人当中，15岁的姜某、谭某均因抢劫罪刚于2月前被判缓刑。两人从看守所出来后，又纠集5名初中在校生在网吧或校园周边抢劫杀人，参与者中年龄最小的才13岁。2003年10月4日，他们一天之内作案7起，杀伤6人，抢走一名17岁少年的20元现金之后，又因看不惯对方穿着而向其连刺数刀。4天后，该团伙被警方抓获。

案例2：2004年3月12日，郭某等3名12岁的中学生因学校要求请其家长到校，害怕挨父母打骂而结伴出走来到某城市。3 月 30 日，他们饿得受不了，就和另 2 名十二三岁的孩子预谋抢劫过往妇女，未及下手便被巡逻人员抓住。

案例 3：2004 年 4 月 24 日，某警方接到报警后擒获 5 名正在盗窃的不良少年。5 人中年龄最大的 15 岁，最小的 12 岁，全部是辍学少年，大多父母离异。他们共作案 7 起，近 10000 元赃物贱卖后用于抽烟喝酒等。

案例 4：2004 年 5 月 28 日，某市开发区警方通报摧毁一个 13 人犯罪团伙。该团伙一周内参与抢劫、盗窃案件 31 起。团伙成员年龄在 14 到 16 岁之间，有 3 人涉嫌一起持刀杀伤保安案。6 月 29 日，该市某派出所抓住 6 名胁迫、抢夺、持刀抢劫的少年，年龄在 12～16 岁之间。除一名在校女生外，其余均辍学。他们一共作案 20 多起，但无一受害人报案。

案例 5：2003 年 6 月 25 日，一名年仅 10 岁的男孩因抢夺被抓后教育释放。接下来的 4 天里他又因抢夺被抓。在随后的讯问中，他声称已抢夺 10 次，每天都有人指使，抢到的东西必须上交给头目，抢不到或抢而不交就要挨打。

案例 6：一名瘦弱的初中生一天内就狂夺 24 名学生的钱物。他经常和他一起作案的小朋友说："我还可以抢劫 6 年才会构成犯罪。"

案例 7：据报道，某 13 岁少年作案 11 次，被问及为何不怕被抓时，该少年竟说："我还未满 16 岁！"

案例 8：某少年累计偷盗不下 10 万元的财物。每次被抓后，他非常合作地向警方供认不讳。最近一次，警方认定他已 14 岁，他却狡辩自己才 13 岁。

【评析】

以上几个案例都说明了一个问题，我国的青少年财产犯罪向低龄化、团伙化、暴力化、再犯化的趋势发展。就其原因，有来自家庭教育方面的；案例 1、案例 2 和案例 3 中的孩子因看不惯别人的穿着比自己好而实施抢劫杀人等犯罪，他们都来自离异家庭。有来自被害人方面的原因导致青少年多次犯罪，如案例 4 中 13 人的犯罪团伙作案 20 多起而没有一个受害人报案。有的来自社会环境方面的，如案例 5 中受到别人的教唆指使。在案例 6、案例 7、案例 8 中，我们不难看出，他们作案时感情深沉而稳定，犯罪前反复思考，有强烈的自身物质占有欲，知法犯法。

近年来，从我国青少年的犯罪类型来看，财产刑事犯罪的数量最多。我国《刑法》上所规定的财产型犯罪，是指故意非法占有、挪用、毁坏公私财物的行为。按照《刑法》的规定，它包括：

1. 侵犯财产的犯罪。如盗窃、诈骗、敲诈勒索、抢夺、抢劫等。

2. 破坏社会主义市场经济的某些犯罪。如走私、非法经营光盘等。

3. 妨碍社会管理秩序中的某些犯罪。如赌博，制造、贩卖淫秽书籍等。

青少年非法实施占有公私财物，犯罪动机是多样的，目前我国经济形势良好，人民生活水平有了普遍的提高，多数犯罪分子是在好逸恶劳、损人利己、损公肥私的极端利己主义的驱使下，以贪利为中心，追求享乐腐化的生活而产生的。

现阶段我国财产型青少年犯罪具有以下特点：从所触犯的犯罪来看，以盗窃罪最为多，抢劫、诈骗次之；从犯罪的起因来看，犯罪动因简单、单纯；从青少年生理和心理特点来看，财产型青少年犯罪群体性、纠合性强；从主体结构上看，由累犯、惯犯居多转变为初犯、偶犯居多；从实施犯罪种类的特点来看，青少年犯罪分子在实施财产型犯罪的同时，兼有多种违法犯罪行为的增多；从犯罪侵害的对象来看，财产型青少年犯罪分子由侵犯生活用品向主要侵犯私人贵重物品和国家财产方向转化。

财产型青少年犯罪的类型主要有物欲型的侵犯财产犯罪、被逼迫的侵犯财产犯罪、模仿型的侵犯财产犯罪、家庭原因型的侵犯财产犯罪。

从财产型青少年犯罪的特点、方式以及所表现的越轨类型不难得出这样的结论：财产型青少年犯罪的原因与家庭、学校和社会的不良教育、不良影响和青少年失去其保护是密切相关的。青少年所处年龄段的生理、心理特征是导致青少年越轨的内在因素。比如，青少年意志力容易动摇，行为的主导动机不明确，容易被诱，因直接引起的欲望驱使，耐不住诱惑而越轨。

因此，他们在犯罪行为中多表现为行为动机简单，带有情绪性、偶发性。青少年具有强烈的好奇心，好奇心是青少年需要的一种表现形态，是一种带有情绪色彩的认识倾向，越是要禁止的，青少年在好奇心驱使下就越要尝试，好奇心促使他们不考虑后果，贸然行动而干出违法犯罪的事情。青少年思维处于由逻辑抽象的经验型向理论型、思维品质的独立性与片面性交错发展时期，具有接受社会形象化教育的特征。

榜样的生动性、可接近性容易引起少年的模仿，一旦看到影视剧或文艺作品中的“英雄”，或现实生活中他们认为的“权威”便效仿，不良的榜样容易引发少年的违法犯罪行为。所以，指导青少年对榜样的选择是很重要的。

财产型青少年犯罪案件居高不下是多种不良因素综合作用下的结果。比如有警密度和有警时段不够，首饰加工等销赃渠道管理不力，被害人多而报案少以及不愿见义勇为等，都在某种程度上产生了消极影响。还有另一个重要原因，就是由青少年因抢夺、抢劫犯罪而产生的涉案青少年处置难的问题。目前我国对抢劫罪的处理是达到年满 14 周岁的青少年，对抢夺罪的处理是达到 16 周岁的青少年，已满 14 岁不满 16 岁实施抢夺行为只能处以 15 天以下拘留，未满 14 岁的只能教育释放或遣送。

预防青少年财产型犯罪，应从以下几个方面着手：

第一，明确各个环节不同的责任。人从无知到有教养，有赖于一个正常的社会化过程。教养除了一般的礼貌之外，主要指生存的能力、学习知识和规则的能力、社会交往的技能和建立个人社会基础能力等。社会化过程涉及一系列的个体、群体和机构，其中最重要的包括家庭、学校、同龄人以及其他社会环境等。《联合国预防少年犯罪准则》规定，预防政策的重点应促使所有儿童和青少年通过家庭、社区、同龄人、学校、职业培训和工作环境以及通过自愿组织成功走向社会化和达到融合。《预防未成年人犯罪法》第 3 条规定：“预防未成年人犯罪，在各级人民政府组织领导下，实行综合治理。政府有关部门、司法机关、人民团体、有关社会团体、学校、家庭、城市居民委员会、农村居民委员会等方面共同参与，各负其责，做好预防未成年人犯罪工作，为未成年人身心健康发展创造良好的环境。”

第二，政府加大对工读学校的投资，在社区矫正方案中，除了工读学校外，将缓刑犯住宿、社区缓刑服务等方式引入到实践中来。

第三，有关法制工作者要深入社区或劳教场所进行法制宣传或进行规劝感化，坚持开展“无辍学、无犯罪、无不孝子女、有技术、有文化”的“三无两有”活动。

第四，摒弃一味强调要加强青少年教育，而忽略对成人进行教育的理念，因为青少年行为往往是模仿成年人的结果，因此对成年人继续教育的重要性在预防青少年犯罪工作中不容忽视。

青少年犯罪的原因

严格管教造成暴力人格

【案例】

谢某今年 15 岁，是某中学初三年级学生。谢某的父亲常年在外地工作，把儿子交给妻子一个人抚养教育。谢某的母亲由于担心自己一个人在家，怕孩子学坏，所以对他很严厉。谢某如果考试没考好或者回家晚了，都要受母亲的责骂，被罚站，甚至是挨打。

有一次，谢某偷偷拿了母亲的 10 元钱，到网吧去上网。母亲发现后，用笤帚狠狠地打了他一顿，笤帚把都打碎了。母亲的严厉让谢某的心里产生了深深的怨恨，他甚至怀疑自己是不是母亲的亲生儿子。2003 年 10 月的一天，谢某放学后在学校和同学打球，过了晚饭时间才回家。母亲十分生气，不让谢某吃饭，还让他在阳台上站到深夜。谢某站在阳台上，内心里充满了对母亲的仇恨，这种仇恨越来越强烈，逐渐变成了一个清晰的念头：杀死母亲，以后再没有人折磨自己了。

这个念头一旦产生，谢某心中有了一种莫名的快意。第二天下午放学后，谢某到学校附近的五金店买了一把铁锤，然后若无其事地回了家。一进门，谢某很听话地和母亲打招呼："妈妈，我回来了！"正在厨房做饭的母亲答应了一声。谢某到自己的房间里，放下书包，取出铁锤，藏在自己的衣服里，进了厨房。母亲正背朝他切菜。

谢某定了定神，取出铁锤，毫不犹豫地朝母亲的后脑砸了下去。母亲哼都没哼一声就倒了下去。谢某还不放心，又向母亲的头部砸了几锤。望着血肉模糊的母亲，谢某没有任何感觉。他把母亲的尸体藏好后，揣上从抽屉里翻出的400元钱，若无其事地去了网吧。此后的几天，谢某天天在外面混，一直没回过家。

从谢某的家里传出的臭味惊动了邻居，闻讯赶来的警察发现了卧室床下已经开始腐烂的谢某母亲的尸体。多日没有回家的谢某很快引起了警方的注意，当公安民警在一家网吧里将谢某抓获的时候。谢某一脸平静，他既没有惊慌，也没觉得后悔，反而流露出杀死母亲获得“自由”的兴奋。谢某对暴力的麻木和生命的冷漠达到了骇人的地步。

【评析】

在本案中，杀死母亲的谢某由于父亲长期不在身边，实际上等于生长在一个单亲家庭里，望子成龙又不懂得正确的教育方法的母亲经常打骂谢某。母亲长期的打骂管教在谢某内心积淀成一种压力，对自控能力较差的青少年来说，这种压力一旦找到一种发泄的途径就会爆发出来，使他发泄性地攻击伤害发泄的对象，并不计后果。

如本案中，谢某内心压抑的情绪最终爆发出来，酿成了子弑母的人间惨剧。从心理学的角度看，谢某杀母是他心理压力达到一定程度时的宣泄，是一种自我调节。但他没有找到正确的方式，而是选择了用暴力来伤害甚至杀死自己的亲人。在谢某的身上，我们看到了青少年人格的畸形发展，特殊的成长环境使尚未成年的谢某就具有了暴力人格的特征。

暴力是人的本能，是人类生存很重要的技能。如何使用暴力，需要人们运用内心的道德和法律意识来判断。研究表明，以自我为中心是青少年犯罪最普遍的原因。当代青少年主要是20世纪80年代后期出生的，他们既是独生子女，又赶上了我国社会快速发展的年代，市场经济也带来了自我意识不断膨胀的现象。随着这一代孩子成长起来，一部分孩子逐渐暴露出人格上的缺陷，比如自我中心，冷漠，不懂得换位思考。他们不知道怎么同情别人，对别人没有爱心，他们永远处在被爱，不愿意把感情分给别人。当代青少年往往缺乏与人相处的经验，自我控制、调整的能力较差，只强调自己的权利，却轻视自己的责任和公共道德。他们往往在感到很大压力，受到挫折的时候，具有很强的攻击倾向，这种倾向包含着对他人情感、利益甚至生命的漠视，这种自我中心恶性膨胀的外在表现往往就是暴力的手段。

犯罪预防需要一个非常长的过程，一个人的后天习德和人格形成是从小养成的。比如“蓝极速网吧”事件中的纵火少年，他们的父辈有强烈的反社会倾向和暴力倾向。这些阴影投射到孩子身上，让孩子们认为暴力不是对人的侵犯，而是解决问题的方式。很多违法犯罪的青少年都表现出暴力倾向，具有畸形发展的暴力人格，这迫使我们认真地反省和检讨我们的青少年教育体制，包括家庭教育、学校教育和社会教育等多个层面，为什么会产生出这么多的暴力因素？

根据我国《未成年人保护法》和《预防未成年人犯罪法》的规定，家庭、学校、社会共同承担着教育和保护未成年人，预防青少年犯罪的职责。《未成年人保护法》规定：“父母或者其他监护人应当以健康的思想、品行和适当的方法教育未成年人，引导未成年人进行有益身心健康的活动，预防和制止未成年人吸烟、酗酒、流浪以及聚赌、吸毒、卖淫。”

学校应当全面贯彻国家的教育方针，对未成年人学生进行德育、智育、体育、美育、劳动教育以及社会生活指导和青春期教育。学校应当关心、爱护学生；对品行有缺点、学习有困难的学生，应当耐心教育、帮助，不得歧视。

国家鼓励社会团体、企业事业组织和其他组织及公民，开展多种形式的有利于青少年健康成长的社会活动。《预防未成年人犯罪法》也规定：“预防未成年人犯罪，立足于教育和保护，从小抓起，对未成年人的不良行为及时进行预防和矫治。”

政府有关部门、司法机关、人民团体、有关社会团体、学校、家庭、城市居民委员会、农村村民委员会等各方面共同参与，各负其责，做好预防未成年人犯罪工作，为未成年人身心健康发展创造良好的社会环境。我们在法律上构建了严密的未成年人教育、保护和犯罪预防体制，但未成年人犯罪率仍然逐年上升，原因在于我们所采用的教育方法和教育模式一直存在着缺陷。就像在本案中，谢某的母亲对谢某的教育完全不是以适当的方法，而是以打骂的方式来进行的，有时甚至到了虐待的程度。

正是这样的教育方式扭曲了谢某的人格，让他最后铤而走险。另一方面，我们的教育还有一些更深层次的问题应当反省。过去我们常强调精英教育，做人要做高尚的人、纯粹的人；教育体制是淘汰型的，一些看上去不求上进、不被老师喜欢的学生不断被边缘化，最终迷失自我。现在该是提倡最基本的公民教育的时候了。

家庭、学校和社会的教育，都首先应该要求孩子做一个平常人、一个有益于社会的人、一个不伤害他人而生活的人。应该教导孩子们遵从最基本的价值取向，懂得人生活在一个社会里应该是平等的、公正的，相互之间应该是富有同情心和怜悯心的，出现纷争用法律方式解决问题。也就是培养孩子有一种非常朴素的道德情感和法制感。其实道德底线本身是很朴素的，我们不要希望每一个孩子在道德上都达到精英的高度。只要让孩子懂得社会生活中最基本的原则是对他人的尊重和同情，他们对暴力的危害就会有新的理解。

没有“生命教育”，是现行教育的一大缺失。生命教育，就是对生命敬畏的教育。父母、学校和社会通过对青少年进行生命的孕育、生命发展知识的教授，让他们对自己有一定的认识，对他人的生命抱珍惜和尊重的态度，并让青少年在受教育的过程中，培养对社会及他人的爱心，使其在人格上获得全面发展。但我们现在的教育在这方面的缺失是显而易见的。

“我并没把他们当父母看，他们就像我闯关游戏中的一个障碍，除掉他们，我就可以过关了。”一位暴力攻击父母的少年犯这样描述犯罪时的心理状态。让人们感到担心的是，一些青少年丧失了对生命应有的敬畏，对死亡的认识相当模糊，当欲望得不到满足或内心矛盾无法控制时，就容易引发冲动性重大犯罪。在一些国家和地区，学校生命教育的教学内容包括帮助学生认识生命，进而欣赏生命的丰富与可贵，协助学生学会珍惜生命与尊重生命，引导学生用爱心经营生命及思考生命方向。

帮助学生明白自己的独特性，从各方面找出自己的真实自我，建立自尊与自信。面对无常，引导学生接受痛苦与困难是生命的一部分，且了解它们对人是有意义的，协助学生运用积极的方法去面对痛苦与失落。

引导学生思考信仰与人生的问题，借此促使德行的成长。甚至教育学生知道死亡的意义，明白器官移植手术与安乐死的争议，引导学生探讨自杀、堕胎与死亡的议题，进而澄清自己的生命观。

要避免像谢某这样的悲剧再次发生，家长、学校和社会都应当认真地检讨和反省我们的教育方式，真正按照法律的要求，做好青少年的教育和保护工作。

不良教育导致走上堕落道路

【案例】

黄某是某中学初三年级学生，今年16岁，母亲平时对她十分溺爱，对她千依百顺，尽管这样，稍不如意，她就躺在地上大吵大闹。到了十四五岁的时候，她便开始交一些朋友，经常在外面玩得很晚才回家，母亲认为“谈朋友”、“散散心”是理所当然的事。

母亲是个生意人，经常带黄某到外跑生意，也经常交她怎样诈骗顾客。在其母的传授下，黄某懂得了“男女之间结婚是公开身上的秘密，要乘这个机会多得到点东西”。母亲还时常告诉她，交朋友就是要交有钱的。

“上梁不正下梁歪”，黄某受其母的不良教育，潜移默化，沾染了很多不良习气，这种把女性作为商品的观念诱发了黄某从开始的早恋，到为了吃喝打扮，到社会上乱交朋友，由开始的性尝试逐渐发展为乱搞两性关系，最后被送进了工读学校。

【评析】

工读学校，是指我国为挽救失足少年和儿童创办的半工半读的学校，是我国九年制义务教育的一种必要的形式，工读学校的办学方针和指导思想是“立足教育，挽救孩子。科学育人，造就人才”。它的教育对象是有违法或者轻微犯罪行为，不够劳动教养或者少年管教的条件，但又不适宜留在原学校或社会上的学龄儿童和少年。

我国《预防未成年人犯罪法》第36条规定：“工读学校对就读的未成年人应当严格管理和教育。工读学校除按照《义务教育法》的要求，在课程设置上与普通学校相同外，应当加强法制教育的内容，针对未成年人严重不良行为产生的原因以及有严重不良行为的未成年人的心理特点，开展矫治工作。”也就是说，工读学校要结合有严重不良行为的学生的思想状况，积极引导，正面教育，净化其受污染的心灵。本案中黄某进工读学校，正是为了对其不良行为的矫治。

近年来，我国女学生犯罪有多方面的原因，从她们自身的特征来看，主要有生理特征和认知特征。生理特征上她们成熟较早，如果这个时期不对她们进行正确而科学的教育和引导，放松对她们进行良好道德规范的训导，她们往往容易形成不良习惯与不良的道德品质，以致在认识上美丑不分、是非颠倒。从认知特征上，她们生理发展与知识水平、生活经历的积累不平衡，不相适应。

缺乏应有的道德水准，少数女学生受不良教育和不健康思想的影响，把自己当做本钱，为了钱拿自己的贞操作赌注，去换取金钱和满足自己的物欲。案例中的黄某就是这样，母亲的言传身教导致了她自觉或不自觉地走上违法的道路。母亲告诉她交朋友就是要交有钱的，于是她脑子里根深蒂固地形成了这样的认识：男女之间的接触，就是享受、弄钱的手段。女人就是商品，可以等价或高价交换。就这样，情窦初开的黄某开始广交朋友，乱搞两性关系，以此来换取大量的钱财，结果毁了自己宝贵的青春。

家庭是社会的细胞，家长是子女的启蒙老师。近年来随着腐朽思想的腐蚀和侵袭，很多家长把金钱放在第一位，为了钱什么违背道德良心的事他们都做得出来，有的甚至把这种错误的思想观念传授给自己的子女。本案的教训是深刻的，希望家长引以为戒。

疏于管教致共同犯罪

【案例】

李某、方某、杨某、赵某 4 人均为某县某中学高中学生，他们今年都是 17 岁。他们 4 人因为学习成绩不好，于是经常逃课上网，在网吧里他们欠了老板几百元钱。老板经常到学校门口找他们，他们被吓得不敢上学。李某说：“把我们的零花钱都集中起来，去赌博吧。”

4 人觉得这个提议不错，于 2004 年 1 ~ 3 月份，多次到马某家用扑克赌博，当 4 人身上钱输光之后，马某以记账形式给 4 人钱，致使 4 人共欠其赌债 1 万元，其中杨某一人就欠赌债 5000 元。因为 4 人都是中学生，没有能力偿还巨额赌债，他们便开始躲避马某。

马某多次让熟人给他们捎话或打电话，催他们尽快还钱，并威胁如果不还钱，就将他们赌博欠债的事告诉家长和学校。于是 4 人便密谋杀掉马某，然后再把网吧的老板杀掉以彻底抹去债务。5 月 15 日，李某让方某在市场上购买了一把斧头，自己又准备了一把西瓜刀。5 月 17 日晚，李某、方某等 4 人上完晚自习课后，将马某骗至一僻静处，将其杀害。正当他们准备计划着手杀网吧的老板时，4 人被公安机关抓获。

【评析】

根据我国《刑法》第 25 条规定："共同犯罪是指 2 人以上共同故意犯罪。共同犯罪须符合 3 个构成要件：

（1）必须有两个以上的主体，且每个主体都达到刑事责任年龄，具有刑事责任能力；

（2）各个犯罪人必须具有共同犯罪的行为；

（3）各个犯罪人必须具有共同犯罪的故意。"

本案中李某等 4 人都已 17 岁，具有刑事责任能力，4 人在共同杀马某故意的支配下，共同实施杀死马某的行为，完全符合共同犯罪的特征，成为共犯。本案中李某等 4 人密谋杀死马某，主观上有犯罪的故意，客观上实施了杀死马某的行为，因此 4 人故意杀人罪成立，应依法追究其刑事责任。

本案中，如果李某等人懂得一些法律知识，了解赌债是不被法律所保护的，他们还会不会铤而走险去杀死马某呢？如果他们不欠网吧老板的钱，他们还会不会去赌博呢？这些无论生理还是心理都不够成熟的青少年是如何一步步迷失自我、走上犯罪道路的呢？除了文化程度低、法制意识薄弱及行为缺乏自制力等内因外，家庭、学校、社会对他们的不良影响和疏于教育也是造成他们犯罪的客观外因。

有些家庭不健全，对子女疏于管教，子女缺少父母的爱，或受继父母的冷落歧视，幼小的心灵受到创伤；有些家庭夫妻感情不和造成子女性格孤僻、偏激，心态不够正常；有些家长因忙于工作或挣钱，无暇顾及子女教育，孩子犯了错误非打即骂，甚至采取极端粗暴的方法；有些家庭对子女过分溺爱纵容，使子女个性畸形发展，行为放荡不羁；有些家长本身就有不良行为，赌博、吸毒或看一些不健康的书刊、影碟，导致子女沾染恶习，走上犯罪道路。

同时，本案也反映了学校对孩子法制教育的缺失。近年来，一些学校往往只重视学生的学习成绩，一年到头也没有上过一堂法制课。加强对孩子的法制教育，尤其是加强有严重不良行为的差生的法制教育，是防止他们滑向违法犯罪深渊最为关键的一步。

我国《预防未成年人犯罪法》规定："对有严重不良行为的未成年人，其父母或者其他监护人和学校应当相互配合，采取措施严加管教，也可以送工读学校进行矫治和接受教育。"这起案件也反映了目前未成年人维权中存在的一些问题。尽管全社会都关注未成年人的健康成长，但当未成年人权益受到侵害时，除了学校、家长，他们很难寻求其他的帮助渠道；当他们遇到难题时，也无法找到值得信任的咨询部门。

试想如果本案中学校和家长一发现李某等4人经常逃学上网吧时，就及时予以正确的诱导、教育，那他们还会走到今天这个下场吗？然而正是李某等4人的不良行为，学校和家长没有很好地预防，导致他们欠债无力偿还，直到用零花钱去赌博，靠赌博赢钱来还网吧老板的债务，结果不但没有赢钱，反而欠了马某1万元的赌博债务。这一系列行为的发生，学校和家长似乎都被蒙在鼓里，直到李某等4人杀人走上犯罪道路之后，他们才如梦初醒，这也反映了我们家庭教育和学校教育的缺失。

预防和减少未成年人犯罪，对维护社会稳定，促进经济发展和社会进步有着十分重要的意义。做到这一点，需要家长、学校、社会都伸出双手来帮助，只有这样，才能帮助这些祖国的花朵在花季中找准方向，把握未来。

模仿暴力游戏

【案例】

2003年12月29日，某中学8名未满18周岁的中学生，因为学习成绩差，老师也不怎么认真管教他们，于是他们便整天沉溺于某"动感网吧"电子游戏的"奋力厮杀"当中。尽兴之际，心血来潮，其中一名叫李某的同学激动不已，慷慨激昂地建议其他同学找个真人刺激刺激，其他同学纷纷表示响应。

于是，8名"英雄"拍着胸脯，到大街上"打抱不平"。可是当时大街上人来人往，他们似乎毫无用武之地，后来才费尽心思选定一名初中生为他们的"江湖宿敌"。然后，8大"英雄"开始"飞檐走壁"、"耍刀弄剑"，呼啸声不绝于耳，顿时大街上"飞沙走石、硝烟滚滚"。最后那位初中生在

“英雄们”的拳打脚踢下当场惨死。

8 大“英雄”以为从此可以“称霸一方”，于是自命为“江湖八豪杰”。哪知还没等他们从梦幻中清醒过来，警察已经来到他们的眼前。当警察质问他们的时候，他们却以受害者“看他很不顺眼”为名，拒不认错，结果被法院以故意杀人罪判处刑罚。

【评析】

本案中李某一行“江湖八豪杰”因共同故意杀人罪而被逮捕，根据我国《刑法》第 232 条的规定：“犯故意杀人罪的，处死刑、无期徒刑、或者 10 年以下有期徒刑；情节严重的，处 3 年以上 10 年以下有期徒刑。”本案中李某等作案时尚是未成年人，根据法定从轻或者减轻的处罚情节，法院依法追究了他们应承担的刑事责任。

随着信息时代的到来，互联网技术的推广应用，上网已经成为一种时尚。21 世纪是一个高度信息化的时代，互联网的快速发展对人类生活的各个领域将产生越来越重要的影响。在庞大的网民群体中，未成年人占了很大的比例并且还在逐步增多。绚丽多姿的网络世界，在给人类带来种种便利和享受的同时，也带来了阴暗丑恶的一面。

随着计算机网络的应用越来越广泛，网络犯罪尤其是未成年人网络犯罪正成为一个亟待解决的令人头痛的问题。网吧作为提供上网服务的场所发展迅猛。网吧以其丰富的内容、开阔的视野、快捷的方式、廉价的服务，吸引着未成年人，去上网浏览一个不设防的美丽而精彩的崭新世界。

受网络这个美丽而虚拟的世界的吸引，许许多多的未成年人一个个变成“网虫”，他们有的通宵达旦地泡在网吧里。他们的学习方式、生活方式、娱乐方式及至人生观、价值观都因网络产生了巨大的变化。不健康的网络文化对未成年人有着深刻的影响。在网络的诱惑下，许多未成年人缺乏应有的警觉，潜移默化其中，人生观、价值观、道德观发生扭曲，导致他们已初步确立的人生信念发生动摇。

有些网吧经营者为牟取暴利，打着“网吧”的幌子，非法经营电脑联网游戏，向前来上网的未成年人推荐网站。未成年人思想单纯，阅历浅，是非观念不强，加之缺乏自我控制力，因而极容易通过网络传播接受暴力文化“熏陶”。

特别是一些10多岁的学生，时常幻想自己能够成为受人崇拜的英雄，这些幻想在实际生活中得不到满足，但在网络世界中却可以实现。他们在网络世界中可以随意地进行枪战、屠杀、绑架、武装走私、吸毒、武功打斗、帮派行会等行为，从中感觉到成功者的快感。久而久之，他们变得崇尚暴力。这些未成年人由于控制能力差，在现实生活中自觉或不自觉地去模仿。

因此，他们常常会因生活中微不足道的失意、生活挫折或者“哥们”义气而大打出手，做出种种暴力行为。有些“中毒”较深地男性青少年甚至无事生非、寻衅滋事、殴打无辜，以体验暴力快感和“成功”感觉。本案即是其中一例。我国《未成年人保护法》第25条规定：“严禁任何组织和个人向未成年人出售、出租或者以其他方式传播淫秽、暴力、凶杀、恐怖等毒害未成年人的图书、报刊、音像制品。”

为了维护好网络环境，1994年我国颁布了第一部有关信息网络安全的行政法规《计算机信息系统安全保护条例》；1997年3月修订的《刑法》中增加了有关计算机犯罪的内容；1997年10月制定了《计算机信息网络国际联网管理暂行规定》、《互联网信息服务管理办法》，这些法律法规的制定和实施，对保障和促进我国信息网络的健康发展起到了积极的作用。

但是，由于青少年网络犯罪广泛性和犯罪主体低龄化等特殊性，我们必须尽快建立健全有关青少年网络的专项法律法规，切实保护青少年不受网络犯罪的侵害和预防青少年网络犯罪。同时，加快我国网络警察队伍的建设，加强对青少年网络犯罪的侦破，加大对青少年网络犯罪的打击力度。

本案中，李某等经常沉溺于具有暴力内容的电子游戏，从盲目模仿，进而走上违法犯罪的道路，这其中网络不良文化对他们的“熏陶”和影响是他们共同故意杀人的原因。由此可见，网络不良文化是诱发青少年暴力犯罪的一个重要因素。

青少年抽烟喝酒

【案例】

龙某今年17岁，是某中学高二年级的学生。龙某长得又高又帅，爸爸是某集团公司的董事长，妈妈是某银行的工作人员。龙某是该学校建校有史以来第一个开劳斯莱斯车上学的学生。龙某有一个爱好就是喜欢打篮球，而且是学校篮球队的主力队员。基于以上良好的条件，龙某自然成了很多女孩子心目中的“白马王子”。龙某还有一个坏毛病就是喜欢抽烟，有时在课间10分钟他都会跑到厕所抽烟，出了校门和几个“哥们”在一起的时候也经常抽烟，然而一些女生却认为，龙某抽烟不但很专业，而且动作也很酷。

前几天，龙某失恋了，龙某的女朋友是他们学校的广播员，不但人长得苗条漂亮，而且天生有一个好歌喉。

龙某的失恋，给他带来的打击不小。据说他的“情敌”是一个从农村来的穷小子，龙某无法接受如此事实，在龙某的心目中，有钱就有一切，所以他不把女友抢回来不罢休。

一个星期天，龙某叫了几个“哥们”到某餐馆喝酒。在酒桌上，龙某向“哥们”诉苦，顷刻之间鼻涕涟涟：“哥们，今晚我一定要摆平那个小子！小杨，你回学校把他叫出来，说有人找他。”杨某和龙某是同班同学，是龙某的贴身“兄弟”，对龙哥的话，他从不怠慢。

半小时后，龙某一行来到学校门口，杨某带着对方一出校门，龙某拔出随身携带的水果刀，迎上去就捅了对方小腹两刀，对方还没有反应过来，龙某又向对方头部砍去。当他看到对方鲜血淋漓的时候，龙某酒醒，后悔莫及。

【评析】

醉酒主要包括生理醉酒和病理性醉酒2种情况。生理醉酒，又称普通醉酒、单纯性醉酒，简称醉酒，是一种急性的酒精中毒，多发于一次性的大量饮酒之后，因饮酒过量而致精神过度兴奋甚至神志不清。生理醉酒的发生及其表现，与血液中酒精浓度及个体对酒精的耐受力关系密切。在生理醉酒状态下，人的生理、心理和精神变化大致可分为兴奋期、共济运动失调期和昏睡期3个时期。

实践表明，生理醉酒的上述前两个时期，醉酒者对作为或不作为方式的危害行为均有能力实施，而且一般容易实施作为方式的危害行为，较为常见的如冲动性侵犯他人人身的杀、伤行为和非法的性行为等；在第三个时期，作为方式与不作为方式的危害行为仍都可以实施，但因为醉酒者往往昏睡，因而较少有能力实施作为方式的危害行为。我国《刑法》把生理醉酒人与精神病人明确加以区分，在《刑法》第18条第4款规定："醉酒的人犯罪，应负刑事责任。"

这一规定对于防止和减少酒后犯罪，维护社会秩序，具有重要意义。生理醉酒人实施危害行为应当负刑事责任的主要根据在于：

(1) 精神医学和司法精神病学证明，生理醉酒人的辨认和控制行为能力只是有所减弱，但并未完全丧失，不属于无刑事责任能力人。

(2) 生理醉酒人在醉酒前对自己醉酒后可能实施危害行为应当预见到，甚至已有所预见，在醉酒状态下实施危害行为时具备故意或过失的犯罪主观要件。

(3) 醉酒完全是人为的，是可以解除的。

本案中，龙某醉酒后杀害"情敌"，情节较为严重，犯故意伤害罪因此依法应承担相应的刑事责任。

近年来，青少年抽烟、喝酒的人越来越多，严重危害了青少年的身心健康，给青少年带来巨大的身心摧残。吸烟主要有以下危害：

(1) 香烟中存在大量的危害物质，如一氧化碳、尼古丁和焦油。一氧化碳可以使红细胞失去携氧功能，尼古丁像毒品一样使人产生依赖而成瘾，而焦油则是明显的致癌物质。

(2) 吸烟对人体的健康造成重大危害，它可以对人体的心肺功能造成极度伤害，造成肺气肿、气管炎等。甚至吸烟的人会过早死亡。

(3) 吸烟可以造成对人们的心理行为有不良的影响。尤其是对青少年，影响极大。青少年吸烟往往因为意志消沉、自暴自弃、失恋、模仿偶像与成人、相互影响与嬉戏等。

青少年吸烟之后一方面使得他们与正常人的交往出现障碍，因为家长、同学、老师和亲友都不赞成该行为。另一方面则强化了他们与社会上的不法分子交往的倾向，当他们交上了不良朋友之后，吸烟的数量和档次越来越高，开销越来越大，可是他们又缺乏稳定的经济来源，所以往往容易导致走上偷盗、抢劫的犯罪道路。青少年醉酒通常导致他们身体机能损耗，记忆力下降，无法坚持学习，自暴自弃，在酒精的作用下处理事情容易情绪化，进而走上违法犯罪的道路。本案就是青少年因醉酒后杀人而走上违法犯罪道路的典型例子。

很多青少年犯罪是从吸烟、喝酒开始的。正因为吸烟、喝酒给青少年带来严重的不良后果，所以我国相关法律法规明文规定了未成年人不得吸烟、酗酒。《预防未成年人犯罪法》第 15 条规定：“未成年人的父母或者其他监护人和学校应当教育未成年人不得吸烟、酗酒。任何经营场所不得向未成年人出售烟酒。”同时《未成年人保护法》第 10 条明确规定：“父母或者其他监护人应当以健康的思想、品行和适当的方法教育未成年人，引导未成年人进行有益身心健康的活动，预防和禁止未成年人吸烟、酗酒、流浪以及聚赌、吸毒、卖淫。”

在这里，要提醒经营者：青少年是祖国的新一代，出于对下一代的社会责任感，请不要向青少年出售烟酒。如果经营者肆意违反法律的规定，有关部门应该对其进行行政处罚，如取缔其营业执照、勒令其停业、罚款等。

家长娇纵溺爱

【案例】

韩某是中学初三年级学生，父亲常年在外跑生意，母亲在外搞市场调研。韩某从小由爷爷奶奶抚养长大。韩某很可爱，而且人也聪明。作为唯一的孙子，爷爷奶奶自然对孙子疼爱有加，要什么就买什么，每年过生日都要请亲友为其庆贺。

韩某的父母虽然工作辛苦，可是每个月收入丰厚，所以经常给韩某寄很多吃的东西、穿的衣服、玩具等。爷爷奶奶没有什么文化，对韩某的功课无力辅导，就用他父母每月寄来的钱为他请了一个老师，教他做作业，并负责陪他玩。韩某虽然只有 14 岁，但却俨然一家之主，对老师也指手画脚。一次，老师在家访时指出他作业中做错的几道题时批评了他几句，他便哭喊着叫爷爷奶奶把老师赶出家门，爷爷奶奶也只好顺着他。

一日，韩某和朋友在学校足球场旁边玩耍，其中一个叫李某的同学一不小心把球踢过来刚好打在韩某的脑门上，李某立即跑过来给韩某道歉，韩某当时没有说什么，因为李某看上去比他魁梧得多。可是他回家后，越想越生气，于是打听到李某每天下午都在那里踢球。第二天，韩某带着父亲从广州给他买回来的玩具枪，在玩具枪里装了小石子，等李某来到操场踢球的时候，韩某冲上去就开枪向李某射去，李某一下子蹲在地上，用手捂住眼睛，和他一起来踢球的同学立即将李某送往医院。经法医鉴定，李某眼角膜受到严重损害，属重伤。

在法庭上，韩某告诉法官，他从小没有被人打过，可是李某踢球不长眼睛竟打在他脑门上，所以他要打瞎李某的眼睛……

【评析】

本案中，韩某在足球场边玩耍，李某不小心踢球打到韩某的脑门，没有造成任何伤害，并主动向韩某道歉，韩某对此却耿耿于怀，第二天伺机“报复”以致打伤李某的眼睛，韩某主观上有伤害李某的故意，而且事先已经准备好作案工具等候李某的到来，客观上实施了伤害行为致人重伤，其行为已经构成故意伤害罪，因此依法应当追究韩某的刑事责任。

从众多青少年犯罪案件分析中，我们看到：家庭教育不当，是导致青少年犯罪的首要原因。青少年一出生就在家庭中成长，他们有很强的模仿能力，父母的言行往往被作为自身的参照物，父母讲吃讲穿，孩子就讲名牌、讲排场，一旦要求得不到满足，就会出现逆反现象。

父母性格暴躁，经常酗酒，拿孩子出气，就容易让孩子产生极端情绪，找别人出气；还有的父母在孩子受到其他孩子的欺负时，不能正确处理，不是讲解道理，分析原因，反而认定自己的孩子肯定是正确的，过分地娇纵和溺爱自己的孩子，自己的孩子有父母撑腰，做错了事从来不思悔改，有的父母甚至找到对方上门吵闹，使自己的孩子养成称王称霸的习惯，在学校和自己的小圈子里飞扬跋扈，一旦受了委屈，就会不计后果地报复他人。像这些家庭中的父母，不到他们的未成年子女走上违法犯罪的道路，他们是不会后悔的。

青少年犯罪案件的发生，有一个极为重要的原因，就是家长的溺爱和纵容。这种家庭教育方式表现为，父母让青少年在家中处于优越地位，视若掌上明珠，一味满足青少年物质、精神上的任何需求，就因为这样，很多未成年子女养成了为所欲为、骄横、贪图、唯我独尊的性格，这在现在独生子女的家庭中表现得最为明显。娇纵溺爱型的这些不良习性一旦恶性膨胀，当青少年在外界遇到不合己意时，不懂得理解和宽容，而往往用极端的方法处理问题。大量真实的案例表明，在一个缺少关爱或充满溺爱的家庭里，都容易导致孩子向着非正常的方向发展，严重的时候往往走上违法犯罪的道路。

本案中，韩某得到爷爷奶奶的娇纵和宠爱，家教老师说他几句，他要把老师赶走，爷爷奶奶依着他。父母长期在外，在吃喝玩耍上他应有尽有。家庭长期娇惯所养成的韩某骄横跋扈的性格，使他容不得他人半点“冒犯”，以至对别人非故意行为都要施以报复，最终铸成大错。更令人吃惊的是，在法庭上，他还不认识自己行为的错误，反而更加“嚣张”，可见其被娇惯到何种程度。像韩某这样在家被娇纵溺爱而走上犯罪道路的教训，真应当认真总结。

自暴自弃

【案例】

北京某初级中学的曲某本性活泼可爱，可是她就是不喜欢学习，读书总是没劲，因而学习上不求上进，厌学情绪越来越浓，得过且过。初一升初二的时候，学校举行考试分班，曲某考了全年级倒数第三，于是被编进了普通班中的“基础班”。这个班是全年级中成绩最差的班，而曲某在班里还是倒数，周围的学生看不起她，老师也把她打入了“另册”。

而曲某的父母呢？他们望女成凤心切，经常责怪她、埋怨她。曲某陷入了孤独苦闷之中，仅有的一点自信心荡然无存，自尊心也受到了严重的伤害，在学习上更加放松，平时不交作业，考试经常不及格，在老师和家长的重重压力下，她开始自暴自弃。

她越是这样，老师和家长的斥责就越多，加上学校条件的诸多限制，各种课外活动也不能吸引她，她心里的苦闷越积越深，所有的烦躁和忧郁无法排遣，于是她一放学就到网吧上网，或者到公园溜达。一天，一网友和她见面了。于是他们一起到饭馆吃喝，吃饱喝足之后，到舞厅跳舞。

灯红酒绿的生活让曲某找回了快乐，轻歌曼舞撩拨着她骚动的少女的心。她觉得这个网友像大哥哥一样爱惜她。可是享受总是要有一定的物质基础作为铺垫的，那么，钱从哪里来？于是她先是干一些顺手牵羊的偷窃勾当，终于有一天她在这个大哥哥的诱迫下失去了贞操。她从此开始堕落，由被动的违法犯罪到主动的违法犯罪，最后在一次盗窃中被公安机关逮捕。

【评析】

本案中，曲某因犯盗窃罪被捕，其原因是多方面的。下面我们从曲某自身和学校教育2方面的原因来进行逐一分析：

①从曲某自身来说，曲某作为一个青少年，从我国女学生认识特点方面来看，由于生理发展与知识水平和自身认识的矛盾，她们都有一个共同的特点就是认识水平不高，对很多危害较轻的犯罪缺乏足够的辨认能力，同时自身的辨别能力和自我控制能力都很差，还不能真正了解行为的性质和意义。

一般的女学生较之男学生自尊心更强、更爱面子，往往容易产生自卑感，而且很多女学生进入中学后总是无根据地认为自己学习上不如男生，所以当她们遭受训斥、挖苦讽刺或者其他不平等的待遇时，往往容易走向极端，要么使小性子、要么忧郁烦闷，往往一个人陷入自己孤立自己的境地。

此时，只要有人给她一点安慰和同情，她就会感觉到爱和温暖，她都会感激不尽，从而失去自卫能力，成为别有用心的家伙所诱骗的对象。案中的曲某就是这样，她成绩不好，老师不喜欢她，同学们看不起她，家长责备她，所以她开始结交网友，进而被别有用心的网友所引诱而一步步走上犯罪的道路。

②从学校方面来说，学校对教育青少年不得实施不良行为负有直接的责任。根据我国《未成年人保护法》第13条第2款规定：“学校应当关心、爱护学生，对品行有缺点、学习有困难的学生，应当耐心教育、帮助，不得歧视。”

同时我国《预防未成年人犯罪法》第23条规定：“学校对有不良行为的未成年人应当加强教育、管理。”

本案中，曲某的老师认为曲某无药可救，对她教育只是浪费时间，还对她“指桑骂槐”，这种出于片面追求升学率而厌弃落后学生的现象屡见不鲜。现在很多学校为了追求片面的升学率，把学生分为三六九等，快班与慢班，重点班与普通班。这样，往往因为分数而掩盖了某个学生思想品质上的弱点，也会因为分数而掩盖了某些道德品质良好的学生，把学生按成绩好坏的分班严重挫伤了学习上暂时后进的学生的积极性，使他们的自尊心受到打击和损害，思想上背上沉重的包袱，于是总认为自己抬不起头来，极易产生破罐子破摔的心理，对学习和生活失去了信心。而老师在发现其有诸多不良行为时也放任不管，于是导致他们逐步被人引诱走上违法犯罪的道路。曲某即是如此。

因高消费而犯罪

【案例】

案例1：吴某和赵某今年都是16岁，两个人平时酷爱上网，几乎所有的零花钱都用来打游戏了，时间一长，支付的花销越来越多。久而久之，他们的钱就入不敷出了。为了满足消费的需要，他们便开始铤而走险。于是在2004年5月不足1个月的时间里，两个学生用一把普通的钢钳连续盗窃摩托车9辆，全部以60~80元的价格卖到废品收购站。钱到手后两人就直奔游戏厅，所得钱款全部被挥霍一空。随着盗劫次数的增加，他们的胆子越来越大。最后，他们在盗劫一家银行时被公安机关逮捕。

案例2：黎某和段某从小就非常要好，两人是小学同学，今年都刚满17岁。平时她俩都是独生女，而且家里比较有钱，于是她们每天便交友请客吃饭、喝酒、进歌舞厅，每月的花费大约在2000元左右。可是时间一长，这种花钱法又没法向家长交代，于是她们便打起了歪主意。2004年5月1日晚6点左右，她们俩从公园游玩回来，在“打的”回家的途中便打起了司机的主意，在抢劫司机的过程中被值班的巡警抓获。

【评析】

近年来，一些青少年犯罪皆由高消费引起，越来越多的中小学生，在吃、穿、玩上的消费水平令人瞠目。这些高消费既增加了家庭的负担，同时滋长了不劳而获、追求玩乐的风气。还没有经济自立能力的青少年却已在攀比追求高级享受，与此同时就带出一个问题：他们消费的钱从哪里来？有些青少年犯罪的起因就是为了满足自己的高消费欲望，他们没钱了就去抢劫、偷盗。

那么是什么原因导致现在的学生如此奢侈浪费呢？其实，中小学生的高消费是由家庭、社会等多方面因素造成的：首先，从家庭方面来说，现在的很多青少年都是独生子女，家长对他们比较溺爱，在物质上总是会最大限度地满足他们的需求，很多家长帮助孩子过生日，还额外送红包，可是他们并没有教导孩子怎么正确消费；从社会方面来说，现在人们生活水平的普遍提高，为青少年高消费提供了条件。从青少年自身来说，他们有的是为了换取友情、人情，有的是为了维护面子等虚荣心理而支出人情消费，有的是为了上网。

网吧、电子游戏厅、营业性歌舞厅、酒吧、夜总会等都是青少年不适宜进入的场所，这些场所除了刺激青少年高消费外，还严重影响青少年的身心健康，对此我国《预防未成年人犯罪法》第26条第1款规定："禁止在中小学校附近开办营业性歌舞厅、营业性电子游戏场所以及其他未成年人不适宜进入的场所。禁止开办上述场所的具体范围由省、自治区、直辖市人们政府规定。"

大量的调查事实发现，未成年人在这方面的消费已经成为一个严重的社会问题，他们不但浪费钱财，而且还荒废学业，甚至会诱发大量的偷盗、抢劫、敲诈、说谎等不良行为。因此，家长和学校必须对当今孩子的高消费给予足够的重视，教育孩子树立正确的消费观和理财观，养成勤俭节约的习惯，这对于预防高消费青少年犯罪有良好的作用。

成绩优异的学生也会犯罪

【案例】

丁某（女）今年15岁，是某重点高级中学的学生。丁某自幼聪明好学，反应能力也很强，性格外向开朗，小学期间当了6年班长，连年被评为"三好学生"，多次在作文比赛中获奖，所以在父母的眼中，她就是拿在手里怕摔了、含在嘴里怕化了；在老师的心目中，她是那种德智体美劳全面发展的好学生，是有理想、有道德、有文化、有纪律的"四有"新人。上了初中，进了重点班，生活环境改变了，学习环境改变了，她的思想也异常活跃，盲目争强好胜，要立志做强者的欲念整天缠绕着她。

唐某（女，14 岁）是丁某的同班同学，她自幼生活在一个特殊的家庭环境，父母都是聋哑人，所以唐某只能得到最基本的物质方面的照顾和关怀，父母也无法用语言和她进行思想交流。但是唐某在小学期间一直表现得都很好，她想要为了摆脱家庭的困境，让父母过上好日子，所以她刻苦学习，成绩在班上也是名列前茅，因此也很得家长和老师的宠爱。上了初中后，她很快结识了丁某，她俩都有争强好胜的性格。她们加入了团组织，还担任班干部，丁某是她们班的班长，唐某是她们班的学习委员。

日子一天天过去，她们二人与同学稍微发生一小点口角就动辄侮辱他，出口伤人，有时还想找几个“姐们”去“摆平”对方，逐渐地她们发展到欺负别的同学，很多男生都很怕她们俩。由于整日都有一群同学崇拜她们，簇拥和陪伴她们，对她们毕恭毕敬，言听计从，二人心里十分满足和骄傲，认为这比苦苦学习强得多，便逐渐破坏了学习的兴趣，有很强的厌学心理，学习开始一步步下滑，这与她们俩争强好胜的性格发生了严重的冲突，班上的同学开始疏远她们。于是她们开始有了辍学的念头，整日在街上游荡，她们渐渐地破坏了自己在老师心目中好学生的形象。越是这样，她们俩就越产生破罐子破摔的心理。长时间的在外高消费，她们已经无法承受，她们开始向低年级的学生索要钱财，遭到拒绝后，丁某、唐某等组成的“江湖七姐妹”把 3 名低年级学生劫持到学校的新建筑工地，先是进行殴打，而后将其手机、钱包等一抢而光。

【评析】

本案中，丁某、唐某等使用暴力手段，抢夺他人财物，并对其进行殴打，严重侵害了他人人身权利和财产权益，而且丁、唐二人作案时均已满 14 周岁，因此她们的抢劫行为已经构成抢劫罪，依法应当追究其刑事责任。

青少年犯罪是社会各界普遍关注的问题，而在校学生的犯罪近年来成了社会的热点问题，尤其是在校女学生的犯罪有逐年上升的趋势，引起了有关部门的重视，尤其是那些被家长和老师认为是好学生的青少年在校期间走上犯罪道路，暴露了家庭教育和学校教育的很多弊病。

首先，丁某、唐某二人原来都是学习成绩很优秀的同学，在她们走上犯罪道路之前有非常辉煌的一面，可是自从她们上了初中重点班，环境改变了，学习压力加大了，可是，家长和老师都没有和她们进行沟通和交流，认为进了重点学校，又是重点班，就是进了保险箱，仅在日常生活的物质上满足她们，给她们以无微不至的关怀和爱护，只关心她们的学业，养成了她们争强好胜的偏执个性，进而滑向犯罪的深渊。她们的堕落给我们的教训是深刻的。家庭和学校必须对青少年进行道德教育和是非观念教育，培养青少年良好健康、积极向上的心态。

作为家长，在关心孩子生活的同时，还要时时关注他们的行为变化和思想变化，多与孩子沟通，不要动辄采用中国传统的“公式化”棍棒教育，也不要因为未成年子女的成绩优异而对其溺爱忽视了其他方面的教育。作为学校，在抓好文化知识教育的同时，千万不能忽视学生的思想品德教育和法制意识教育，在搞这方面的教育时，要采取多种形式不要走过场，我国《预防未成年人犯罪法》第9条规定：“学校应当聘任法制教育的专职或者兼职教师。学校可以根据条件聘请校外法律辅导人员。”发挥法制教师的作用，采用青少年喜闻乐见的教育形式，对于预防未成年人犯罪会收到很好的成效。

青少年犯罪的预防

预防交友不慎

【案例】

王某、黄某都是十五六岁的青少年，上初中，都是父母的乖孩子，听话的好学生。但自从交上了社会上的不良青年朋友后，他们的学习成绩直线下降。

22 岁的朱某曾因犯盗窃罪被判处有期徒刑 2 年，刑满释放后朱某不思悔改，为贪图享乐，不劳而获又重新走上了犯罪道路。为找帮手，认识了黄某、王某。在他的诱导下，黄某二人产生了邪念，他们合伙在天桥下、地铁等地方，采用几个人围住一个学生进行威胁的手段，抢走了 14 岁的学生刘某的手机，13 岁的学生何某的自行车，销赃挥霍。他们一次又一次地将犯罪之手伸向了无自我保护能力的未成年学生。在短短几个月的时间里，黄某参与抢劫 20 次，王某参与抢劫 15 次，最后法院以抢劫罪判处黄某、王某有期徒刑 4 年和 6 年。

【评析】

我国《刑法》第 17 条规定："已满 14 周岁不满 16 周岁的人，犯故意杀人、故意伤害致人重伤或者死亡、强奸、抢劫、贩卖毒品、放火、爆炸、投毒罪的，应当负刑事责任。"法律如此规定，是因为这一阶段的青少年智力和体力有较大的发展，辨别和控制自己行为的能力有待增强。但另一方面，毕竟他们年龄尚小，对很多危害社会的行为缺乏足够的辨认能力。因此法律只规定他们对列举的这些性质严重的犯罪负刑事责任。本案中王某、黄某属于该年龄阶段应当负刑事责任的类型。因此应当依照有关法律规定承担刑事责任。

本案中王某、黄某因交友不慎重而导致最终走向犯罪的道路，这两名正值花季的孩子，原可以在明媚的阳光下、在父母身边、在学校里幸福地学习、生活着，仅仅因为交友不慎，自己又缺乏辨别善恶是非的能力，导致以身试法，成为了罪犯，教训是深刻的。这就提醒了我们大家特别是青少年，交朋友时一定要慎重：不是只有仇人才会加害自己。有时候，身边关系不错的熟人朋友在特殊的环境下，心灵也会受到扭曲，会干出一些让人们意想不到的疯狂之举。

所以交友要注意他们的异常举动，关注他出现异常举动的原因和背景，如果不能帮助他们排解苦闷，就要保护好自己不受侵害，不要受他人的影响和唆使，本案中王某、黄某二人交友不谨慎而毁了自己的美好前程，望广大青少年以此为鉴，珍惜今天的一切，好好学习和生活，做个诚实守法的公民。

预防暴力倾向

【案例】

案例 1：李某是某中学初二年级的学生，今年 15 岁。父母离婚后，他随母亲生活，母亲对他管教很严，放学回家晚了，母亲要唠唠叨叨大半天，一两次考试成绩不好，母亲便阴沉着脸问个来龙去脉。随着年龄的增长，李某再也忍受不了母亲的“高压”管教方法。在一次考试中李某因考了全班倒数第一，回家后被母亲揪着耳朵狠狠地教训了一顿，当晚，李某因憎恨母亲的严格管教，全然不顾母亲的养育之恩，残忍地将生母杀害，尔后藏起母亲的尸体，若无其事地去了网吧。

几天后，当公安民警在一家网吧里将李某抓获的时候，李某没有惊慌，表现得一脸平静，若无其事的样子，当法官问他为什么如此残忍地把自己的母亲杀害时，他说：“我是为了自由而战，她不是我的母亲，否则她为什么平时总是那么残忍地对待我？”言语间，李某没觉得后悔，反而流露出杀死母亲获得“自由”的兴奋。

案例 2：15 岁的中学生张某和吴某是很要好的朋友，又是同班同学。张某的男友赵某是一个天资聪明的孩子，文采也很好。在长期的交往中，吴某喜欢上了赵某，张某认为吴某“横刀夺爱”，于是某日叫吴某散步，当她们走到僻静的郊区时，张某用事先准备好的水果刀连扎吴某 15 刀，并将吴某抬上列车即将驶过的铁轨，幸亏吴某勉强起身离开铁轨才死里逃生。

【评析】

故意杀人罪，是指故意非法剥夺他人生命的行为。故意伤害罪，是指故意损害他人身体健康的行为。根据我国《刑法》第 14 条的规定：“明知自己的行为会发生危害社会的结果，并且希望或者放任这种结果的发生，因而构成犯罪的，是故意犯罪。”故意可分为直接故意与间接故意，如果是希望这种结果发生，就为直接故意。如果是听之任之、放任这种结果发生，就为间接故意。

以上案例 1 中，李某明知自己的行为可能会导致其母亲的死亡，可是他决意要杀死其母亲，而且希望这种结果发生，因此应当承担故意杀人罪的刑事责任。案例 2 中，张某的行为一样构成故意杀人罪，张某将吴某扎伤后又把其投到列车铁轨上，主观上有非法剥夺他人生命的故意，吴某虽然没有死亡，但这是由于行为人意志以外的原因而未造成损害的结果，因此仍然按照故意杀人罪论处。

最近的研究表明，以自我为中心是青少年犯罪最普通的成因。当代青少年主要是 20 世纪 80 年代后期出生的，他们很多都是独生子女，又赶上了我国社会快速发展的年代，市场经济也带来了自我意识不断膨胀的现象。随着这一代孩子成长起来，一部分孩子逐渐暴露出人格上的缺陷，比如以自我为中心，冷漠，不懂得换位思考。他们不知道怎么同情别人，对别人没有爱心。缺乏与人相处的经验，自我控制、调整的能力较差，只强调自己的权利，却轻视自己的责任和公共道德。当受到挫折的时候，有很强的攻击倾向，这种倾向包含着对他人情感、利益甚至生命的漠视，导致他们解决问题的手段往往采取极端的暴力手段。

案例 1 中，杀死母亲的李某生长在单亲家庭，恨铁不成钢的母亲经常打骂李某，母亲长期的打骂管教在他内心积淀成一种压力，对自控能力较差的青少年来说，这种压力一旦找到一种发泄的途径就会爆发出来，使他发泄性地攻击伤害发泄的对象，并不计后果。李某杀母是他生理和心理压力达到一定程度时的宣泄。案例 2 中，张某因为吴某“横刀夺爱”，于是不顾一切后果，采取非法暴力剥夺他人生命的报复方式，也是释放心中压力的一种方式。

那么，怎样有效地预防青少年的这种暴力倾向呢？

首先，要教育孩子学会做人。教育他们遵从基本的价值取向，懂得在社会生活中人应该是平等的、公正的、相互之间应该是富有同情心和怜悯心的，出现纷争时要用正确的方式解决问题。培养孩子朴素的道德情感和法制观念。

其次，应当教育孩子尊重生命，通过对学生进行生命的孕育、发展成长知识的教授，进而欣赏生命的丰富与可贵，学会珍惜自己及他人的生命，引导学生用爱心经营生命，帮助他们认识痛苦与困难是生命的一部分，这对自身的成长是有意义的，帮助他们运用积极的方法去面对痛苦与失落，引导他们思考信仰与人生的问题，学生在受教育的过程中，培养对社会及他人的爱心，使学生在人格上获得全面发展。

预防淫秽读物侵害

【案例】

吴某是云南省某镇高三年级学生，今年 17 岁。吴某家境贫穷，他家共有 9 口人，吴某是家中最小的一个，用他们当地的话说就是：“皇帝疼长子，老百姓疼幺儿”。所以他从小就是在父母和哥哥姐姐们的娇惯和溺爱中长大。由于家庭的拮据，吴某从小就有个理想，一定要考上大学，将来要让父母过上好日子，自己一定要出名。因此，他下定决心发奋读书。

在学校上课时他认真听讲，放学回家后就一直趴在桌上学习到深夜。随着时间的推移，再过 2 个月吴某就要参加高考了，吴某的学习成绩在班上一直都排列在前 5 名，而且和同学都相处得很好，如果在考场上发挥正常的话，考上重点大学应该是不成问题的。可是有谁会想到，就当别人在忙于奔赴高考战场时，吴某却因犯强奸罪、故意杀人罪而走上法庭。

当时，学校为了加强对高三年级的管理，要求所有高三学生都住校。

吴某住进学校后，他们寝室的一男生经常看黄色小说，看完后就在寝室用淫秽语言大肆渲染，描绘那些色情露骨的情节。时间一长，吴某也控制不住自己，便找黄书来看。有一天晚上11点左右，吴某躺在床上看一本非常淫秽的黄色小说，书中的男女色情情节在他脑海里怎么也挥之不去。正处于青春发育期的他一时间难以自制，遂萌发强奸在外租房读培训班的黄某的念头。

吴某乘夜翻过学校围墙，来到黄某房子的后院，推开铝合金窗户发现屋内只睡一人，吴某赤足悄悄从后窗户钻入屋内，当他刚站到床边时，熟睡中的黄某被惊醒，大喊："快救命啊！有人抢劫啦！快救命啊……"胆怯的吴某飞身扑上去，紧接着便是一阵厮打……恰在此时吴某听到有人敲门，而黄某又打开了灯，一时之间吴某吓得不知所措，于是便产生了杀人灭口的歹念，他拿起黄某桌上的水果刀，划向了黄某的右颈部。黄某被刀割断右颈部动脉，流血过多而死。

【评析】

近年来，各地青少年犯罪中学生占的比重较大，由于社会上一些不良因素的影响和法制意识的缺乏，使他们在不经意间走上了犯罪道路。犯罪年龄的降低更是一个凸现的社会性问题。未成年中学生因好奇心和过于自私自利而犯罪的情况比较突出，其中，在校学生中大部分强奸犯罪是因为看过黄色淫秽的录像，引发好奇心而去尝试；犯故意伤害罪的被告人与受害者之间本无深仇大恨，只是因同学间、朋友间的小矛盾自感吃亏，不能容忍，或为了显示自己的威风，或替朋友出气而犯罪。对此各界人士多次呼吁，预防和遏制青少年犯罪刻不容缓，应当引起社会各界的高度重视。

本案中处于吴某这种年龄的青少年看过淫秽书籍后就会产生一种性幻想和性冲动，如果得不到释放和正确引导，这种性心理的冲动会使他们失去自控，就会不顾法律与道德的约束，从而走上犯罪的道路。吴某的犯罪，不仅给社会敲响了警钟，也警示了老师和家长，应该理解孩子的这种性心理，正确引导孩子了解健康的性科学知识。

正确对待孩子的性心理健康教育。本案中吴某对性知识一知半解，法制意识淡薄，被社会上流传的淫秽物品所毒害，是造成自身走上犯罪道路的原因。

《预防未成年人犯罪法》第30条规定："以未成年人为对象的出版物，不得含有预防未成年人违法犯罪的内容，不得含有渲染暴力、色情、赌博、恐怖活动等危害未成年人身心健康的内容。"因此，对社会上通过各种非法途径传播的淫秽物品，有关部门必须要坚决抵制，只有家长、学校和全社会为了未成年子女的成长共同营造一个良好的环境，才能更好有效地预防未成年人犯罪。

预防因网上交友而离家出走

【案例】

女孩王某是江苏省某中学初三学生，由于平时学习不好，经常遭到老师的白眼。她感到很压抑，一个人经常变得寡言少语，于是经常去上网聊天。后来，她在网上聊天时结识了一个自称在成都的流浪歌手赵某。

赵某幽默的语言和自由的职业令初涉人世的王某异常羡慕。"相识"半年之后，赵某邀请王某来成都玩，王某欣然应允。她怀着对"自由、浪漫"的向往，逃学并拿走家里的1000元钱坐汽车、转火车来到了成都。

一下火车，她感到异常的兴奋和激动，就迫不及待地给赵某打手机，告诉对方自己所处的位置，要他来火车站接自己，赵某在电话里爽快地答应了，然而却一直不见踪影，再打赵某的电话，对方不是关机就是摁掉她的电话。"可能是他来火车站接我的时候暗中观察过我，觉得我不是他想象中的样子，就不理我了。"王某伤心的眼泪流了下来。最后，在当地火车站值勤保安的协助下，李某买火车票回了家。

【评析】

《未成年人保护法》第29条规定："对流浪乞讨或者离家出走的未成年人，民政部门或者其他有关部门应当负责交送其父母或者其他监护人，暂时无法查明其父母或者其他监护人的，由民政部门设立的儿童福利机构收容抚养。"这一法律的制定，充分体现了国家对离家出走未成年人合法权益的保护。本案例中，李某离家出走，应当得到相关法律的保护。

然而，李某因"网恋"而离家出走，不得不引起我们家庭、学校和有关教育部门的关注，在国家大力提倡素质教育的今天，很多学校仍然只注重应试教育，家长和老师关心的只是孩子的学习成绩，关心的只是考试的分数，无数事实证明，这种教育方式和教育理念是失败的，青少年正处在生理和心理都未成熟的阶段，这时期的青少年考虑问题很简单和肤浅，他们对问题的是非辨别能力很弱，往往因一时冲动而铸下大错。

在网络高度发达的今天，很多青少年迷恋上网。互联网的广泛应用给青少年的教育开启了新的窗口，然而互联网上不健康的内容也给青少年的教育问题提出了新的挑战。据不完全统计，中小学生占网吧顾客的50%以上。

就中学生上网问题而言，有利也有弊。如果适当上网查找资料，上网学习而充分利用网络资源，这自然是有百利而无一弊，但对于目前的中学生很多自觉性较差的同学，上网的弊端就多了。他们上网多为聊天，结识异性朋友，本案中，王某因“网恋”而被欺骗，这种现象在生活中是数不胜数的。很多家长教育子女的方法也必须得当，应当主动了解孩子的心理状况，成为子女的知心朋友。网上很多人利用网络虚幻性的特点，他们没有最起码的道德标准而坑蒙拐骗青少年。因此青少年网上交友一定要小心，而不要动不动就去找网友。有什么困难要主动找老师和家长。

为了预防青少年受到网络有害方面的影响，我国有关法律法规规定禁止青少年进入网吧。因此网吧门口都张贴警示语，这不仅是提醒中学生的，更是提醒网吧老板们要严格遵守规章制度。他们有义务提醒或制止青少年进入网吧。

如果中学生需要上网，应注意些什么呢？网络世界是非常复杂的，在上网时，中学生应该保持一个清醒的头脑，具有一定判断是非的能力，比如在查找资料时就不能玩游戏，不要上一些黄色网站。如果在休闲时打打游戏，并不是不可以，但是应注意适可而止，不能沉溺其中，中学生还可以登录一些中学生网站和教育网站。这样，就避免了网络的负面作用，使网络更好地为中学生服务。

预防校园“黑帮”犯罪

【案例】

周某今年15岁，是某中学的初三学生。他平时学习成绩优异，人也很聪明。可是不久前，老师发现他开始抽烟、喝酒，经常穿奇怪衣服，头发染得黄黄的，还戴了耳环。班主任吴老师好心劝说他都不改，不久前老师还发现他和一帮青年打了一个低龄同学。后来，周某竟加入了社会上的“斧头帮”，他们在帮派中按年龄大小排“老大、老二、老三”……，把“相助、搞钱、找女性玩”作为结帮目的。不久，他们在一次结伙抢劫中被公安机关抓获。

【评析】

近年来，青少年结帮犯罪现象呈上升势头。加入黑帮犯罪的青少年，一般是 18 岁以下的在校学生。

青少年模仿黑社会犯罪的原因有着特殊的生理、心理因素。由于青少年处于从幼稚到成熟的发展时期，这个时期由于思维的独立性和批判性不成熟，他们的很多行为有挑战传统道德的因素，如本案中的周某抽烟、喝酒、染发、戴耳环的行为，这些都是学校所不允许的。近年来，黑帮势力有所抬头，对未成年有很大影响。他们模仿黑社会犯罪很多是受“江湖义气”的影响，讲“哥们义气”往往是他们结伙的原因。此外，家庭教育的偏差和不良的家庭环境以及社会环境的消极影响，都是引发青少年犯罪的原因。

如何预防、减少青少年学生模仿黑帮犯罪？有以下几点建议：

首先，要准确把握青少年的心理特点。处于这一时期的青少年，正是身体成长发育的旺盛时期，他们的外表与成年人差距不大，具备了成年人违法犯罪的身体条件，但是这一时期他们的心理却不成熟，遇事易冲动，对事物不能正确分析，带有明显的幼稚性，生理和心理上的不同步导致他们缺乏有效的自我控制能力。从心理角度分析，青少年犯罪的原因主要有好奇心理和逆反心理。

好奇，是青少年的天性。但由于他们的社会阅历浅，判断是非的能力差，在缺乏良性诱导的情况下，容易随心所欲，误入歧途。由于好奇心理引发的犯罪类型主要是吸毒、色情暴力等。逆反心理，是青少年阶段正处于成长时期的心理特征。容易诱发逆反心理的因素主要有以下 3 个方面：

①家长教育不当，表现为过于严格、过于溺爱或教育方法简单粗暴、使孩子忍受不了；

②家长望子成龙心切，造成孩子因学习压力太大而进行反抗；

③学校过分追求升学率，只注重优等生的教育，容易使成绩差的学生自暴自弃，产生破罐子破摔的心理。

此外还有盲从心理。这主要表现在某些共同犯罪中，一部分青少年完全是在主犯的教唆、诱导、胁迫下，盲目地服从，在不知不觉中涉足犯罪。还有一部分青少年则盲目效仿武侠小说、武打影片中帮派活动的形式，结伙进行犯罪活动。本案就是其中一例。

其次，学校要把应试教育改为素质教育，把法制教育作为对学生的素质教育的一个重要内容，营造一个学法、知法、守法、用法的氛围，改变片面追求升学率的做法，不要把差生推向犯罪的边缘。一方面要切实培养和加强教师的责任心、使命感，另一方面要坚决维护教师的合法权益。

教育不是万能的。对于学生中个别屡教不改的“害群之马”，该处分的要处分，该送工读学校的要送工读学校。在公安部门警力有限、不可能24小时维护校园治安的情况下，学校可以根据需要组织校卫队，维护校园治安，保证学生就学安全。

再次，充分发挥家庭预防的特殊作用，家庭教育是素质教育的基础，是培养子女人生观、价值观的源头。所以家长应当给孩子灌输基本的心理学知识和法律知识，对孩子的不良行为和不良心理迹象及时矫治。家长要努力为孩子的健康成长创造一个良好的家庭氛围，要加强自身修养，努力学习科学教育方法，言传身教，以自身的榜样力量感染和熏陶孩子，帮助他们树立起积极、健康、向上的人生志向，远离不良行为，远离校园暴力。与此同时，家长要充分理解学校教育的局限和苦衷，要积极主动地支持、配合正常的学校教育工作。即使与学校教育工作出现分歧，也应加强沟通，通过正常的、理性的渠道求得解决，切不可对“校园暴力”推波助澜。

最后，有关部门要对加强青少年的法制教育承担责任。加大普法力度，尤其是要宣传《未成年人保护法》、《预防未成年人犯罪法》。报纸、媒体、广播、电视等新闻媒介，要自觉地把面向未成年人传播法律知识当做自己应尽的责任。同时公安部门也有维护社会治安的法定职责，积极协同学校、家长，进一步加大对校园内外治安案件的查处打击力度，还孩子们一个无忧无虑、健康成长的学习环境，还校园一方净土。

预防因一时冲动而犯罪

【案例】

吴某和周某是高中的同班同学，又是同一寝室的上下铺，但是由于种种原因，两人经常为一点小事而用讽刺的语言攻击对方，互不相让，彼此都不把对方放在眼里。一天，吴某的几个初中同学来找吴某玩，吴某正准备倒开水给他们喝时，发现其他几个同学的水壶都是空的，而只有周某水壶里面有水，由于学校打开水是规定了时间的，那时开水房没有开门，吴某就倒了周某水壶的水。

正在这时，周某刚从外面打篮球回来，他口渴难受，想喝水，当他打开水壶时发现水壶是空的，而刚好又发现吴某和他的同学们都在端着开水喝。周某脸一沉，骂道："谁他妈的倒了我的开水啊？"

吴某慌忙上前赔礼道歉："对不起，我同学来了，晚上我打一壶回来给你，好吗？"

周某大怒："你同学来了要喝水，我同学来了怎么办啊，啊？"

吴某被他给激火了，又因为有自己的同学在场，所以感觉不是滋味，他也提高嗓门："你他妈不就是一杯水吗？有什么了不起的，想打架啊？"

周某本就在火头上，听吴某这么挑逗自己，一气之下拿起桌子上的水果刀，朝吴某小腹捅了过去。吴某当时鲜血淋漓，倒在地上，在同学的抢救下，脱离了危险。周某因犯伤害罪而被判刑罚。

【评析】

近年来，从我国的司法实践来看，青少年因各种琐事而发生的恶性案件不断上升，尤其是因一时冲动而引发的犯罪占有相当大的比例，本案即是其中一例。"激情犯罪"就其心理基础而言，主要是性格粗野，缺乏修养。从生理机制的角度而言，主要是处在这一时期的青少年由于认识活动范围小，交际面狭窄，对事物的辨别能力差，控制力弱，对自己的行为后果，不能作出适当的判断，容易产生冲击性的犯罪行为。本案中吴某倒了周某开水，尽管吴某已经进行了赔礼道歉，可是周某情急之下还用刀刺伤了吴某，主要是二人平时的矛盾积怨太深所致。长期以来的压抑顷刻之间像火山一样地爆发。

我们应该怎样预防青少年激情犯罪呢？首先，青少年要学会控制好自己的情绪，提高个性修养。处于青春期的青少年，经常会出现一些喜怒无常的情感波动，此时如果不调整和控制好自己的情绪，那么，冲动的时候做事情不分青红皂白也不考虑后果，走向犯罪是很容易的。

一些思想偏激的人有强烈的报复和妒忌心理，他们一遇到外界的刺激，其心理极易发生恶性转化。事实上很多所谓的“身不由己”，关键还是自身的修养问题。提高个人修养必须要培养冷静处理问题的习惯，如果产生怒气，就要马上把它克制住，控制在一定的范围之内。

在怒气刚产生时，最好的办法就是强迫自己沉默，不要说话，这样有助于冷静思考；同时，在怒火中烧时，要学会考虑事情的后果，即先考虑一下自己的行为可能带来的危害，自己这样解决问题的方式是否可取，这样有助于把自己从愤怒的激情情绪中拉回来，使头脑较为冷静，较为理智，避免做出后悔莫及的事情。

其次，学会应用自己的意志力，释放自己的愤怒情绪，控制不良情绪的产生。在激情即将发作时，要学会延长激情的发作时间，转移自身的注意力。或者给情绪一个合理宣泄的渠道，使情绪得到缓解，防止因一时的冲动而做出违法犯罪的事情。

预防少女犯罪

【案例】

案例1：2001年冬季，在北京打工的乔某（东北人）认识了北京的姑娘毛某（17岁），两人交往一段时间后，都有一种相见恨晚的感觉，于是感情日渐亲密，最后两人同居在一起。2003年春节，乔某回东北老家，在家人的安排下，乔某与同乡的周某结了婚，而且结婚后乔某把周某也带到北京来。来到北京后，乔某一直和毛某来往，他没有将自己结婚的事告诉毛某。

2004年5月1日，周某所在的单位放假，周某打算回东北老家。乔某谎称单位忙不能去火车站送她。那天晚上，乔某把毛某带到自己的住处，当他们俩在那一边看电视一边亲密时，周某突然开门进来，看到自己的丈夫和别的女人在一起，她非常气愤，就问毛某是谁，毛某竟然大声嚷道："我还没有问你是谁呢？你来这里干什么，怎么随便开人家的门进来啊？"

周某听他这么一说，立刻明白了一切，情急之下就跑到厨房拿菜刀，并口口声声说她要杀了这个小淫妇。毛某突然之间明白，乔某原来已经结婚了，可是一直欺骗着自己，她非常生气，她问乔某："你是不是已经结婚了，可是你一直瞒着我？"

乔某来不及回答，因为周某已经拿菜刀从厨房里冲出来了。乔某抱住周某夺周某手中的菜刀，可是周某哪里肯罢休，正当他们在那扭来夺去的时候，菜刀掉在地上，毛某跑过去，将菜刀捡起来，朝乔某身上连砍数刀，直到她看到乔某全身是血的时候，才肯罢休。

在法庭上，法官问毛某："你为什么要杀死他？"

毛某："因为我爱他，我们感情实在太深厚了。"

法官："你知道杀人要犯罪吗？"

毛某："我当时已经疯狂了，无法承受眼前的打击。他结婚了为什么不告诉我。"

法官："你现在后悔吗？"

毛某："有什么好后悔的，我和他同居 2 年，那时我还在上高中，我退学就是为了他，为了能和他在一起。是他毁了我。"

案例 2：据某报报道，一位网名叫"疯狂女孩"的 14 岁小女孩李某，父母在她小时候就离婚了，她和父亲一起生活，可是父亲经常在外忙生意，把她寄托在奶奶家，奶奶很少管她，所以她感到非常地放任、自由。李某最大的爱好就是上网，在网上她谎称自己 21 岁，就在 40 余天里，先后与 8 名男性网友自愿发生性关系，她甚至说"做爱"是自己的爱好。最近，李某疯狂喜欢上了一网友兰某，和网友发生性关系后，兰某再也不理她。一日，她在街上看到兰某牵着一女孩子的手有说有笑，她不管三七二十一，拔出随身携带的水果刀冲上去就给了兰某几刀。

【评析】

当前，在我国青少年犯罪中，女性青少年犯罪成了一个严重的社会问题，女性青少年的犯罪，不仅影响了社会的治安，造成了他人生命健康的损害，而且直接影响到青少年的成长。当前，女性青少年犯罪中，有90%以上的与性有关，她们有各种反常的心态，学习不认真、工作不负责、思想轻浮、讲究妆饰、生活放荡，对两性关系异常敏感，一旦与人发生性关系，她们就会无所顾忌地向邪路滑下去，此时家长、学校如不及时帮助、教育、引导，她们就会滑到违法犯罪的深渊。

据目前的调研发现，少女犯罪主要表现为2点：

①少女过早接触性，体验性关系后，她们观念前卫、大胆。有的因此堕落成了三陪小姐、卖淫者，甚至发展成为吸毒、贩毒分子。有过性体验的少女她们心智上还不成熟，外表上却又追求成人化，助长了她们的虚荣心和攀比心，当她们经济或者精神上得不到满足时，就会导致偷盗、抢劫、卖淫、贩毒等犯罪行为的发生。

②导致其他男青年犯罪。有了性关系的少男少女，有一些脱离了家庭，租房同居，如案例1中的毛某。但是，由于没有经济能力，生活无法维持，很多男孩为了多挣些钱，极易加入违法犯罪的行列。有些男孩为了讨好女朋友，满足女朋友的虚荣心，也极易走上违法犯罪的道路。

针对少女犯罪的新走向和性关系对少女的影响，降低少女犯罪率是整个社会责无旁贷的使命，因此必须采取必要措施加以防范。对此我国《预防未成年人犯罪法》第3条规定："预防未成年人犯罪，在各级人民政府组织领导下，实行综合治理。政府有关部门、司法机关、人民团体、有关社会团体、学校、家庭、城市居民委员会、农村村民委员会等各方面共同参与，各负其责，做好预防未成年人犯罪工作，为未成年人身心健康创造良好环境。"

首先，应进一步加强法制立法和法制教育，帮助未成年少女培养起独立自尊、自强、自爱、理性、宽容的道德观念；进一步加强性教育和思想道德教育，帮助未成年少女树立正确的人生观和价值观，树立正确的性观念，不要过早地发生性关系；进一步加强教育培训，教育未成年少女不断学习文化知识、工作技能、法律知识，不断提高自身素质。

其次，社会、学校、家庭应当为少女建立起强大的保护网，避免少女因缺乏关爱、温暖或因遭受性侵犯而产生厌世心理，进而使她们走上犯罪的道路。

预防青少年毒品犯罪

【案例】

张某今年17岁，父母离异后，自己随母亲生活。张某感觉自己已经长大了，已经是一个“大人”的他从心里反感他的继父。继父几次努力与张某沟通，但都没有结果，也就不再管他。张某从此犹如一匹脱缰的野马，到处游逛，学习成绩日益下降。他总是不由自主地走进游戏厅和录像厅，还结识了为数众多的“哥们”。

由于张某年龄最大，又是一个有主意的人，渐渐地大家都听从他的安排和指挥。一开始，他们几个偷偷摸摸，但是运气不好总是被人发现，还挨了好几次打。他们也抢过几次孤身夜行的妇女，但收获不大。一天张某突然想到了贩毒。于是，他带领手下马某等人先后多次购买海洛因，出售给10余人。自此不少青少年“慕名”加入了张某的“贩毒集团”。他们热衷于贩卖毒品，热衷于与警察“斗智斗勇”。今年年初，张某的手下马某正在交易时被警察抓获，张某也因此落入了法网。

【评析】

我国《刑法》第347条规定了贩卖毒品罪，该罪是指明知是毒品而故意贩卖的行为。本案中，张某等人贩卖毒品，其行为已经构成贩卖毒品罪，应依照我国《刑法》第347条的有关规定承担相应的刑事责任。

目前，我国青少年毒品犯罪越来越多，他们因为好奇，追求新鲜和时髦，以致为了发泄而吸食毒品，最后染上毒瘾而不能自拔。青少年吸食、注射毒品的危害是非常严重的，对此，《预防未成年人犯罪法》第34条第8项规定了“吸食、注射毒品”为严重不良行为。未成年人注射、吸食毒品危害极大，主要表现在以下几个方面：

1. 损害未成年人的身体健康。毒品会严重损害人的大脑、心脏、肺、肾等内分泌系统和自身免疫系统。当人注射或者吸食毒品成瘾之后，就会周身乏力、精神颓废、反应迟钝、喜怒无常，甚至会咳嗽吐血、心悸、性功能减退等，如果过量吸食毒品，就会导致死亡。现在的很多传染病、性病都是通过不洁的毒品注射器而快速传播的。

2. 损害青少年的心理健康。青少年吸食注射毒品之后，智力下降、注意力不集中、控制力减退、情绪不稳定等。时间一长，他们就会变得意志消沉、自私自利，缺少崇高的人生追求。

3. 直接导致毒品犯罪泛滥，诱发其他毒品犯罪。青少年加入毒品犯罪队伍，大大刺激了毒品市场，使得制造、贩卖、运输毒品的犯罪分子日益猖獗。同时，青少年没有固定的经济收入，当他们吸毒成瘾之后，只好去偷去骗，诱发了抢劫、盗窃、敲诈勒索、贩卖毒品、卖淫等犯罪的发生。

4. 败坏社会风气。青少年吸毒成瘾之后，他们丧失自己的道德，寡廉鲜耻，男的赌博、嫖娼，女的出卖肉体、卖淫，给社会风气带来了不利的影响。

那么，是什么原因导致很多青少年吸毒贩毒呢？其实，他们的犯罪多与家庭环境、社会环境有关。一些青少年因父母离异，家庭不幸，产生自卑心理，甚至仇恨父母，仇恨社会，总想寻求报复的机会，以期达到报复的快感。也有的青少年家庭富裕，生活奢侈，家长溺爱，从而产生严重的逆反心理，觉得生活平淡，总想寻求刺激。

各种不健康的电影、光碟等渲染的贩毒集团拥有的现代化武器装备，严密的组织、帮规，贩毒老大的“派头”都使青少年产生了强烈的向往，尤其是家庭条件不好而备遭歧视的青少年，出于一种寻求刺激、寻求保护的心理投靠在贩毒集团的门下。

本案中，张某父母离异，长期在社会上鬼混，已没有了是非观念，在没有任何经济来源的情况下，只好去偷去盗，然后贩卖毒品。他所组成的犯罪集团，完全是一帮青少年，有的是寻求刺激，有的是对贩毒“黑帮”产生向往。而对有关毒品方面的知识知之甚少。

《预防未成年人犯罪法》第 8 条规定：“司法行政部门、教育行政部门、共产主义青年团、少年先锋队应当结合实际组织，举办展览会、报告会、演讲会等多种形式的预防未成年人犯罪的法制宣传活动。”

这里的法制宣传活动，从广义上说，也是法制教育的一种形式。从狭义上说，是指学校按一定的教学计划设置课程，预先安排好教学内容、教学进度，有步骤有组织地对学生实施的法律知识方面的教育。

同时，司法行政部门、教育行政部门，责任更是直接，它们所开展的法制宣传活动，是除学校法制教育之外的又一种重要的法制教育形式。其特点是具有灵活性和针对性，与学校教育法制相比，及时性更强，形式更为多样。

我国曾在全国范围内开展多次大规模的禁毒专项斗争。为了配合这次专项斗争，在各地党委、政府的领导下，各地司法行政部门、教育行政部门对广大青少年开展了禁毒预防教育。

禁毒法制宣传活动的目的：

①向青少年宣传毒品对中华民族的历史祸害和对人民群众身心健康的现实危害；

②宣传毒品知识，使他们了解毒品的有关知识；

③宣传国家禁毒法律法规和我国政府禁毒的决心；

④加强理想、道德和文化方面的教育。

丰富精神文化生活，从根本上减少和消除人们对毒品的精神需求，进而在全社会形成“禁毒光荣、吸毒可耻、贩毒有罪”的风气，以达到预防和抑制毒品犯罪的目的。具体操作比如宣传挂图和资料的巡回展览，电台策划电视专题片反复播放，开展禁毒知识讲座，举行禁毒演讲比赛等。总之，在整个法制宣传工作中要生动活泼，富有吸引力、感染力和说服力，对青少年毒品犯罪起到一定的威慑作用，使他们畏而远之。

从心理特征上预防青少年犯罪

【案例】

袁某今年14岁，某镇中学初二年级学生。袁某不求上进，平时也不爱学习，考试经常不及格。他喜欢上网，看港台充满暴力、色情的片子，他觉得很过瘾，也很刺激，便模仿电视中拉帮结派的情节结交了很多朋友，他还在社会上认识了一个“大哥”作为他的靠山。渐渐地，他经常和几个调皮捣蛋的同学作弄他人，而且经常向那些低年级的同学索要钱财，当别人不给他东西时，他就叫上他的朋友对对方大打出手。他看到别人有手机，心理就不平衡。看到有的同学有女朋友，他也感到不是滋味。

2004年5月13日，他又对别人大打出手，结果把对方打得遍体鳞伤，原因是那个人打了他的一个“哥们”。对此班主任老师多次教育他，父母也经常批评他，可他还是我行我素，为所欲为，袁某的父母心急如焚又束手无策，对他彻底失去了信心。最近，袁某在一次与同学的打架斗殴中打死了对方，袁某也因此而走上犯罪的道路。

【评析】

在袁某实施不良行为时，家庭、学校和社会都没有对其进行很好地预防，当他的行为发展到严重不良行为的时候，没有得到很好的矫治，最后，家长和老师都拿他没办法，终于在一次打架斗殴中杀死对方而走上犯罪的道路。在现实生活中，像袁某这样走上违法犯罪道路的青少年还有很多。那么，对于像袁某这样的青少年，是什么原因导致他们屡教不改而尽是干一些违法乱纪的事呢？难道像袁某这样的孩子真的“无药可救”吗？在这里，我们先从青少年的心理特征和犯罪心理的角度进行分析，然后再根据心理特征剖析青少年的犯罪预防。

青少年在少年时期的心理要素主要有以下特征：

（一）情感方面。青少年易激动、情感热烈但是又不稳定，极易感情用事，极易产生激情而难以控制。在这一时期，如果引导得当，他们就会积极上进、见义勇为、公而忘私。否则，可能轻举妄动、违法乱纪，进而走向犯罪。

（二）性意识方面。逐渐成熟的性意识，导致青少年开始关注异性、爱慕异性，对性产生好奇心和新颖感。在这一时期，如果不加强性德教育、性知识教育和法制教育，他们就会容易接受不良因素的刺激，如淫秽书画、色情电影等不良影响，就可能在神秘感、好奇心的驱使下盲目追求异性的刺激，从而走上性犯罪的道路。

（三）自我意识方面。他们渴望独立，喜欢被别人重视，喜欢独立思考。随着年龄的增长，这一时期的青少年自我意识越来越强，他们希望摆脱家庭和学校的束缚，喜欢独立自主。这种心理如果引导不当，孩子有可能与他人对立、与社会现实对立，最终走向犯罪。

那么，有哪些心理驱使少年走上犯罪道路呢？经分析，以下几种心理在少年犯罪中比较常见：

1. 好奇心理。好奇，是青少年的天性。但由于他们的社会阅历浅，判断是非的能力差，在缺乏良性诱导的情况下，容易随心所欲，误入歧途。由于好奇心理引发的犯罪类型主要是吸毒、色情暴力、网络等。如我们上述案例中，袁某喜欢看那些充满暴力、色情的影片，在他喜欢本班一女孩后，便心存邪念，这就是因为他有强烈的好奇心理和受到暴力色情电影的影响所致。

2. 逆反心理。从生理学的角度讲，青少年正处于逆反心理强烈时期。容易诱发逆反心理的因素主要有以下3个方面：①家长教育不当，表现为过于严格、过于溺爱或教育方法简单粗暴，使孩子忍受不了；②家长望子成龙心切，造成孩子因学习压力太大而进行反抗；③学校过分追求升学率，只注重优等生的教育，容易使成绩差的学生自暴自弃，产生破罐子破摔的心理。这一时期的青少年，他们抗拒社会道德和法律，偏要与成人们的规定、纪律对着干。这种心理常常驱使少年出走、自杀、犯罪。如上述案例中袁某就是这种心理的表现，他觉得自己成绩不好，于是和他身边的人对着干，和家长对着干，和老师对着干。

4. 报复心理。青少年心态不稳，控制力不强，报复情绪浓，受到一些委屈无法承受，遇到一些事情易生妒恨，继而进行报复，使自己的行为超越了法律和道德的范畴，当本人或要好同学受到侵害，不是寻求法律途径解决，而是以暴对暴，伤人、杀人而犯罪。上述案例中，袁某的一个“哥们”被他人打了一顿，袁某便对对方大打出手，就是因为袁某有强烈的报复心理。还有这么一个案例，有个中学女生与男生发生冲突，男生给了她一巴掌。一气之下，她冲回家拿起菜刀，回到学校砍了那个男生两刀。这就是强烈的报复心理使她失去了理智。

5. 攀比心理。一些青少年物质攀比、贪慕虚荣、讲究吃穿、好逸恶劳、追求享受。由于攀比心理的存在，导致很多青少年盗窃、抢劫；敲诈勒索等财产犯罪。上述案例中，袁某看到别人有手机他心理不平衡，结果导致他向别人索要财物和抢劫；看到别人有女朋友，他心里不是滋味。这些都是因为他有着盲目的攀比心理。

6. 冲动心理。主要表现为遇事不冷静，很少或者不考虑事情的后果，如上述袁某的很多行为都是很少考虑后果的，自己的“哥们”被打，他立即大打出手，结果把对方打得遍体鳞伤，而后又在与同学的打架斗殴中杀死别人，这些都是袁某很少因为冲动而很少考虑后果的表现。

7. 利己心理。这也是少年犯罪中较常见的一种心态。尤其在独生子女犯罪中，更为常见。不少独生子女备受娇宠，唯我独尊，占有欲十分强烈，如果不能得到满足，就会用犯罪的手段来获得所需之物。上述案例中，袁某索要财物、抢劫等所作所为都是出于为自己考虑的。就算是袁某在法庭上对法官所说的那句话，也深深地体现了袁某利己“名声”的个人占有欲和强烈的虚荣心。

8. 盲从心理。这主要表现在某些共同犯罪中，一部分青少年完全是在主犯的教唆、诱导、胁迫下，盲目地服从，在不知不觉中涉足犯罪。还有一部分青少年则盲目效仿武侠小说、武打影片中帮派活动的形式，结伙进行犯罪活动。上述案例中，袁某在社会上认识了一个“大哥”，而后是模仿电视中的情节拉帮结派，这就是袁某盲从心理的表现。

那么，怎样才能掌握青少年心理的动向而对青少年犯罪加以预防呢？

首先，我们要明白青少年违法犯罪的几种情形，而这些情形的发生都是有一个过程的：从青少年实施的行为来说，通常是从不良行为发展到严重不良行为，从严重不良行为发展到违法犯罪；从青少年自身来说，由“单差生”发展到思想品德和功课都差的“双差生”，进而结帮逃学，发展成违法犯罪行为；从冒险、游乐到离家出走、侵犯他人权益到违法犯罪；从娇生惯养到称王称霸乃至行凶打人；从被歧视、虐待到行凶报复，或被遗弃而流落街头，被坏人教唆而犯罪；从小偷小摸发展到盗窃抢劫；模仿影视里的暴力和色情镜头，从好奇到偷尝禁果而违法犯罪等。

那么对于以上这些行为变化的过程中，我们怎样加以预防和矫治从而达到预防青少年的犯罪目的呢？主要通过以下 2 个方面可以解决：

1. 加强交流，重视情感教育。这主要体现在父母或者青少年的监护人、老师等责任方面。父母、青少年的监护人、老师等应当加强与青少年的交流，这种交流应该是朋友式的平等交谈，而不是居高临下的训斥。有的家长一发现孩子有什么不良言行，就大骂出口，大打出手，根本不听孩子解释，不给孩子说话的机会。这种做法很可能使孩子产生逆反心理，干脆“破罐子破摔”，逐渐滑向犯罪的深渊。如果家长能够做孩子的朋友，心平气和地与孩子沟通、交流，或许会避免许多不该发生的人生悲剧。

与青少年之间的交流是一项富有科学性和细致性的工作。在孩子出现一些不良苗头时，教师、家长应及时找其谈心，从谈话中了解孩子心里想些什么，从而有针对性地采取措施。在此提醒家长或者青少年的监护人、老师应当注意：打骂孩子并不能解决问题，棍棒教育只会适得其反。尤其是提醒那些只重自己事业的父母和只重升学率的老师，千万别忘了与青少年加强交流和对青少年进行情感道德教育。

2. 观察言行，及时预防矫治。言行是心理的反应和体现。青少年违法犯罪有一个过程，在他们接触到某些语言、人物、景物使感官受到刺激而形成犯罪心理，一般情况下，少年犯罪都是有前兆的，他们的心理总是会通过某种言行表现出来。此时作为青少年的家长或者监护人、老师要细心观察，及时加以引导。

孩子如有以下不良言行出现，要及时加以预防和矫治。例如，有的少年突然变得厌倦学习，不遵守纪律，追求奇装异服；有的少年则染上了喝酒、抽烟等恶习，人际关系紧张，经常打架斗殴，有的大吃大喝，出入娱乐场所，或大把花钱，或谈情说爱，或看淫秽录像，或接触毒品等违禁物品，或平时生性活泼而突然变得寡言少语等，家长或者老师就应高度重视。

因为青少年的上述举动往往是出于青少年各种心理的反应。可是这种行为的变化到违法犯罪的产生毕竟还有一个过渡期，这时候如果教育引导得当，预防矫治得当，让孩子明辨是非，懂得一些基本的道德规范与法律规范，让孩子逐渐从不懂事变得懂事，就能从根本上阻止孩子违法犯罪行为的产生。

附 录

《中共中央国务院关于进一步加强和改进未成年人思想道德建设的若干意见》

(2004年2月26日)

为深入贯彻落实党的十六大精神，适应新形势、新任务的要求，全面提高未成年人的思想道德素质，现就进一步加强和改进未成年人思想道德建设，提出如下意见：

一、加强和改进未成年人思想道德建设是一项重大而紧迫的战略任务

(一) 未成年人是祖国未来的建设者，是中国特色社会主义事业的接班人。目前，我国18岁以下的未成年人约有3.67亿。他们的思想道德状况，直接关系到中华民族的整体素质，关系到国家前途和民族命运。高度重视对下一代的教育培养，努力提高未成年人思想道德素质，是我们党的优良传统，是党和国家事业后继有人的重要保证。

十三届四中全会以来，以江泽民同志为核心的第三代中央领导集体，坚持"两手抓、两手都要硬"的战略方针，采取一系列重大举措，在全面推进社会主义精神文明建设中，切实加强未成年人思想道德建设。十六大以来，以胡锦涛同志为总书记的党中央，从全面建设小康社会的战略高度，对新世纪新阶段进一步加强和改进未成年人思想道德建设提出了明确要求，作出了新的重要部署。

各地区各部门认真贯彻中央要求，坚持以邓小平理论和"三个代表"

重要思想指导未成年人思想道德建设，深入进行爱国主义、集体主义、社会主义和中华民族精神教育，大力加强公民道德教育，切实改进学校德育工作，广泛开展精神文明创建活动和形式多样的社会实践、道德实践活动，积极营造有利于未成年人健康成长的良好舆论氛围和社会环境，使广大未成年人的综合素质不断提高。热爱祖国、积极向上、团结友爱、文明礼貌是当代中国未成年人精神世界的主流。

（二）面对国际国内形势的深刻变化，未成年人思想道德建设既面临新的机遇，也面临严峻挑战。我国对外开放的进一步扩大，为广大未成年人了解世界、增长知识、开阔视野提供了更加有利的条件。与此同时，国际敌对势力与我国争夺接班人的斗争也日趋尖锐和复杂，他们利用各种途径加紧对我国未成年人进行思想文化渗透，某些腐朽没落的生活方式对未成年人的影响不能低估。

我国社会主义市场经济的深入发展，社会经济成分、组织形式、就业方式、利益关系和分配方式的日益多样化，为未成年人的全面发展创造了更加广阔的空间，与社会进步相适应的新思想新观念正在丰富着未成年人的精神世界。与此同时，一些领域道德失范，诚信缺失、假冒伪劣、欺骗欺诈活动有所蔓延；一些地方封建迷信、邪教和黄赌毒等社会丑恶现象沉渣泛起，成为社会公害；一些成年人价值观发生扭曲，拜金主义、享乐主义、极端个人主义滋长，以权谋私等消极腐败现象屡禁不止等等，也给未成年人的成长带来不可忽视的负面影响。

互联网等新兴媒体的快速发展，给未成年人学习和娱乐开辟了新的渠道。与此同时，腐朽落后文化和有害信息也通过网络传播腐蚀未成年人的心灵。在各种消极因素影响下，少数未成年人精神空虚、行为失范，有的甚至走上违法犯罪的歧途。这些新情况新问题的出现，使未成年人思想道德建设面临一系列新课题。

（三）面对新的形势和任务，未成年人思想道德建设工作还存在许多不适应的地方和亟待加强的薄弱环节。一些地方和部门的领导对这项工作认识不足，重视不够，没有真正担负起领导责任；全社会关心和支持未成年人思想道德建设的风气尚未全面形成，还存在种种不利于未成年人健康成长的社会环境和消极因素；学校教育中重智育轻德育、重课堂教学轻社会实践的现象依然存在，推进素质教育的任务艰巨，教师职业道德建设有待进一步加强；随着人员流动性加大，一些家庭放松了对子女的教育，一些家长在教育子女尤其是独生子女的观念和方法上存在误区，给未成年人教育带来新的问题；未成年人思想道德建设在体制机制、思想观念、内容形式、方法手段、队伍建设、经费投入、政策措施等方面还有许多与时代要求不相适应的地方。这些问题应当引起足够重视，并采取有效措施加以解决。

（四）实现中华民族的伟大复兴，需要一代又一代人的不懈努力。从未成年人抓起，培养和造就千千万万具有高尚思想品质和良好道德修养的合格建设者和接班人，既是一项长远的战略任务，又是一项紧迫的现实任务。我们要从确保党的事业后继有人和社会主义事业兴旺发达的战略高度，从全面建设小康社会和实现中华民族伟大复兴的全局高度，从树立和落实科学发展观，坚持以人为本、执政为民的高度，充分认识加强和改进未成年人思想道德建设的重要性和紧迫性，适应新形势新任务的要求，积极应对挑战，加强薄弱环节，在巩固已有成果的基础上，采取扎实措施，努力开创未成年人思想道德建设工作的新局面。

二、加强和改进未成年人思想道德建设的指导思想、基本原则和主要任务

（一）当前和今后一个时期，加强和改进未成年人思想道德建设的指导思想是坚持以马克思列宁主义、毛泽东思想、邓小平理论和“三个代表”重要思想为指导，深入贯彻十六大精神，全面落实《爱国主义教育实施纲要》、《公民道德建设实施纲要》，紧密结合全面建设小康社会的实际，针对未成年人身心成长的特点，积极探索新世纪新阶段未成年人思想道德建设的规律，坚持以人为本，教育和引导未成年人树立中国特色社会主义的理想信念和正确的世界观、人生观、价值观，养成高尚的思想品质和良好的道德情操，努力培育有理想、有道德、有文化、有纪律的，德、智、体、美全面发展的中国特色社会主义事业建设者和接班人。

（二）加强和改进未成年人思想道德建设要遵循以下原则：

（1）坚持与培育“四有”新人的目标相一致、与社会主义市场经济相适应、与社会主义法律规范相协调、与中华民族传统美德相承接的原则。既要体现优良传统，又要反映时代特点，始终保持生机与活力。

(2) 坚持贴近实际、贴近生活、贴近未成年人的原则。既要遵循思想道德建设的普遍规律，又要适应未成年人身心成长的特点和接受能力，从他们的思想实际和生活实际出发，深入浅出，寓教于乐，循序渐进。多用鲜活通俗的语言，多用生动典型的事例，多用喜闻乐见的形式，多用疏导的方法、参与的方法、讨论的方法，进一步增强工作的针对性和实效性，增强吸引力和感染力。

(3) 坚持知与行相统一的原则。既要重视课堂教育，更要注重实践教育、体验教育、养成教育，注重自觉实践、自主参与，引导未成年人在学习道德知识的同时，自觉遵循道德规范。

(4) 坚持教育与管理相结合的原则。不断完善思想道德教育与社会管理、自律与他律相互补充和促进的运行机制，综合运用教育、法律、行政、舆论等手段，更有效地引导未成年人的思想，规范他们的行为。

(三) 未成年人思想道德建设的主要任务是：

(1) 从增强爱国情感做起，弘扬和培育以爱国主义为核心的伟大民族精神。深入进行中华民族优良传统教育和中国革命传统教育、中国历史特别是近现代史教育，引导广大未成年人认识中华民族的历史和传统，了解近代以来中华民族的深重灾难和中国人民进行的英勇斗争，从小树立民族自尊心、自信心和自豪感。

(2) 从确立远大志向做起，树立和培育正确的理想信念。进行中国革命、建设和改革开放的历史教育与国情教育，引导广大未成年人正确认识社会发展规律，正确认识国家的前途和命运，把个人的成长进步同中国特色社会主义伟大事业、同祖国的繁荣富强紧密联系在一起，为担负起建设祖国、振兴中华的光荣使命做好准备。

(3) 从规范行为习惯做起，培养良好道德品质和文明行为。大力普及“爱国守法、明礼诚信、团结友善、勤俭自强、敬业奉献”的基本道德规范，积极倡导集体主义精神和社会主义人道主义精神，引导广大未成年人牢固树立心中有祖国、心中有集体、心中有他人的意识，懂得为人做事的基本道理，具备文明生活的基本素养，学会处理人与人、人与社会、人与自然等基本关系。

(4) 从提高基本素质做起，促进未成年人的全面发展。努力培育未成年人的劳动意识、创造意识、效率意识、环境意识和进取精神、科学精神以及民主法制观念，增强他们的动手能力、自主能力和自我保护能力，引导未成年人保持蓬勃朝气、旺盛活力和昂扬向上的精神状态，激励他们勤奋学习、大胆实践、勇于创造，使他们的思想道德素质、科学文化素质和健康素质得到全面提高。

三、扎实推进中小学思想道德教育

（一）学校是对未成年人进行思想道德教育的主渠道，必须按照党的教育方针，把德育工作摆在素质教育的首要位置，贯穿于教育教学的各个环节。要把弘扬和培育民族精神作为思想道德建设极为重要的任务，纳入中小学教育的全过程。

加快中小学思想品德、思想政治课的改进和建设，充分利用和整合各种德育资源，深入研究中小学生思想品德形成的规律和特点，把爱国主义教育、革命传统教育、中华传统美德教育和民主法制教育有机统一于教材之中，并保证占有适当分量，努力构建适应21世纪发展需要的中小学德育课程体系。

积极改进中小学思想品德、思想政治课教学方法和形式，采用未成年人喜闻乐见、生动活泼的方式进行教学，把传授知识同陶冶情操、养成良好的行为习惯结合起来。要积极探索实践教学和学生参加社会实践、社区服务的有效机制，建立科学的学生思想道德行为综合考评制度。

要因地制宜，积极开展各种富有趣味性的课外文化体育活动、怡情益智的课外兴趣小组活动和力所能及的公益性劳动，培养劳动观念和创新意识，丰富课外生活。要加强心理健康教育，培养学生良好的心理品质。要把思想品德教育与法制教育紧密结合起来，使二者有机统一，相辅相成。要在中小学生中广泛开展“珍惜生命、远离毒品”教育和崇尚科学文明、反对迷信邪教教育，坚决防止毒品、邪教进校园。要加强工读学校建设，对有不良行为的未成年人进行矫治和帮助。

要采取坚决措施，改革课程设置、教材和教学方法，切实减轻中小学生的课业负担，为加强学生思想道德建设，增强创新精神和实践能力，培育德、智、体、美全面发展的社会主义事业接班人创造良好条件。

（二）要依据不同年龄段学生的特点，抓紧修订和完善《中小学生守则》、《小学生日常行为规范》和《中学生日常行为规范》。对小学生重点是规范其基本言行，培养良好习惯。对中学生重点是加强爱祖国、爱人民、爱劳动、爱科学、爱社会主义教育，引导他们树立正确的理想信念和世界观、人生观、价值观。制定和推行行为规范，要以促进学生全面发展为出发点和落脚点，反映时代和社会进步的要求，体现对学生的尊重与信任，引导学生自觉遵纪守法。

（三）切实加强教师职业道德建设。学校全体教职员工要树立育人为本的思想，认真贯彻《中华人民共和国教育法》、《中华人民共和国教师法》和《中小学教师职业道德规范》，热爱学生，言传身教，为人师表，教书育人，以高尚的情操引导学生德、智、体、美全面发展。教育行政部门和学校要制定和完善有关规章制度，调动全体教师的工作积极性与责任感，充分发挥广大教师在全面推进素质教育进程中的主力军作用。要完善学校的班主任制度，高度重视班主任工作，选派思想素质好、业务水平高、奉献精神强的优秀教师担任班主任。学校各项管理工作、服务工作也要明确育人职责，做到管理育人、服务育人。

四、充分发挥共青团和少先队在未成年人思想道德建设中的重要作用

（一）加强中学团组织建设，把中学共青团工作纳入学校素质教育的总体布局，推荐优秀青年教师做团的工作。要办好中学生业余团校，配合学校党组织办好高中生业余党校，在确保质量、坚持标准的前提下，做好在高中生中择优培养发展党员的工作。加强对中学学生会工作的指导，更好地发挥他们的作用。

（二）把少先队工作纳入教育发展规划，把对少先队工作的指导、检查、考核纳入教育行政部门的督导、评估范畴。各级共青团组织和教育行政部门的有关负责同志要参与同级少先队工作委员会工作。中小学校党组织和行政部门要积极支持少先队开展活动，并选派优秀青年教师担任少先队辅导员，把少先队辅导员培训纳入师资培训体系。要建立和完善校外辅导员制度，选聘热心少先队工作、有责任心、有能力、有经验的人士担任校外志愿辅导员。少先队小干部要实行民主选举，定期轮流任职。共青团

组织和教育、民政等部门要密切协作，积极推进社区少工委建设，扩大少先队工作的覆盖面。

五、重视和发展家庭教育

（一）家庭教育在未成年人思想道德建设中具有特殊重要的作用。要把家庭教育与社会教育、学校教育紧密结合起来。各级妇联组织、教育行政部门和中小学校要切实担负起指导和推进家庭教育的责任。要与社区密切合作，办好家长学校、家庭教育指导中心，并积极运用新闻媒体和互联网，面向社会广泛开展家庭教育宣传，普及家庭教育知识，推广家庭教育的成功经验，帮助和引导家长树立正确的家庭教育观念，掌握科学的家庭教育方法，提高科学教育子女的能力。充分发挥各类家庭教育学术团体的作用，针对家庭教育中存在的突出问题，积极开展科学研究，为指导家庭教育工作提供理论支持和决策依据。

（二）党政机关、企事业单位和社区、村镇等城乡基层单位，要关心职工、居民的家庭教育问题，教育引导职工、居民重视对子女特别是学龄前儿童的思想启蒙和道德品质培养，支持子女参与道德实践活动。注意加强对成年人的思想道德教育，引导家长以良好的思想道德修养为子女作表率。要把家庭教育的情况作为评选文明职工、文明家庭的重要内容。特别要关心单亲家庭、困难家庭、流动人口家庭的未成年子女教育，为他们提供指导和帮助。

要高度重视流动人口家庭子女的义务教育问题。进城务工就业农民流入地政府要建立和完善保障进城务工就业农民子女接受义务教育的工作制度和机制。流出地政府要积极配合做好各项服务工作。民政部门及其所属的儿童福利机构和流浪儿童救助保护机构，要按照《中华人民共和国未成年人保护法》等有关法律法规的要求，做好孤残儿童合法权益的保护工作和流浪儿童的救助保护工作。

六、广泛深入开展未成年人道德实践活动

（一）思想道德建设是教育与实践相结合的过程。要按照实践育人的要求，以体验教育为基本途径，区分不同层次未成年人的特点，精心设计和

组织开展内容鲜活、形式新颖、吸引力强的道德实践活动。各种道德实践活动都要突出思想内涵，强化道德要求，并与丰富多彩的兴趣活动和文体活动结合起来，注意寓教于乐，满足兴趣爱好，使未成年人在自觉参与中思想感情得到熏陶，精神生活得到充实，道德境界得到升华。

面向中小学生开展的活动，要经教育行政部门或学校党团队组织统一协调和部署，把学生安全和社会效益放在首位。要采取多种手段，支持中西部地区和农村开展未成年人道德实践活动。

（二）各种法定节日、传统节日，革命领袖、民族英雄、杰出名人等历史人物的诞辰和逝世纪念日，建党纪念日，红军长征、辛亥革命等重大历史事件纪念日，“九一八”、“南京大屠杀”等国耻纪念日，以及未成年人的入学、入队、入团、成人宣誓等有特殊意义的重要日子，都蕴藏着宝贵的思想道德教育资源。要抓住时机，整合资源，集中开展思想道德主题宣传教育活动。

要组织丰富多彩的主题班会、队会、团会，举行各种庆祝、纪念活动和必要的仪式，引导未成年人弘扬民族精神，增进爱国情感，提高道德素养。每年的“公民道德宣传日”，在面向社会公众开展道德教育的同时，要注意组织好面向未成年人的宣传教育活动。要丰富未成年人节假日参观、旅游活动的思想道德内涵，精心组织夏令营、冬令营、革命圣地游、红色旅游、绿色旅游以及各种参观、瞻仰和考察等活动，把深刻的教育内容融入到生动有趣的课外活动之中，用祖国大好风光、民族悠久历史、优良革命传统和现代化建设成就教育未成年人。

要运用各种方式向广大未成年人宣传介绍古今中外的杰出人物、道德楷模和先进典型，激励他们崇尚先进、学习先进。通过评选“三好学生”、优秀团员和少先队员、先进集体等活动，为未成年人树立可亲、可信、可敬、可学的榜样，让他们从榜样的感人事迹和优秀品质中受到鼓舞、吸取力量。

七、加强以爱国主义教育基地为重点的未成年人活动场所建设、使用和管理

（一）充分发挥爱国主义教育基地对未成年人的教育作用。各类博物馆、纪念馆、展览馆、烈士陵园等爱国主义教育基地，要创造条件对全社

会开放，对中小学生集体参观一律实行免票，对学生个人参观可实行半票。要采取聘请专业人才、招募志愿者等方式建立专兼职结合的辅导员队伍，为未成年人开展参观活动服务。

（二）要加强青少年宫、儿童活动中心等未成年人专门活动场所的建设和管理。已有的未成年人专门活动场所，要坚持把社会效益放在首位，坚持“面向未成年人、服务未成年人”的宗旨，积极开展教育、科技、文化、艺术、体育等未成年人喜闻乐见的活动，把思想道德建设内容融于其中，充分发挥对未成年人的教育引导功能。

要深化内部改革，增强自身发展活力，不断提高社会服务水平。同时，各级政府要把未成年人活动场所建设纳入当地国民经济和社会事业发展总体规划。大城市要逐步建立布局合理、规模适当、功能配套的市、区、社区未成年人活动场所。中小城市要因地制宜重点建好市级未成年人活动场所。有条件的城市要辟建少年儿童主题公园。经过 3 ~5 年的努力，要做到每个县都有一所综合性、多功能的未成年人活动场所。

各地在城市建设、旧城改造、住宅新区建设中，要配套建设可向未成年人开放的基层活动场所，特别是社区活动场所。有关部门要对已建的未成年人活动场所进行认真清理整顿，名不副实的要限期改正，被挤占、挪用、租借的要限期退还。图书馆、文化馆（站）、体育场（馆）、科技馆、影剧院等场所，也要发挥教育阵地的作用，积极主动地为未成年人开展活动创造条件。

（三）属于公益性文化事业的未成年人校外活动场所建设和运行所需资金，地方各级人民政府要予以保证，中央可酌情对全国重点爱国主义教育基地以及中西部地区和贫困地区的未成年人活动设施建设，予以一定补助。要在国家彩票公益金中安排一定数额资金，用于未成年人活动场所建设。国家有关部门和地方各级人民政府要制定优惠政策，吸纳社会资金，鼓励、支持社会力量兴办未成年人活动场所。

八、积极营造有利于未成年人思想道德建设的社会氛围

（一）各类大众传媒都要增强社会责任感，把推动未成年人思想道德教育作为义不容辞的职责，为加强和改进未成年人思想道德建设创造良好舆

论氛围。要发挥各自优势，积极制作、刊播有利于未成年人身心健康的公益广告，增加数量，提高质量，扩大影响。各级电台、电视台都要开设和办好少儿专栏或专题节目。中央电视台要进一步办好少儿频道，各地要切实抓好中央电视台少儿频道的落地、覆盖工作。

省（自治区、直辖市）和副省级城市电视台要创造条件逐步开设少儿频道。少儿节目要符合少年儿童的欣赏情趣，适应不同年龄层次少年儿童的欣赏需求，做到知识性、娱乐性、趣味性、教育性相统一。各类报刊要热心关注未成年人思想道德建设，加强宣传报道。面向未成年人的报纸、刊物和其他少儿读物，要把向未成年人提供更好的精神食粮作为自己的神圣职责，努力成为未成年人开阔眼界、提高素质的良师益友和陶冶情操、愉悦身心的精神园地。

加强少年儿童影视片的创作生产，积极扶持国产动画片的创作、拍摄、制作和播出，逐步形成具有民族特色、适合未成年人特点、展示中华民族优良传统的动画片系列。积极探索与社会主义市场经济发展相适应的少年儿童电影发行、放映工作新路子，形成少年儿童电影的发行放映院线。

（二）各类互联网站都要充分认识所肩负的社会责任，积极传播先进文化，倡导文明健康的网络风气。重点新闻网站和主要教育网站要发挥主力军作用，开设未成年人思想道德教育的网页、专栏，组织开展各种形式的网上思想道德教育活动。在有条件的校园和社区内，要有组织地建设一批非营业性的互联网上网服务场所，为未成年人提供健康有益的绿色网上空间。信息产业等有关部门要制定相关政策，积极推进这项工作。学校要加强对校园网站的管理，规范上网内容，充分发挥其思想道德教育的功能。要遵循网络特点和网上信息传播规律，充分考虑未成年人的兴趣爱好，加强网上正面宣传，唱响主旋律，打好主动仗，为广大未成年人创造良好的网络文化氛围。

（三）要充分考虑未成年人成长进步的需求，精心策划选题，创作、编辑、出版并积极推荐一批知识性、趣味性、科学性强的图书、报刊、音像制品和电子出版物等未成年人读物和视听产品。有关部门要继续做好面向未成年人的优秀影片、歌曲和图书的展演、展播、推介工作，使他们在学习娱乐中受到先进思想文化的熏陶。要积极鼓励、引导、扶持软件开发企业，开发和推广弘扬民族精神、反映时代特点、有益于未成年人健康成长的游戏软件产品。要积极推进全国文化信息资源共享工程建设，让健康的文化信息资源通过网络进入校园、社区、乡村、家庭，丰富广大未成年人的精神文化生活。

（四）要积极推动少儿文化艺术繁荣健康发展。加强少儿文艺创作、表演队伍建设，注重培养少儿文艺骨干力量。鼓励作家、艺术家肩负起培养和教育下一代的历史责任，多创作思想内容健康、富有艺术感染力的少儿作品。加大政府对少儿艺术演出的政策扶持力度，增强少儿艺术表演团体发展活力。文化、教育、共青团、妇联、文联、作协等有关职能部门和人民团体要认真履行各自的职责，党委宣传部门要加强指导协调，大力繁荣和发展少儿文化艺术。

九、净化未成年人的成长环境

（一）坚持不懈地开展“扫黄”、“打非”斗争，加强文化市场监管，坚决查处传播淫秽、色情、凶杀、暴力、封建迷信和伪科学的出版物。严格审查面向未成年人的游戏软件内容，查处含有诱发未成年人违法犯罪行为和恐怖、残忍等有害内容的游戏软件产品。制定相关法规，加强对玩具、饰品制作销售的监管，坚决查处宣扬色情和暴力的玩具、饰品。严格未成年人精神文化产品的进口标准，严把进口关，既要有选择地把世界各国的优秀文化产品介绍进来，又要防止境外有害文化的侵入。

（二）加强对互联网上网服务营业场所和电子游戏经营场所的管理。严格执行《互联网上网服务营业场所管理条例》，要按照取缔非法、控制总量、加强监管、完善自律、创新体制的要求，切实加强对网吧的整治和管理。认真落实未成年人不得进入营业性网吧的规定，落实在网吧终端设备上安装封堵色情等不健康内容的过滤软件，有效打击违法行为。推广绿色上网软件，为家长监管未成年人在家庭中的上网行为提供有效技术手段。各有关部门要依法整治利用电子邮件、手机短信等远程通信工具和群发通信传播有害信息、危害未成年人身心健康的违法行为。

加强对营业性歌舞娱乐场所、电子游戏厅、录像厅等社会文化场所的管理。认真落实《互联网上网服务营业场所管理条例》和国务院办公厅转发文化部等部门《关于开展电子游戏经营场所专项治理意见的通知》、《关于开展网吧等互联网上网服务营业场所专项整治意见的通知》规定，进一步优化校园周边环境，中小学校园周边200米内不得有互联网上网服务营业场所和电子游戏经营场所，不得在可能干扰学校教学秩序的地方设立经营性娱乐场所。

十、切实加强对未成年人思想道德建设工作的领导

（一）各级党委和政府要把加强和改进未成年人思想道德建设作为一项事关全局的战略任务，纳入经济社会发展总体规划，列入重要议事日程，切实加强和改善领导。要形成党委统一领导、党政群齐抓共管、文明委组织协调、有关部门各负其责、全社会积极参与的领导体制和工作机制。地方各级党委主要负责同志要负起政治责任，经常分析未成年人思想道德状况，及时了解未成年人思想道德建设工作情况，认真研究解决重大问题。各级政府要把未成年人思想道德建设摆在重要位置，狠抓措施的落实；要给予必要的财力支持，并随着财政收入的增长逐步加大支持力度。

（二）中央精神文明建设指导委员会负责指导全国未成年人思想道德建设工作，督促检查各地区各部门贯彻落实中央关于加强和改进未成年人思想道德建设工作部署的情况，组织协调各有关部门和社会各方面共同做好未成年人思想道德建设工作。各地文明委要在同级党委领导下，担负起相应责任。要采取切实措施，充实和加强各级文明委的办事机构，搞好思想建设、组织建设和作风建设，使其更好地履行职能，发挥作用。各级宣传、教育、文化、体育、科技、广播影视、新闻出版、信息产业、民政、公安、海关、财政、税务等部门，共青团和工会、妇联等群团组织，在加强和改进未成年人思想道德建设中担负着重要责任，要结合业务工作，发挥各自优势，明确职责，密切配合，形成合力。要加强对未成年人成长规律的科学研究，为做好未成年人思想道德建设工作提供科学依据。要充分发挥民主党派、工商联和无党派人士在未成年人思想道德建设中的作用。

（三）要建立健全学校、家庭、社会相结合的未成年人思想道德教育体系，使学校教育、家庭教育和社会教育相互配合，相互促进。城市社区、农村乡镇和村民委员会，以及其他一切基层组织要切实担负起加强未成年人思想道德建设的社会责任，整合利用各种教育资源和活动场所，开展富有吸引力的思想教育和文体活动，真正把教育引导未成年人的工作落实到基层。要把为未成年人健康成长创造良好社会环境作为创建文明城市、文明社区、文明村镇、文明单位的重要内容。

各级党委、政府和社会各界都要认真贯彻《中华人民共和国未成年人保护法》，切实维护未成年人的合法权益。要着力建设好中小学及幼儿园教师队伍，各类文化市场管理队伍，青少年宫、博物馆、爱国主义教育基地等各类文化教育设施辅导员队伍，老干部、老战士、老专家、老教师、老模范等“五老”队伍，形成一支专兼结合、素质较高、人数众多、覆盖面广的未成年人思想道德建设工作队伍。要重视关心下一代工作委员会的工作，支持他们为加强和改进未成年人思想道德建设贡献力量。

加强和改进未成年人思想道德建设，是全党全社会的共同任务。各有关部门和社会各有关方面，都要大力弘扬求真务实精神，大兴求真务实之风，根据各自担负的职责和任务，采取有效措施，狠抓贯彻落实，勇于开拓创新，注重工作实效，切实把加强和改进未成年人思想道德建设的各项工作落到实处。

《教育部关于学习贯彻<中共中央国务院关于进一步加强和改进未成年人思想道德建设的若干意见>的实施意见》

（2004年6月1日）

为推动全国教育系统深入学习贯彻《中共中央国务院关于进一步加强和改进未成年人思想道德建设的若干意见》（以下简称《意见》），全面贯彻党的教育方针，采取切实有效的措施，充分发挥学校在未成年人思想道德建设中的主渠道、主阵地、主课堂作用，当前要重点做好以下工作：

一、深入开展学习讨论，切实把思想统一到中央关于加强和改进未成年人思想道德建设的要求上来

组织全国性的教育思想大讨论，把学习不断引向深入。各级教育行政部门和学校要组织全体干部教师学习胡锦涛总书记在“全国加强和改进未

成年人思想道德建设工作会议”上的重要讲话精神，认真领会《意见》的精神实质，针对当前存在的突出问题，深入开展教育思想大讨论。

这次大讨论要紧紧围绕着胡锦涛总书记提出的如何坚持把马克思主义作为根本指针，始终保持未成年人思想道德建设工作的正确方向；如何坚持把培养有理想、有道德、有文化、有纪律的公民作为根本目标，不断培育社会主义事业的合格建设者和可靠接班人；如何坚持把树立正确的世界观、人生观、价值观作为根本任务，不断促进未成年人形成正确的思想道德观念；如何坚持把教育与社会实践相结合作为根本途径，不断提高未成年人思想道德建设的成效；如何坚持把全党重视、全社会共同参与作为重要举措，不断增强推进未成年人思想道德建设的合力的要求来全面展开。

通过学习和讨论，在全国教育系统进一步统一思想，提高认识，牢固树立起教书育人、育人为本，德智体美、德育为首的观念。要广泛动员新闻媒体和社会各方面积极参与这场大讨论，教育系统的报刊、电视及教育科研机构都要通过开展专题研究、开辟专栏或专题节目等形式，有效组织和引导讨论，广泛宣传科学的教育观、人才观、政绩观，发挥正确舆论导向作用。通过广泛的教育思想大讨论，要让中央关于未成年人思想道德建设的精神家喻户晓，人人皆知，深入人心。

普遍开展以加强青少年学生思想道德建设为主要内容的干部培训。各级教育行政部门都要将《意见》的学习作为各级干部和中小学校长、教师学习培训的重要内容。教育部将在国家教育行政学院专门举办省级教育行政领导干部学习研讨班和地（市）、县级教育局长培训班。省级教育行政部门要利用培训机构或师范大学，对地（市）、县级教育局长和中学校长进行培训。地（市）或县级教育行政部门也要普遍开展相应的学习培训。各级教育行政部门和教师培训机构要调整培训计划，采用多种形式，开展以加强青少年学生思想道德建设为主要内容的培训，尽快将所有中小学校长、德育课教师轮训一遍。

围绕薄弱环节和突出问题，深入开展调查研究。全国教育系统要大兴调查研究之风，准确把握当前青少年学生思想品德出现的新情况，科学判断青少年学生在社会发展进程中思想观念的新变化，深入探索加强青少年学生思想道德建设的新规律。要针对学校德育工作中存在的薄弱环节，在如何提高德育工作针对性和实效性、促进义务教育均衡化发展，有效减轻学生过重课业负担、加快中小学课程改革、积极改进评价与考试制度等一系列深层次问题上，组织力量加强研究，广泛听取各方面意见，尽快提出切实有效的解决措施。同时，要针对当前社会反映强烈的单亲家庭子女、贫困家庭子女、农村“留守子女”的教育问题，网吧对青少年学生的不良影响问题，校园侵害案件和未成年人犯罪率呈上升趋势的问题等，进行专题研究，采取有效措施加以解决。

二、突出重点，精心组织，把德育融会在学校教学环节和学生实际生活之中

积极开展各种主题教育活动，大力弘扬和培育民族精神。各级教育行政部门要认真落实中宣部和教育部印发的《中小学开展弘扬和培育民族精神教育实施纲要》，把弘扬和培育民族精神教育作为新形势下学校德育工作的重要任务，积极开展多种形式的思想道德教育活动，深入开展中华传统美德和革命传统教育，不断培育青少年学生的爱国情感和民族精神。

中小学校要把升旗仪式作为开展经常性爱国主义教育的重要形式，认真落实升降国旗制度。中小学校要组织好瞻仰革命圣地、参观爱国主义教育基地的活动，有条件的学校每年至少要组织学生开展 1～2 次参观工厂、农村、社区的活动，组织好学生军训、参与社区服务以及夏令营、冬令营活动。初中学生每年参加社会实践活动时间不少于 20 天，高中学生每年不少于 30 天。让青少年学生在各种实践活动中，陶冶情操、锻炼意志，培育民族自尊心、自信心和自豪感。

认真组织“培育和弘扬民族精神月”活动。各地要精心设计活动方案，每年确定一个主题。在活动月期间，各地中小学校要至少开展一次“从小好好学习、长大报效祖国”的主题班会、队会，参观一次爱国主义展览，观看一部爱国主义影片，聆听革命老人讲一次革命传统故事，并通过主题演讲、知识竞赛、歌咏比赛或文艺演出等形式，组织丰富多彩的宣传教育活动。中等职业学校要以“弘扬民族精神，树立职业理想”为主题，开展“文明风采”竞赛活动。

加强少先队、共青团工作，教育和引导青少年学生树立崇高的理想信

念。各级教育行政部门和学校要重视少先队和共青团的工作，将团队工作纳入学校德育工作总体规划和督导评估体系，选派优秀青年教师担任少先队辅导员。学校少先队、共青团组织要发挥优势，利用学生入队、入团及成人仪式等开展丰富多彩的教育活动，培养少先队员、共青团员对党、国家和社会主义的情感，树立正确的理想信念，在学习、生活中发挥表率作用。认真办好中学生业余团校和高中业余党校，积极开展党、团基本知识教育，在高中学生中做好培养入党积极分子和发展党员工作。鼓励学生热爱劳动，关心集体，定期轮流担任班、团、队干部，给更多学生以锻炼的机会，引导学生共同进步。进一步完善中小学“三好学生”、优秀少先队员、优秀团员、先进集体等各种形式的表彰奖励制度，通过学生身边的榜样，鼓励学生全面发展。

坚持不懈地开展文明习惯养成教育，不断提高中小学生道德素养。地方各级教育行政部门要从实际出发制定有效措施，指导学校把坚持执行新颁发的《中小学生守则》、《小学生日常行为规范》和《中学生日常行为规范》作为经常性工作。小学重点进行讲文明、讲礼貌、爱劳动、爱集体的教育，养成学生良好的生活习惯；中学重点进行遵守校规校纪、法律法规教育，培养学生自觉遵守法律法规、社会公德和社会秩序的意识和习惯。在中小学普遍开展诚信教育，培养中小学生诚实待人、守时守信的优良品质。职业学校重点进行爱岗敬业、诚实守信、精益求精、服务社会的职业道德教育。今年秋季开学后，各地中小学校要结合新生入学、学生返校，集中对学生进行遵守《中小学生守则》和《日常行为规范》的教育。

主动开展网上思想道德教育活动，引导学生文明上网。中小学校要向中小学生开放校内网络设施，并在网上大量提供和不断更新健康向上的内容，为中小学生利用网络接受教育、收集信息、自主学习创设良好的条件。也要鼓励开发和认真遴选一批内容健康、寓教于乐的网络游戏和学习软件，满足中小学校学生文化娱乐的要求。学校的网络环境要坚决屏蔽那些不利于学生健康成长的网络信息，教育学生远离营业性网吧和自觉抵制不良信息。协助有关部门开展网吧专项整治工作，为学生健康成长创造良好的社会环境。充分利用远程信息技术教育手段，通过卫星电视和网络向边远农村中小学播放爱国主义教育、理想信念教育和反映祖国建设伟大成就的电影、电视片，引导学生逐步树立正确的世界观、人生观、价值观。

三、加快中小学德育课的改进和建设，增强思想道德课程教育的针对性、实效性

组织编写高质量的中小学德育课教材。根据《意见》的精神，及时修订小学《品德与生活》、《品德与社会》课程标准和教材；认真组织初中《思想品德》新课程标准和教材的实验；集中力量指导编写一套高质量的高中思想政治课教材，并在全国范围内推广使用。把爱国主义、集体主义、社会主义教育和革命传统教育、中华传统美德教育、民主法制教育有机地统一到教材之中，使教材内容贴近学生思想实际、贴近学生生活实际、贴近学生群体。

改进中小学德育课教学的方式和途径。各地教育行政部门和中小学校要多采用参与式、启发式、讨论式和研究式学习等生动活泼的教学方式，把传授知识同陶冶情操、养成良好的行为习惯结合起来，寓教于乐，深入浅出、注重实效。积极开展内容鲜活、形式新颖的实践教学活动，注重知行统一，活动前有要求、有准备，活动中能感受、能体验，活动后要总结、要提高。职业学校要结合实训实习，加强职业道德教育。

加强时事政策和法制教育。要结合国内外的重大事件，适时举办时事政策和形势报告会，使学生及时了解国内外大事，引导学生正确理解党和国家的方针政策。各地要根据不同年龄阶段青少年的特点，有针对性地开展法制教育，不断增强学生的法制意识。进一步完善中小学法制副校长和辅导员的聘任制度，积极推进依法治校示范校创建工作。进一步加强中小学生的心理健康教育和青春期教育，有条件的中小学校要开设学生心理辅导咨询室，建立中小学心理健康专兼职骨干教师队伍，加强对心理健康教育骨干教师的培训，积极化解学生各种心理问题。广泛开展“珍惜生命、远离毒品”教育和安全教育，增强学生的自我保护意识和本领。加强预防青少年违法犯罪的教育工作，启动“大中城市工读学校建设工程”，促进各地办好工读教育。

四、加快课程、教材、评价与考试制度改革，切实减轻中小学生课业负担，全面实施素质教育

召开全国基础教育课程改革电视电话会议，全面部署并加快推进基础教育课程改革。抓住基础教育课程改革这一关键环节，充分发挥新一轮课程改革在巩固基础、加强创新、整合课程门类，降低教材难度，鼓励学生生动活泼、主动地发展，全面推进素质教育等方面的重要作用，为青少年健康成长创造更为有利的条件，切实把《意见》提出的要求落到实处。

进一步修订义务教育课程方案和课程标准，全面推进新课程的实施。根据《意见》要求，义务教育课程标准的修订，要进一步突出强调爱国主义、集体主义、社会主义教育，中华民族的优秀传统和革命传统教育以及民主法制教育；进一步加强社会实践环节，开好综合实践活动课程，培养学生创新精神和实践能力；进一步精选基础知识和基本技能，切实改变繁、难、偏、旧和过于注重书本知识的现状，使教学内容更加贴近学生生活与社会实际。

成立国家和省两级基础教育教学指导委员会，加强对新课程实施的指导。全面开展对教师的新课程培训，建立学生学业质量监测体系。2005 年在全国范围内实施义务教育新课程。加强教材建设，严格教材审查。中小学教材要充分体现国家的统一要求，严格执行国家的教材审查制度。各教材出版单位要立即对所出版的中小学教材进行一次全面检查，坚决杜绝教材出现错误，确保教材的思想性和科学性。特别是正在使用的中小学语文等学科的教材要增加优秀革命传统教育的有关内容，以保证那些内涵丰富、脍炙人口的革命传统文章、故事进入课堂。要在语文、历史、地理等教材建设中，按照不同学科的特点，有意识地渗透德育内容，使学生广泛了解祖国的历史和文化，感受改革开放的伟大成就。

进一步规范教材选用行为，任何单位和个人都不得干扰教材的正常选用。对选用过程中出现的违规、违法行为要按照有关规定严肃处理。中小学校开设的国家课程，严禁使用未经全国中小学教材审查委员会审查通过的教材，更不得直接使用境外教材。

省级教育行政部门要对本省范围内中小学使用的教辅材料进行全面清理和整顿，对存在思想性、科学性问题的教辅材料要严肃查处，积极配合

有关部门打击滥编乱印中小学教辅材料的行为。对强迫或变相要求学生统一征订和购买教辅材料的，要追究相关责任人的责任。

深化评价与考试制度改革，建立正确的政策导向。纠正一些地方存在的以升学率作为唯一标准评价学校办学水平的做法，制定和完善符合实施素质教育要求的中小学校评价标准和实施办法。要形成学校、教育行政部门、学生、家长和社区共同参与的学校评价机制，对学校的办学指导思想、德育工作、课程实施与管理、师德建设、学生团队活动、学生全面成长的情况作全面评价。对学校的评价结果应作为对学校评优和表彰奖励的基本依据。启动学校教育质量评估试点工作。认真总结 17 个国家课程改革实验区中考改革的经验；继续对全国中考试卷进行评估，不断提高命题工作水平，努力纠正学业考试中出偏题、怪题的现象；组织各省相关人员参加专题研修和培训，为在全国范围内推进中考改革做好准备。

严格执行新形势下“减负”工作的五项要求：要坚持正确的政绩观和科学的评价观，不准把升学率作为衡量学校办学水平的唯一指标；坚持义务教育阶段公办学校一律实行免试就近入学，不准小学、初中招生举行选拔考试；坚持认真执行国家课程计划，不准随意增减课程门类、难度和课时；坚持开展丰富多彩的课外活动，不准占用学生休息时间组织集体补课；坚持全面评价学生的发展，不准按考试成绩“排队”。各地要按照上述五项要求，采取切实有效的措施，坚决制止各种加重学生课业负担的行为。要加大“五项要求”的宣传，争取社会各方面的理解和支持，建立起有效的监督机制，共同推动“减负”工作。一旦发现有继续违反上述规定者，要严加查处。

重点对大中城市学生过重课业负担情况进行专项督察。各级教育行政部门和督导部门要在近期重点对辖区内大中城市中小学生学习时间过长、家庭作业过多、休息时间不足、书包越背越重等情况进行重点检查。每学期要对所属各个学校执行国家课程计划和学生课业负担情况检查 1 ~ 2 次，对违反规定的要立即整改，并将检查结果在媒体上公布，对社会反映强烈、屡禁不止的地区和学校，要追究有关领导的责任。

从源头着手，做好“减负”工作。各级教育行政部门要把切实减轻中小学生过重课业负担作为贯彻落实《意见》的重要前提和基础，全面把握

"减负"工作的精神实质，在发扬中华民族勤奋好学、刻苦读书的优良传统的同时，减少不必要的重复训练。

要倡导主动参与、探究发现、交流合作的学习方式，进一步促进教学方式与学习方式的变革，不断提高教师质量和教育教学水平，大力推进信息技术在教学过程中的普遍应用，进一步激发学生学习的主动性、积极性，增强学生的学习兴趣，努力提高教学效果和学习效率。采取合理调整学校布局、有效配置公共教育资源、加强校长教师校际交流等措施，努力改造薄弱学校，缩小学校之间的差距，不断扩大优质教育资源，积极促进区域内义务教育学校均衡发展，从源头上淡化择校和竞争。

五、加强教师职业道德建设，提高教师教书育人水平

把教师职业道德建设放到教师队伍建设的突出位置。制定《加强教师职业道德建设的若干意见》，进一步修订、完善教师职业道德规范，明确新时期广大教师教书育人的要求，认真履行岗位职责，努力做到"学为人师、行为示范"。举办以"光荣的人民教师"为主题的师德论坛，组织师德报告团，广泛开展师德宣传，深入进行师德教育，进一步提高广大教师的职业道德水平。加强教师职业道德的考核，严格教师队伍的管理，对违背教师职业道德要求、有损教师职业形象的行为，应予批评教育乃至行政处分；对品行不良、侮辱学生、造成恶劣影响者，要坚决清除出教师队伍。

加强班主任队伍建设。制定《班主任工作条例》，完善班主任制度，充分发挥班主任在学校德育工作中的骨干作用，使班主任成为令人羡慕的岗位，鼓励优秀教师长期从事班主任工作。召开全国中小学班主任工作经验交流会，进一步总结新形势下班主任工作规律，推广先进典型和先进经验。在教育硕士学历教育中增设中小学德育研究方向，注意招收符合条件的中小学班主任学习深造。地方各级教育行政部门和学校要把班主任队伍建设作为一项重要工作，加大对班主任的培训力度，不断提高班主任的工作水平。把班主任工作经历和业绩作为评聘职称的重要条件，采取切实有效的措施，提高班主任的待遇。

大力表彰优秀班主任和德育先进工作者。在隆重庆祝第 20 个教师节、表彰优秀教师之际，表彰一批教书育人取得优异成绩的德育先进工作者和

优秀班主任，广泛宣传他们的先进事迹。今后每3年教育部将表彰200名全国优秀班主任、100名全国优秀中小学德育课教师、100名全国德育先进工作者和100个全国德育先进集体，在教师队伍中营造浓厚的教书育人、德育为首的氛围。

六、加强组织领导，进一步完善德育工作机制

切实加强对学校德育工作的领导。成立全国学生思想道德建设工作领导小组，统筹、协调和指导大中小学生思想道德建设工作。各级教育行政部门在制定和安排年度工作时，要把加强学校德育工作摆在突出位置。集中学校、专家及社会各方面力量，加强对学生思想道德建设的理论和实践研究。依据《意见》精神，修订中小学德育工作规程、小学德育纲要和中学德育大纲，制定职业学校德育大纲。会同有关部门定期召开全国学校德育工作会议，进行工作部署和检查，总结经验、宣传典型，推动青少年学生思想道德建设。

建立健全学校德育工作的责任制。教育行政部门主要负责人对本地区青少年学生思想道德建设工作负总责，坚决纠正“说起来重要、做起来次要”的现象。各级教育行政部门和中小学校都要结合本地、本校实际，制定贯彻落实《意见》的实施方案，明确责任，落实到人，精心组织实施。进一步明确校长在学校德育工作中的领导责任。校长要主持制定切实可行的德育实施方案，通过课内外、校内外各种途径，发挥学校主渠道作用，真正落实育人为本、德育为首、注重实效的要求。学校的党组织要充分发挥政治核心作用，把师德建设和青少年学生思想道德建设作为重要职责，党员教师要在德育工作中发挥先锋模范作用。

切实落实学校德育工作的有关保障措施。各级教育行政部门要设立学校德育专项经费，建立健全中小学德育工作机构。建立健全校外辅导员制度和家长委员会制度，充分发挥学校在学校教育、家庭教育、社区教育“三结合”教育网络中的重要作用，积极动员全社会参与学校德育工作。认真做好青少年学生校外活动场所的建设和管理，充分发挥青少年校外活动场所的作用。定期对贯彻落实《意见》精神情况进行专项督查，探索建立学校德育工作的综合考评制度，把重视和做好德育工作并抓出成效作

为校长任用、教师晋级、先进评定以及学校整体办学水平评价的重要依据。对工作推动不力、走过场、问题较多的地方，要限期整改，并予以通报批评。

学习、贯彻、落实《意见》精神是教育系统当前的一项重点工作。各级教育行政部门和广大中小学校要在以胡锦涛同志为总书记的党中央的领导下，抢抓机遇，乘势而上，切实改进和加强青少年学生思想道德建设工作，努力培养有理想、有道德、有文化、有纪律的中国特色社会主义事业的建设者和接班人。

《国务院办公厅转发国家教委等部门<关于创造良好社会教育环境，保护中小学生健康成长若干意见>的通知》

(1991年10月8日)

国家教委、广播影视部、文化部、国家体委、新闻出版署、全国总工会、共青团中央、全国妇联、中国科协《关于创造良好社会教育环境，保护中小学生健康成长的若干意见》，已经国务院同意，现转发给你们，请贯彻执行。

关于创造良好社会教育环境，保护中小学生健康成长的若干意见

《中共中央关于改革和加强中小学德育工作的通知》（以下简称《通知》）指出，“关心和保护中小学生健康成长。不仅是教育部门和学校的职责，而且是全社会的责任和义务。要把社会教育、家庭教育同学校教育密切结合起来，形成全社会关心中小学生健康成长的舆论和风气。”为落实《通知》精神，创造良好的社会教育环境，保护中小学生健康成长，特提出以下意见：

一、各级教育、文化、科研、新闻出版、体育、广播影视等部门，群众团体和学校，要不断提高认识，从培养接班人的高度，明确自己的责任和义务，关心和保护青少年健康成长。

要在当地人民政府的领导下，端正业务指导思想，把为中小学生创造良好的社会教育环境，提到重要议事日程，因地制宜，制定长远规划和切实可行的措施，并逐步形成制度，加强监督检查，总结推广先进经验。要造成强大的社会舆论，使社会各方面从不同角度为中小学生健康成长创造条件。

二、国家各有关部门和群众团体要千方百计地为中小学生组织各种健康有益的活动。

要创造和利用一切条件，尤其是利用历史文物和革命文物等，对中小学生加强中国近现代教育、国情教育、爱国主义教育、社会主义教育和革命传统教育。博物馆、展览馆、科技馆、纪念馆等要定期免费或低费接待中小学生集体参观。有关部门要定期举办有中小学生参加的艺术节、电影节及歌舞、戏剧、音乐、美术、书法等项活动。要经常组织专业演出团体为中小学生举办专场演出。

要积极开展青少年科技活动，举办科普讲座、科技月（周）、科技夏令营、科技影视放映活动。全国定期举办青少年创造发明和科学论文评比。要在中小学广泛开展各种生动活泼、形式多样的体育活动，组织参观体育比赛，举办体育夏令营等。公共图书馆、科技馆、美术馆、文化馆、体育场（馆），每年要面向中小学生安排内容丰富、健康向上的开放项目，并给予优惠服务。各单位每年至少要面向中小学生免费开放 1 ~2 次。

三、新闻出版、广播影视、文化、教育、科技等一切从事精神产品生产的部门，要努力为广大中小学生提供更多更好的精神食粮。

为鼓励更多的作家、艺术家、科学家、教师为中小学生创作教育性强、格调高尚的优秀作品，由新闻出版署、国家教委、文化部等单位主办，全国每 3 年评选一次优秀少儿读物，由中国儿童少年基金会设立的中国儿童少年读物奖励基金会对获奖者予以奖励；全国每 2 年评选一次优秀少儿影片，由国家教委、广播影视部、文化部等单位主办，委托中国儿童少年电影学会组织“童牛奖”评选活动，对优秀影片及其创作、生产人员等给予奖励；国家教委、共青团中央、文化部和新闻出版署每年“六一”前向全国少年儿童推荐“红领巾读书读报奖章活动”阅读书目，每 5 年表彰一次“红领巾读书读报活动”先进个人和先进集体，以后还将组织优秀少年儿童广播节目、电视片和优秀少年儿童歌曲等项评选活动。有条件的地方和单位，要逐步组织一支以退（离）休文艺、教育工作者和老干部为骨干的兼职评论队伍，定期对各种精神产品进行评议，做好舆论导向工作。各省、自治区、直辖市每年要重点扶植1~2部少年儿童影视作品的创作和生产。

四、要继续认真整顿文化市场，严禁编写、制作、出版、发行、销售、播放、租借对青少年有害的书刊、图片和音像制品。

凡属已定性应取缔的，有宣扬反动政治观点、凶杀暴力、淫秽色情、封建迷信等内容的图书报刊要坚决销毁，对虽不属于取缔范围，但是格调低下，对青少年健康成长不利的图书报刊，要进行评论和批评，以抵制其消极影响。这类书刊不得向中小学传播。

对少数经批准出版供研究使用但不适宜中小学生阅读的资料，应按照规定严格内部控制发行，任何单位和个人均不得将这类书刊销售、租借给中小学生阅读。文化、电影电视部门要对国产和进口的影视片、录像带和激光视盘实行严格的审查。对有社会价值和艺术价值，但有夹杂色情内容和容易引起少年儿童恐怖感的和不良行为的作品，或表现现实社会畸形的作品，应定为“少儿不宜”类别。对这类片、带、盘要严格限制观看范围，不允许向中小学生租售，不许组织中小学生专场放映，不向未成年人（不满18周岁）出售门票，不允许进场观看。这类影片不缩制16和8.75毫米拷贝，这类录像节目，在社会上发行时，应标明“儿童不宜”，这类影视片也不提供给农村放映队和电视台播放。

对有一定认识作用和艺术价值但不易为少年儿童理解，并可能对他们产生不良影响的影视片，电视台应安排在22时以后播放。

五、文化和工商管理部门要加强对公共文化教育娱乐场所的管理，严禁对少年儿童有害的演出、展览和各种形式的赌博活动。

营业性的电子游戏、台球等活动摊点的管理要定点定人，设点要尽量远离学校。营业性的舞厅、酒吧及其他中小学生不宜入内的场所，要禁止中小学生进入。各种营业性的民间文艺团体举办的演出、展览，必须经过文化和工商管理部门审批。对在公共场所宣扬封建迷信的看相、测字、算命、销售迷信物品者的摊点，公安和工商管理部门应坚决取缔。

六、各地要重视青少年活动场所设施的建设。

要从当地实际出发，依靠社会力量，把青少年活动设施的建设纳入城乡建设规划，努力使中等以上城市都建有一定规模和数量的少年宫（家、站）、少年儿童活动中心、少儿图书馆、少年科技中心（馆、站）、儿童公园和剧院等少年儿童校外教育活动基地。各县、镇也应努力创造条件，建立少年儿童活动场所。

任何单位不得侵占、挤占少年儿童活动场所。各地有关部门要加强对所属校外教育机构与活动场所的领导，不断端正业务指导思想，正确处理普及和提高的关系，组织各种活动时要注意把思想性、知识性、趣味性结合起来，挖掘潜力，扩大容量，更好地为中小学生服务，对开展各项活动所需的经费、人力、物力应尽力给予保证。要定期评选先进校外教育机构，表彰优秀校外教育工作者。

七、重视家庭教育工作。帮助家长提高家庭教育水平，纠正错误的教育方法。

有关部门要密切配合，建立家庭教育咨询机构，举办“家长学校”，积极组织广大教育工作者、专家、学者研究家庭教育理论和编写有关家庭教育的参考材料，举办各种家庭教育培训班和讲座、展览、咨询等活动，总结交流办好家长学校的经验，表彰优秀家长。

八、各地要充分发挥各条战线先进单位、先进人物、退（离）休的老干部、老专家、老教育工作者、老工人的作用。除举办先进人物报告会、先进事迹展览会等活动外，还要有组织有计划地引导中小学校与当地先进单位、先进人物建立经常性的联系。

先进单位和先进人物所在的单位要热情接待中小学生参观访问，共同举办各种有教育意义的活动。中小学校应邀请当地先进人物到校讲故事、作报告，参加学校活动，并可以聘请先进人物做中小学的校外辅导员或兼职教员。

九、要运用法律手段，有效地保护中小学生健康成长。

各地要加紧制订保护青少年的法规。公安、司法和工商行政管理部门要和有关部门配合，搞好社会治安和文化市场的整顿工作，消除诱发青少年不良行为的因素。学校要对中小学生进行法制教育，做好违法青少年的帮教工作。

十、公安、司法部门要根据有关法规对滋扰学校、破坏学校正常教学秩序的违法犯罪分子，予以严厉打击。

创造良好的社会教育环境，保护中小学生健康成长，是一项长期的、具有战略意义的任务。各有关部门要在当地政府的领导下，根据本意见的精神，结合当地实际，创造性地开展工作。要注意不断总结经验，调整工作部署，扎扎实实、持续地将这项工作做好。

《国家新闻出版总署关于进一步加强和改进未成年人思想道德建设的若干意见》

（2004 年 5 月 31 日）

各省、自治区、直辖市党委宣传部、新闻出版局，新疆生产建设兵团党委宣传部、新闻出版局，解放军总政宣传部新闻出版局，中央和国家机关各部委、各民主党派、各人民团体出版主管部门：

《中共中央、国务院关于进一步加强和改进未成年人思想道德建设的若干意见》（以下简称《意见》），从全面建设小康社会和实践中华民族伟大复兴的战略高度，提出了未成年人思想道德建设的指导思想、基本原则和主要任务，具有很强的时代性和针对性，是新世纪、新阶段指导未成年人思想道德建设的行动纲领。新闻出版业在未成年人思想道德建设中承担着重要的责任。认真学习、深入贯彻落实《意见》，对于进一步加强和改进未成年人出版物出版工作具有重要意义。据此，提出以下意见：

一、加强舆论引导，努力营造有利于未成年人健康成长的社会氛围

1. 所有图书、报刊、音像、电子、网络出版单位都要增强责任感，把推动未成年人思想道德教育作为义不容辞的职责，在新闻出版的各个环节上，都要体现未成年人思想道德教育的要求，营造良好的舆论导向和文化氛围。要重点抓 3 件事：

（1）鼓励和提倡图书、报刊、网络等出版物刊载有益于未成年人身心健康的公益性广告，增加思想道德教育的宣传报道；

（2）严格把关，防止出版物中出现不利于未成年人健康成长的文化垃

圾和不良信息；

（3）开展社会文化生活类报刊的整治工作，营造健康向上的舆论环境。

2. 面向未成年人的报纸、刊物和其他出版物，都要把加强未成年人思想道德教育放在首要位置，体现在工作的各个环节。行业考核、评级、评奖，要把出版单位在未成年人思想道德教育中的作用作为重要标准，切实扭转“重才轻德”的出版倾向。

3. 所有出版物经销场所都要尽可能在显著位置设立未成年人出版产品专卖场或专柜，陈列展示、推荐介绍、导读评价未成年人思想道德教育读物，拒绝一切不利于未成年人健康成长的出版物进场交易，培育健康的消费市场。

4. 继续落实已经开展的《健康游戏忠告》工作，在所有电子游戏出版物和互联网游戏出版物的首页显著位置刊登《健康游戏忠告》，凡未按要求刊登者，将一律停止出版、运营、服务和销售活动。

二、加快繁荣发展，努力为未成年人生产更多更好的精神食粮

1. 落实4项主要任务，以最大限度满足未成年人日益增长的精神文化需求为目标，制定选题规划，增加未成年人出版物的品种和数量，提高其在出版总量中的比重。重点组织生产一批适合未成年人阅读特点，知识性、娱乐性、趣味性和教育性统一的优秀读物。尤其要在民族精神和爱国主义教育、理想信念和文明行为规范、原创少儿文学、少儿科普4个方面，打造一批国内一流、世界著名的名牌产品，发挥其巨大的影响作用。

2. 调整和落实国家重点图书、音像、电子出版物出版规划，补充一批适合未成年人阅读和观看的图书、音像制品和电子出版物的重点选题，使“十五”国家重点出版物出版规划中，适合未成年人的图书、音像、电子出版物选题分别有较大幅度增长，指导出版单位落实选题规划，丰富未成年人的阅读生活。

3. 利用节庆纪念活动推动未成年人读书活动，组织出版思想性、可读性强的出版物。以邓小平同志100年诞辰和国庆55周年为契机，以介绍革命领袖、爱国英雄、先进人物为重点，专题出版一批未成年人图书、文章、音像制品和电子出版物，组织节庆读书活动，让未成年人受到革命传统和

革命理想教育。

4. 积极鼓励、引导、扶持软件开发企业，开展和推广弘扬民族精神、反映时代特点、有益于未成年人健康成长的游戏软件产品。

5. 以结构调整为主线，以培育现有优势企业为基础，建设具有实力和竞争力的知名企业，在有关地区组建未成年人出版物生产基地。

三、加强“扫黄”、“打非”斗争，进一步净化未成年人成长的文化环境

1. 把“取缔淫秽色情出版物和宣扬凶杀、暴力、封建迷信的出版物，为青少年健康成长和净化社会风气服务”列为“扫黄”“打非”斗争的主要目标之一。围绕这一目标，在清查市场、打击走私、查办大案和加强对印刷复制单位监管等方面作出相应安排。

2. 加强市场监管，净化未成年人出版物市场。在对出版物市场重点地区、重点部位、重点环节的集中整顿治理中，进一步加强对中小学周边的出版物市场进行重点集中整治。深入开展针对淫秽色情出版物，特别是淫秽光盘和以青少年为读者对象的有害卡通画册、淫秽“口袋书”等非法出版物的专项治理。

3. 在全国开展查处盗版教材、教辅读物的专项治理，坚决堵住盗版教材、教辅读物流入校园的渠道。严厉查处印刷、销售盗版教材、教辅读物的单位和责任人，维持教材教辅市场秩序。

4. 结合盗版教材教辅的专项治理，开展“千万师生拒绝盗版，远离淫秽色情出版物”大型签名活动，引导广大中小学生自觉抵制非法出版物，制造强大的舆论声势，伸张社会正气。

5. 切实加强对互联网站和上网服务营业场所的监管。对载有政治性非法出版物、淫秽色情等内容的网站，依法坚决予以处置。从今年第三季度开始，对上述工作开展情况进行专项检查，并根据检查中所暴露出来的问题进一步采取治理措施。

6. 加强对进口出版物的管理。所有出版物进口经营单位都要严把进口关，特别要对拟进口的未成年人读物进行严格审查，既要有选择地把世界各国的优秀出版物介绍进来，又要防止境外有害出版物流入境内。

四、改进行政管理，加大政策投入，建立有利于未成年人优秀读物出版发行的长效机制

1. 对未成年人读物的出版实行出版资源倾斜政策。总署将在书号、刊号、版号等各个方面予以支持，鼓励多出精品。

2. 实行资金扶持政策。通过有关的出版基金，加大对未成年人读物出版的支持，特别是对教科书、国家出版工程列入的未成年人出版物等，要加大支持力度，保证质优价廉，努力让读者满意。

3. 完善各项奖励政策。继续做好国家图书奖、“五个一”工程奖、中国图书奖的青少年读物专项评奖工作，不仅要表彰奖励优秀出版单位，而且还要表彰奖励长期致力于未成年人出版工作的优秀作者、编辑、发行人员，让他们得到社会应有的尊重。

4. 健全创新机制。对于未成年人出版单位的体制创新、技术创新和产品创新，都要给以政策性的支持和鼓励。特别鼓励、扶持有条件的地方把我国优秀的传统文化用新的技术手段进行表现，开发建设动漫产品研发、生产基地，自主生产中国风格的优秀卡通读物，参与国内外市场竞争。

5. 落实人才战略。把未成年人新闻出版事业的人才培养纳入“四个一批人才工程”等整体规划，培养、选拔一批德才兼备的优秀专业人才，充实专业新闻出版队伍，长期为青少年服务。

加强和改进未成年人思想道德建设读物出版工作，是新闻出版业全行业的共同任务。各地党委宣传部和新闻出版管理部门要切实加强领导。新闻出版业各部门各单位，都要大力弘扬求真务实的精神，根据各自担负的职责和任务，采取有效措施，勇于开拓创新，注重工作实效，切实把加强和改进未成年人思想道德建设读物出版工作落到实处，为我国未成年人健康成长提供丰富的精神食粮和良好的文化环境。

《中华人民共和国刑法》（节录）

（1979 年 7 月 1 日第五届全国人民代表大会第二次会议通过，1997 年 3 月 14 日第八届全国人民代表大会第五次会议修订，1997 年 3 月 14 日中华

人民共和国主席令第83号公布，自1997年10月1日起施行）

第一编 总 则

第二章 犯 罪

第一节 犯罪和刑事责任

第十七条 已满16周岁的人犯罪，应当负刑事责任。

已满14周岁不满16周岁的人，犯故意杀人、故意伤害致人重伤或者死亡、强奸、抢劫、贩卖毒品、放火、爆炸、投毒罪的，应当负刑事责任。

已满14周岁不满18周岁的人犯罪，应当从轻或者减轻处罚。

因不满16周岁不予刑事处罚的，责令他的家长或者监护人加以管教；在必要的时候，也可以由政府收容教养。

第三节 共同犯罪

第二十九条 教唆他人犯罪的，应当按照他在共同犯罪中所起的作用处罚。教唆不满18周岁的人犯罪的，应当从重处罚。

如果被教唆的人没有犯被教唆的罪，对于教唆犯，可以从轻或者减轻处罚。

第二编 分 则

第二章 危害公共安全罪

第一百一十四条 放火、决水、爆炸、投毒或者以其他危险方法破坏工厂、矿场、油田、港口、河流、水源、仓库、住宅、森林、农场、谷场、牧场、重要管道、公共建筑物或者其他公私财产，危害公共安全，尚未造成严重后果的，处3年以上10年以下有期徒刑。

第一百一十五条 放火、决水、爆炸、投毒或者以其他危险方法致人重伤、死亡或者使公私财产遭受重大损失的，处10年以上有期徒刑、无期徒刑或者死刑。

过失犯前款罪的，处3年以上7年以下有期徒刑；情节较轻的，处3年以下有期徒刑或者拘役。

第一百一十六条　破坏火车、汽车、电车、船只、航空器，足以使火车、汽车、电车、船只、航空器发生倾覆、毁坏危险，尚未造成严重后果的，处 3 年以上 10 年以下有期徒刑。

第一百一十七条　破坏轨道、桥梁、隧道、公路、机场、航道、灯塔、标志或者进行其他破坏活动，足以使火车、汽车、电车、船只、航空器发生倾覆、毁坏危险，尚未造成严重后果的，处 3 年以上 10 年以下有期徒刑。

第一百一十八条　破坏电力、燃气或者其他易燃易爆设备，危害公共安全，尚未造成严重后果的，处 3 年以上 10 年以下有期徒刑。

第一百一十九条　破坏交通工具、交通设施、电力设备、燃气设备、易燃易爆设备，造成严重后果的，处 10 年以上有期徒刑、无期徒刑或者死刑。

过失犯前款罪的，处 3 年以上 7 年以下有期徒刑；情节较轻的，处 3 年以下有期徒刑或者拘役。

第一百二十条　组织、领导和积极参加恐怖活动组织的，处 3 年以上 10 年以下有期徒刑；其他参加的，处 3 年以下有期徒刑、拘役或者管制。

犯前款罪并实施杀人、爆炸、绑架等犯罪的，依照数罪并罚的规定处罚。

第一百二十一条　以暴力、胁迫或者其他方法劫持航空器的，处 10 年以上有期徒刑或者无期徒刑；致人重伤、死亡或者使航空器遭受严重破坏的，处死刑。

第一百二十二条　以暴力、胁迫或者其他方法劫持船只、汽车的，处 5 年以上 10 年以下有期徒刑；造成严重后果的，处 10 年以上有期徒刑或者无期徒刑。

第一百二十三条　对飞行中的航空器上的人员使用暴力，危及飞行安全，尚未造成严重后果的，处 5 年以下有期徒刑或者拘役；造成严重后果的，处 5 年以上有期徒刑。

第一百二十四条　破坏广播电视设施、公用电信设施，危害公共安全的，处 3 年以上 7 年以下有期徒刑；造成严重后果的，处 7 年以上有期徒刑。

过失犯前款罪的，处3年以上7年以下有期徒刑；情节较轻的，处3年以下有期徒刑或者拘役。

第四章 侵犯公民人身权利、民主权利罪

第二百三十二条 故意杀人的，处死刑、无期徒刑或者10年以上有期徒刑；情节较轻的，处3年以上10年以下有期徒刑。

第二百三十三条 过失致人死亡的，处3年以上7年以下有期徒刑；情节较轻的，处3年以下有期徒刑。本法另有规定的，依照规定。

第二百三十四条 故意伤害他人身体的，处3年以下有期徒刑、拘役或者管制。

犯前款罪，致人重伤的，处3年以上10年以下有期徒刑；致人死亡或者以特别残忍手段致人重伤造成严重残疾的，处10年以上有期徒刑、无期徒刑或者死刑。本法另有规定的，依照规定。

第二百三十六条 以暴力、胁迫或者其他手段强奸妇女的，处3年以上10年以下有期徒刑。

奸淫不满14周岁的幼女的，以强奸论，从重处罚。

强奸妇女、奸淫幼女，有下列情形之一的，处10年以上有期徒刑、无期徒刑或者死刑：

（一）强奸妇女、奸淫幼女情节恶劣的；

（二）强奸妇女、奸淫幼女多人的；

（三）在公共场所当众强奸妇女的；

（四）2人以上轮奸的；

（五）致使被害人重伤、死亡或者造成其他严重后果的。

第二百三十七条 以暴力、胁迫或者其他方法强制猥亵妇女或者侮辱妇女的，处5年以下有期徒刑或者拘役。

聚众或者在公共场所当众犯前款罪的，处5年以上有期徒刑。

猥亵儿童的，依照前两款的规定从重处罚。

第二百三十九条 以勒索财物为目的绑架他人的，或者绑架他人作为人质的，处10年以上有期徒刑或者无期徒刑，并处罚金或者没收财产；致使被绑架人死亡或者杀害被绑架人的，处死刑，并处没收财产。

以勒索财物为目的偷盗婴幼儿的，依照前款的规定处罚。

第二百四十条　拐卖妇女、儿童的，处5年以上10年以下有期徒刑，并处罚金；有下列情形之一的，处10年以上有期徒刑或者无期徒刑，并处罚金或者没收财产；情节特别严重的，处死刑，并处没收财产：

（一）拐卖妇女、儿童集团的首要分子；

（二）拐卖妇女、儿童3人以上的；

（三）奸淫被拐卖的妇女的；

（四）诱骗、强迫被拐卖的妇女卖淫或者将被拐卖的妇女卖给他人迫使其卖淫的；

（五）以出卖为目的，使用暴力、胁迫或者麻醉方法绑架妇女、儿童的；

（六）以出卖为目的，偷盗婴幼儿的；

（七）造成被拐卖的妇女、儿童或者其亲属重伤、死亡或者其他严重后果的；

（八）将妇女、儿童卖往境外的。

拐卖妇女、儿童是指以出卖为目的，有拐骗、绑架、收买、贩卖、接送、中转妇女、儿童的行为之一的行为。

第二百四十一条　收买被拐卖的妇女、儿童的，处3年以下有期徒刑、拘役或者管制。

收买被拐卖的妇女，强行与其发生性关系的，依照本法第二百三十六条的规定定罪处罚。

收买被拐卖的妇女、儿童，非法剥夺、限制其人身自由或者有伤害、侮辱等犯罪行为的，依照本法的有关规定定罪处罚。

收买被拐卖的妇女、儿童，并有第二款、第三款规定的犯罪行为的，依照数罪并罚的规定处罚。

收买被拐卖的妇女、儿童又出卖的，依照本法第二百四十条的规定定罪处罚。

收买被拐卖的妇女、儿童，按照被买妇女的意愿，不阻碍其返回原居住地的，对被买儿童没有虐待行为，不阻碍对其进行解救的，可以不追究刑事责任。

第二百六十一条　对于年老、年幼、患病或者其他没有独立生活能力的人，负有扶养义务而拒绝扶养，情节恶劣的，处5年以下有期徒刑、拘役或者管制。

第二百六十二条　拐骗不满14周岁的未成年人，使其脱离家庭或者监护人的，处5年以下有期徒刑或者拘役。

第五章　侵犯财产罪

第二百六十三条　以暴力、胁迫或者其他方法抢劫公私财物的，处3年以上10年以下有期徒刑，并处罚金；有下列情形之一的，处10年以上有期徒刑、无期徒刑或者死刑，并处罚金或者没收财产：

（一）入户抢劫的；

（二）在公共交通工具上抢劫的；

（三）抢劫银行或者其他金融机构的；

（四）多次抢劫或者抢劫数额巨大的；

（五）抢劫致人重伤、死亡的；

（六）冒充军警人员抢劫的；

（七）持枪抢劫的；

（八）抢劫军用物资或者抢险、救灾、救济物资的。

第二百六十四条　盗窃公私财物，数额较大或者多次盗窃的，处3年以下有期徒刑、拘役或者管制，并处或者单处罚金；数额巨大或者有其他严重情节的，处3年以上10年以下有期徒刑，并处罚金；数额特别巨大或者有其他特别严重情节的，处10年以上有期徒刑或者无期徒刑，并处罚金或者没收财产；有下列情形之一的，处无期徒刑或者死刑，并处没收财产：

（一）盗窃金融机构，数额特别巨大的；

（二）盗窃珍贵文物，情节严重的。

第二百六十五条　以牟利为目的，盗接他人通信线路、复制他人电信码号或者明知是盗接、复制的电信设备、设施而使用的，依照本法第二百六十四条的规定定罪处罚。

第六章　妨害社会管理秩序罪

第七节　走私、贩卖、运输、制造毒品罪

第三百四十七条　走私、贩卖、运输、制造毒品，无论数量多少，都应当追究刑事责任，予以刑事处罚。

走私、贩卖、运输、制造毒品，有下列情形之一的，处15年有期徒刑、无期徒刑或者死刑，并处没收财产：

（一）走私、贩卖、运输、制造鸦片1千克以上、海洛因或者甲基苯丙胺50克以上或者其他毒品数量大的；

（二）走私、贩卖、运输、制造毒品集团的首要分子；

（三）武装掩护走私、贩卖、运输、制造毒品的；

（四）以暴力抗拒检查、拘留、逮捕，情节严重的；

（五）参与有组织的国际贩毒活动的。

走私、贩卖、运输、制造鸦片200克以上不满1千克、海洛因或者甲基苯丙胺10克以上不满50克或者其他毒品数量较大的，处7年以上有期徒刑，并处罚金。

走私、贩卖、运输、制造鸦片不满200克、海洛因或者甲基苯丙胺不满10克或者其他少量毒品的，处3年以下有期徒刑、拘役或者管制，并处罚金；情节严重的，处3年以上7年以下有期徒刑，并处罚金。

单位犯第二款、第三款、第四款罪的，对单位判处罚金，并对其直接负责的主管人员和其他直接责任人员，依照各该款的规定处罚。

利用、教唆未成年人走私、贩卖、运输、制造毒品，或者向未成年人出售毒品的，从重处罚。

对多次走私、贩卖、运输、制造毒品，未经处理的，毒品数量累计计算。

第八节　组织、强迫、引诱、容留、介绍卖淫罪

第三百五十八条　组织他人卖淫或者强迫他人卖淫的，处5年以上10年以下有期徒刑，并处罚金；有下列情形之一的，处10年以上有期徒刑或者无期徒刑，并处罚金或者没收财产：

（一）组织他人卖淫，情节严重的；

（二）强迫不满 14 周岁的幼女卖淫的；

（三）强迫多人卖淫或者多次强迫他人卖淫的；

（四）强奸后迫使卖淫的；

（五）造成被强迫卖淫的人重伤、死亡或者其他严重后果的。

有前款所列情形之一，情节特别严重的，处无期徒刑或者死刑，并处没收财产。

协助组织他人卖淫的，处 5 年以下有期徒刑，并处罚金；情节严重的，处 5 年以上 10 年以下有期徒刑，并处罚金。

第三百五十九条　引诱、容留、介绍他人卖淫的，处 5 年以下有期徒刑、拘役或者管制，并处罚金；情节严重的，处 5 年以上有期徒刑，并处罚金。

引诱不满 14 周岁的幼女卖淫的，处 5 年以上有期徒刑，并处罚金。

第三百六十条　明知自己患有梅毒、淋病等严重性病卖淫、嫖娼的，处 5 年以下有期徒刑、拘役或者管制，并处罚金。

嫖宿不满 14 周岁的幼女的，处 5 年以上有期徒刑，并处罚金。

《中华人民共和国治安管理处罚条例》

（1986 年 9 月 5 日第六届全国人民代表大会常务委员会第十七次会议通过，根据 1994 年 5 月 12 日第八届全国人民代表大会常务委员会第七次会议《关于修改 <中华人民共和国治安管理处罚条例> 的决定》修正）

第一章　总　则

第一条　为加强治安管理，维护社会秩序和公共安全，保护公民的合法权益，保障社会主义现代化建设的顺利进行，制定本条例。

第二条　扰乱社会秩序，妨害公共安全，侵犯公民人身权利，侵犯公私财产，依照《中华人民共和国刑法》的规定构成犯罪的，依法追究刑事责任；尚不够刑事处罚，应当给予治安管理处罚的，依照本条例处罚。

第三条　在中华人民共和国领域内发生的违反治安管理行为，除法律有特别规定的以外，适用本条例。在中华人民共和国船舶或者航空器内发生的违反治安管理行为，也适用本条例。

第四条　公安机关对违反治安管理的人，坚持教育与处罚相结合的原则。

第五条　对于因民间纠纷引起的打架斗殴或者损毁他人财物等违反治安管理行为，情节轻微的，公安机关可以调解处理。

第二章　处罚的种类和运用

第六条　对违反治安管理行为的处罚分为下列 3 种：

（一）警告。

（二）罚款：1 元以上，200 元以下。本条例第三十条、第三十一条、第三十二条另有规定的，依照规定。

（三）拘留：1 日以上，15 日以下。

第七条　违反治安管理所得的财物和查获的违禁品，依照规定退回原主或者没收。违反治安管理使用的本人所有的工具，可以依照规定没收。具体办法由公安部另行规定。

第八条　违反治安管理造成的损失或者伤害，由违反治安管理的人赔偿损失或者负担医疗费用；如果违反治安管理的人是无行为能力人或者限制行为能力人，本人无力赔偿或者负担的，由其监护人依法负责赔偿或者负担。

第九条　已满 14 岁不满 18 岁的人违反治安管理的，从轻处罚；不满 14 岁的人违反治安管理的，免予处罚，但是可以予以训诫，并责令其监护人严加管教。

第十条　精神病人在不能辨认或者不能控制自己行为的时候违反治安管理的，不予处罚，但是应当责令其监护人严加看管和治疗。间歇性的精神病人在精神正常的时候违反治安管理的，应予处罚。

第十一条　又聋又哑的人或者盲人，由于生理缺陷的原因而违反治安管理的，不予处罚。

第十二条　醉酒的人违反治安管理的，应予处罚。

醉酒的人在醉酒状态中，对本人有危险或者对他人的安全有威胁的，应当将其约束到酒醒。

第十三条　一人有两种以上违反治安管理行为的，分别裁决，合并执行。

第十四条　二人以上共同违反治安管理的，根据情节轻重，分别处罚。

教唆或者胁迫、诱骗他人违反治安管理的，按照其所教唆、胁迫、诱骗的行为处罚。

第十五条　机关、团体、企业、事业单位违反治安管理的，处罚直接责任人员；单位主管人员指使的，同时处罚该主管人员。

第十六条　违反治安管理有下列情形之一的，可以从轻或者免予处罚：

（一）情节特别轻微的；

（二）主动承认错误及时改正的；

（三）由于他人胁迫或诱骗的。

第十七条　违反治安管理有下列情形之一的，可以从重处罚：

（一）有较严重后果的；

（二）胁迫、诱骗他人或者教唆不满 18 岁的人违反治安管理的；

（三）对检举人、证人打击报复的；

（四）屡犯不改的。

第十八条　违反治安管理行为在 6 个月内公安机关没有发现的，不再处罚。

前款期限从违反治安管理行为发生之日起计算，违反治安管理行为有连续或者继续状态的，从行为终了之日起计算。

第三章　违反治安管理行为和处罚

第十九条　有下列扰乱公共秩序行为之一，尚不够刑事处罚的，处 15 日以下拘留、200 元以下罚款或者警告：

（一）扰乱机关、团体、企业、事业单位的秩序，致使工作、生产、营业、医疗、教学、科研不能正常进行，尚未造成严重损失的；

（二）扰乱车站、码头、民用航空站、市场、商场、公园、影剧院、娱乐场、运动场、展览馆或者其他公共场所的秩序的；

（三）扰乱公共汽车、电车、火车、船只等公共交通工具上的秩序的；

（四）结伙斗殴，寻衅滋事，侮辱妇女或者进行其他流氓活动的；

（五）捏造或者歪曲事实、故意散布谣言或者以其他方法煽动扰乱社会秩序的；

（六）谎报险情，制造混乱的；

（七）拒绝、阻碍国家工作人员依法执行职务，未使用暴力、威胁方法的。

第二十条　有下列妨害公共安全行为之一的，处 15 日以下拘留、200 元以下罚款或者警告：

（一）非法携带、存放枪支、弹药或者有其他违反枪支管理规定行为，尚不够刑事处罚的；

（二）违反爆炸、剧毒、易燃、放射性等危险物品管理规定，生产、销售、储存、运输、携带或者使用危险物品，尚未造成严重后果不够刑事处罚的；

（三）非法制造、贩卖、携带匕首、三棱刀、弹簧刀或者其他管制刀具的；

（四）经营旅馆、饭店、影剧院、娱乐场、运动场、展览馆或者其他供群众聚集的场所，违反安全规定，经公安机关通知不加改正的；

（五）组织群众集会或者文化、娱乐、体育、展览、展销等群众性活动，不采取相应的安全措施，经公安机关通知不加改正的；

（六）违反渡船、渡口安全规定，经公安机关通知不加改正的；

（七）不听劝阻抢登渡船，造成渡船超载或者强迫渡船驾驶员违反安全规定，冒险航行，尚不够刑事处罚的；

（八）在铁路、公路、水域航道、堤坝上，挖掘坑穴，放置障碍物，损毁、移动指示标志，可能影响交通运输安全，尚不够刑事处罚的。

第二十一条　有下列妨害公共安全行为之一的，处 200 元以下罚款或者警告：

（一）设置、使用民用射击场，不符合安全规定的；

（二）未经批准，安装、使用电网的，或者安装、使用电网不符合安全规定，尚未造成严重后果的；

（三）在车辆、行人通行的地方施工，对沟井坎穴不设覆盖物、标志、防围的，或者故意损毁、移动覆盖物、标志、防围的。

第二十二条　有下列侵犯他人人身权利行为之一，尚不够刑事处罚的，处15日以下拘留、200元以下罚款或者警告：

（一）殴打他人，造成轻微伤害的；

（二）非法限制他人人身自由或者非法侵入他人住宅的；

（三）公然侮辱他人或者捏造事实诽谤他人的；

（四）虐待家庭成员，受虐待人要求处理的；

（五）写恐吓信或者用其他方法威胁他人安全或者干扰他人正常生活的；

（六）胁迫或者诱骗不满18岁的人表演恐怖、残忍节目，摧残其身心健康的；

（七）隐匿、毁弃或者私自开拆他人邮件、电报的。

第二十三条　有下列侵犯公私财物行为之一，尚不够刑事处罚的，处15日以下拘留或者警告，可以单处或者并处200元以下罚款：

（一）偷窃、骗取、抢夺少量公私财物的；

（二）哄抢国家、集体、个人财物的；

（三）敲诈勒索公私财物的；

（四）故意损坏公私财物的。

第二十四条　有下列妨害社会管理秩序行为之一的，处15日以下拘留、200元以下罚款或者警告：

（一）明知是赃物而窝藏、销毁、转移，尚不够刑事处罚的，或者明知是赃物而购买的；

（二）倒卖车票、船票、文艺演出或者体育比赛入场票券及其他票证，尚不够刑事处罚的；

（三）违反政府禁令，吸食鸦片、注射吗啡等毒品的；

（四）利用会道门、封建迷信活动，扰乱社会秩序、危害公共利益、损害他人身体健康或者骗取财物，尚不够刑事处罚的；

（五）偷开他人机动车辆的；

（六）违反社会团体登记管理规定，未经注册登记以社会团体名义进行活动，或者被撤销登记、明令解散、取缔后，仍以原社会团体名义进行活动，尚不够刑事处罚的；

（七）被依法执行管制、剥夺政治权利或者在缓刑、假释、保外就医和其他监外执行中的罪犯，或者被依法采取刑事强制措施的人，有违反法律、行政法规和国务院公安部门有关监督管理规定的行为，尚未构成新的犯罪的；

（八）冒充国家工作人员进行招摇撞骗，尚不够刑事处罚的。

第二十五条　妨害社会管理秩序，有下列第一项至第三项行为之一的，处200元以下罚款或者警告；有第四项至第七项行为之一的，处50元以下罚款或者警告：

（一）在地下、内水、领海及其他场所中发现文物隐匿不报，不上交国家的；

（二）刻字业承制公章违反管理规定，尚未造成严重后果的；

（三）故意污损国家保护的文物、名胜古迹，损毁公共场所雕塑，尚不够刑事处罚的；

（四）故意损毁或者擅自移动路牌、交通标志的；

（五）故意损毁路灯、邮筒、公用电话或者其他公用设施，尚不够刑事处罚的；

（六）违反规定，破坏草坪、花卉、树木的；

（七）违反规定，在城镇使用音响器材，音量过大，影响周围居民的工作或者休息，不听制止的。

第二十六条　违反消防管理，有下列第一项至第四项行为之一的，处10日以下拘留、100元以下罚款或者警告；有第五项至第八项行为之一的，处100元以下罚款或者警告：

（一）在有易燃易爆物品的地方，违反禁令，吸烟、使用明火的；

（二）故意阻碍消防车、消防艇通行或者扰乱火灾现场秩序，尚不够刑事处罚的；

（三）拒不执行火场指挥员指挥，影响灭火救灾的；

（四）过失引起火灾，尚未造成严重损失的；

（五）指使或者强令他人违反消防安全规定，冒险作业，尚未造成严重后果的；

（六）违反消防安全规定，占用防火间距，或者搭棚、盖房、挖沟、砌墙堵塞消防车通道的；

（七）埋压、圈占或者损毁消火栓、水泵、水塔、蓄水池等消防设施或者将消防器材、设备挪作他用，经公安机关通知不加改正的；

（八）有重大火灾隐患，经公安机关通知不加改正的。

第二十七条　违反交通管理，有下列第一项至第六项行为之一的，处15日以下拘留、200元以下罚款或者警告；有第七项至第十一项行为之一的，处50元以下罚款或者警告：

（一）挪用、转借机动车辆牌证或者驾驶证的；

（二）无驾驶证的人、醉酒的人驾驶机动车辆，或者把机动车辆交给无驾驶证的人驾驶的；

（三）在城市集会、游行，违反有关规定妨碍交通，不听民警指挥的；

（四）无理拦截车辆或者强行登车影响车辆正常运行，不听劝阻的；

（五）在县级以上公安机关明令禁止通行的地区强行通行，不听公安人员劝阻的；

（六）违反交通规则，造成交通事故，尚不够刑事处罚的；

（七）驾驶未经交通管理部门检验和批准行驶的机动车辆的；

（八）驾驶机件不合安全要求的机动车辆的；

（九）饮酒后驾驶机动车辆的；

（十）指使、强迫车辆驾驶人员违反交通规则的；

（十一）未经主管部门批准，在街道上搭棚、盖房、摆摊、堆物或者有其他妨碍交通行为的。

第二十八条　有下列违反交通管理行为之一的，处5元以上罚款或者警告：

（一）驾驶机动车违反装载、车速规定或者违反交通标志、信号指示的；

（二）非机动车驾驶人员或者行人违反交通规则的；

（三）在交通管理部门明令禁止停放车辆的地方停放车辆的；

（四）在机动车辆上非法安装、使用特殊音响警报器或者标志灯具的。

第二十九条　违反户口或者居民身份证管理，有下列第一项至第三项行为之一的，处50元以下罚款或者警告；有第四项或者第五项行为的，处100元以下罚款或者警告：

（一）不按规定申报户口或者申领居民身份证，经公安机关通知拒不改正的；

（二）假报户口或者冒用他人户口证件、居民身份证的；

（三）故意涂改户口证件的；

（四）旅店管理人员对住宿的旅客不按照规定登记的；

（五）出租房屋或者床铺供人住宿，不按照规定申报登记住宿人户口的。

第三十条　严厉禁止卖淫、嫖宿暗娼以及介绍或者容留卖淫、嫖宿暗娼，违者处15日以下拘留、警告、责令具结悔过或者依照规定实行劳动教养，可以并处5000元以下罚款；构成犯罪的，依法追究刑事责任。

嫖宿不满14岁幼女的，依照刑法第一百三十九条的规定，以强奸罪论处。

第三十一条　严厉禁止违反政府规定种植罂粟等毒品原植物，违者除铲除其所种罂粟等毒品原植物以外，处15日以下拘留，可以单处或者并处3000元以下罚款；构成犯罪的，依法追究刑事责任。

非法运输、买卖、存放、使用罂粟壳的，收缴其非法运输、买卖、存放、使用的罂粟壳，处15日以下拘留，可以单处或者并处3000元以下罚款；构成犯罪的，依法追究刑事责任。

第三十二条　严厉禁止下列行为：

（一）赌博或者为赌博提供条件的；

（二）制作、复制、出售、出租或者传播淫书、淫画、淫秽录像或者其他淫秽物品的。

有上述行为之一的，处15日以下拘留，可以单处或者并处3000元以下罚款，或者依照规定实行劳动教养；构成犯罪的，依法追究刑事责任。

第四章　裁决与执行

第三十三条　对违反治安管理行为的处罚，由县、市公安局、公安分局或者相当于县一级的公安机关裁决。

警告、50 元以下罚款，可以由公安派出所裁决；在农村，没有公安派出所的地方，可以由公安机关委托乡（镇）人民政府裁决。

第三十四条　对违反治安管理的人处警告或者 50 元以下罚款的，或者罚款数额超过 50 元，被处罚人没有异议的，可以由公安人员当场处罚。

对违反治安管理的人的其他处罚，适用下列程序：

（一）传唤。公安机关对违反治安管理的人，需要传唤的，使用传唤证。对于当场发现的违反治安管理的人，可以口头传唤。对无正当理由不接受传唤或者逃避传唤的，公安机关可以强制传唤。

（二）讯问。违反治安管理的人，应当如实回答公安机关的讯问。讯问应当作出笔录；被讯问人经核对认为无误后，应当在笔录上签名或者盖章，讯问人也应当在笔录上签名。

（三）取证。公安机关搜集证据材料时，有关单位和公民应当积极予以支持和协助。询问证人时，证人应当如实反映情况，询问应当作出笔录。证人经核对认为无误后，应当在笔录上签名或者盖章。

（四）裁决。经讯问查证，违反治安管理行为事实清楚，证据确凿的，依照本条例的有关条款裁决。

裁决应当填写裁决书，并应立即向本人宣布。裁决书一式三份。一份交给被裁决人，一份交给被裁决人的所在单位，一份交给被裁决人的常住地公安派出所。单位和常住地公安派出所应当协助执行裁决。

（五）对违反治安管理的人，公安机关传唤后应当及时讯问查证。对情况复杂，依照本条例规定适用拘留处罚的，讯问查证的时间不得超过 24 小时。

第三十五条　受拘留处罚的人应当在限定的时间内，到指定的拘留所接受处罚。对抗拒执行的，强制执行。

在拘留期间，被拘留人的伙食费由自己负担。

第三十六条　受罚款处罚的人应当将罚款当场交公安人员或者在接到罚款通知或者裁决书后 5 日内送交指定的公安机关。无正当理由逾期不交纳的，可以按日增加罚款 1～5 元。拒绝交纳罚款的，可以处 15 日以下拘留，罚款仍应执行。

公安机关或者公安人员收到罚款后，应当给被罚款人开具罚款收据。

罚款全部上交国库。

第三十七条　裁决机关没收财物，应当给被没收人开具收据。

没收的财物全部上交国库。属偷窃、抢夺、骗取或者敲诈勒索他人的，除违禁品外，6 个月内查明原主的，依法退还原主。

第三十八条　被裁决赔偿损失或者负担医疗费用的，应当在接到裁决书后 5 日内将费用交裁决机关代转；数额较大的，可以分期交纳。拒不交纳的，由裁决机关通知其所在单位从本人工资中扣除，或者扣押财物折抵。

第三十九条　被裁决受治安管理处罚的人或者被侵害人不服公安机关或者乡（镇）人民政府裁决的，在接到通知后 5 日内，可以向上一级公安机关提出申诉，由上一级公安机关在接到申诉后 5 日内作出裁决；不服上一级公安机关裁决的，可以在接到通知后 5 日内向当地人民法院提起诉讼。

第四十条　对治安管理处罚提出申诉或者提起诉讼的，在申诉和诉讼期间原裁决继续执行。

被裁决拘留的人或者他的家属能够找到担保人或者按照规定交纳保证金的，在申诉和诉讼期间，原裁决暂缓执行。裁决被撤销或者开始执行时，依照规定退还保证金。

第四十一条　公安人员在执行本条例时，应当严格遵守法纪，秉公执法，不得徇私舞弊。禁止对违反治安管理的人打骂、虐待或者侮辱。违反的给予行政处分；构成犯罪的，依法追究刑事责任。

第四十二条　公安机关对公民给予的治安管理处罚错误的，应当向受处罚人承认错误，退回罚款及没收的财物；对受处罚人的合法权益造成损害的，应当赔偿损失。

第五章　附　则

第四十三条　本条例所说以上、以下、以内，都包括本数在内。

第四十四条　对违反交通管理行为处罚的实施办法，由国务院另行制定。

第四十五条　本条例自 1987 年 1 月 1 日起施行。1957 年 10 月 22 日公布的《中华人民共和国治安管理处罚条例》同时废止。

《中华人民共和国预防未成年人犯罪法》

（1999年6月28日第九届全国人民代表大会常务委员会第十次会议通过，1999年6月28日中华人民共和国主席令第17号公布，自1999年11月1日起施行）

第一章　总　则

第一条　为了保障未成年人身心健康，培养未成年人良好品行，有效地预防未成年人犯罪，制定本法。

第二条　预防未成年人犯罪，立足于教育和保护，从小抓起，对未成年人的不良行为及时进行预防和矫治。

第三条　预防未成年人犯罪，在各级人民政府组织领导下，实行综合治理。

政府有关部门、司法机关、人民团体、有关社会团体、学校、家庭、城市居民委员会、农村村民委员会等各方面共同参与，各负其责，做好预防未成年人犯罪工作，为未成年人身心健康发展创造良好的社会环境。

第四条　各级人民政府在预防未成年人犯罪方面的职责是：

（一）制定预防未成年人犯罪工作的规划；

（二）组织、协调公安、教育、文化、新闻出版、广播电影电视、工商、民政、司法行政等政府有关部门和其他社会组织进行预防未成年人犯罪工作；

（三）对本法实施的情况和工作规划的执行情况进行检查；

（四）总结、推广预防未成年人犯罪工作的经验，树立、表彰先进典型。

第五条　预防未成年人犯罪，应当结合未成年人不同年龄的生理、心理特点，加强青春期教育、心理矫治和预防犯罪对策的研究。

第二章　预防未成年人犯罪的教育

第六条　对未成年人应当加强理想、道德、法制和爱国主义、集体主义、社会主义教育。对于达到义务教育年龄的未成年人，在进行上述教育的同时，应当进行预防犯罪的教育。

预防未成年人犯罪的教育的目的，是增强未成年人的法制观念，使未成年人懂得违法和犯罪行为对个人、家庭、社会造成的危害，违法和犯罪行为应当承担的法律责任，树立遵纪守法和防范违法犯罪的意识。

第七条　教育行政部门、学校应当将预防犯罪的教育作为法制教育的内容纳入学校教育教学计划，结合常见多发的未成年人犯罪，对不同年龄的未成年人进行有针对性的预防犯罪教育。

第八条　司法行政部门、教育行政部门、共产主义青年团、少年先锋队应当结合实际，组织、举办展览会、报告会、演讲会等多种形式的预防未成年人犯罪的法制宣传活动。

学校应当结合实际举办以预防未成年人犯罪的教育为主要内容的活动。教育行政部门应当将预防未成年人犯罪教育的工作效果作为考核学校工作的一项重要内容。

第九条　学校应当聘任从事法制教育的专职或者兼职教师。学校根据条件可以聘请校外法律辅导员。

第十条　未成年人的父母或者其他监护人对未成年人的法制教育负有直接责任。学校在对学生进行预防犯罪教育时，应当将教育计划告知未成年人的父母或者其他监护人，未成年人的父母或者其他监护人应当结合学校的计划，针对具体情况进行教育。

第十一条　少年宫、青少年活动中心等校外活动场所应当把预防未成年人犯罪的教育作为一项重要的工作内容，开展多种形式的宣传教育活动。

第十二条　对于已满16周岁不满18周岁准备就业的未成年人，职业教育培训机构、用人单位应当将法律知识和预防犯罪教育纳入职业培训的内容。

第十三条　城市居民委员会、农村村民委员会应当积极开展有针对性的预防未成年人犯罪的法制宣传活动。

第三章　对未成年人不良行为的预防

第十四条　未成年人的父母或者其他监护人和学校应当教育未成年人

不得有下列不良行为：

（一）旷课、夜不归宿；

（二）携带管制刀具；

（三）打架斗殴、辱骂他人；

（四）强行向他人索要财物；

（五）偷窃、故意毁坏财物；

（六）参与赌博或者变相赌博；

（七）观看、收听色情、淫秽的音像制品、读物等；

（八）进入法律、法规规定未成年人不适宜进入的营业性歌舞厅等场所；

（九）其他严重违背社会公德的不良行为。

第十五条　未成年人的父母或者其他监护人和学校应当教育未成年人不得吸烟、酗酒。任何经营场所不得向未成年人出售烟酒。

第十六条　中小学生旷课的，学校应当及时与其父母或者其他监护人取得联系。

未成年人擅自外出夜不归宿的，其父母或者其他监护人、其所在的寄宿制学校应当及时查找，或者向公安机关请求帮助。收留夜不归宿的未成年人的，应当征得其父母或者其他监护人的同意，或者在 24 小时内及时通知其父母或者其他监护人、所在学校或者及时向公安机关报告。

第十七条　未成年人的父母或者其他监护人和学校发现未成年人组织或者参加实施不良行为的团伙的，应当及时予以制止。发现该团伙有违法犯罪行为的，应当向公安机关报告。

第十八条　未成年人的父母或者其他监护人和学校发现有人教唆、胁迫、引诱未成年人违法犯罪的，应当向公安机关报告。公安机关接到报告后，应当及时依法查处，对未成年人人身安全受到威胁的，应当及时采取有效措施，保护其人身安全。

第十九条　未成年人的父母或者其他监护人，不得让不满 16 周岁的未成年人脱离监护单独居住。

第二十条　未成年人的父母或者其他监护人对未成年人不得放任不管，不得迫使其离家出走，放弃监护职责。

未成年人离家出走的，其父母或者其他监护人应当及时查找，或者向公安机关请求帮助。

第二十一条　未成年人的父母离异的，离异双方对子女都有教育的义务，任何一方都不得因离异而不履行教育子女的义务。

第二十二条　继父母、养父母对受其抚养教育的未成年继子女、养子女，应当履行本法规定的父母对未成年子女在预防犯罪方面的职责。

第二十三条　学校对有不良行为的未成年人应当加强教育、管理，不得歧视。

第二十四条　教育行政部门、学校应当举办各种形式的讲座、座谈、培训等活动，针对未成年人不同时期的生理、心理特点，介绍良好有效的教育方法，指导教师、未成年人的父母和其他监护人有效地防止、矫治未成年人的不良行为。

第二十五条　对于教唆、胁迫、引诱未成年人实施不良行为或者品行不良，影响恶劣，不适宜在学校工作的教职员工。教育行政部门、学校应当予以解聘或者辞退；构成犯罪的，依法追究刑事责任。

第二十六条　禁止在中小学校附近开办营业性歌舞厅、营业性电子游戏场所以及其他未成年人不适宜进入的场所。禁止开办上述场所的具体范围由省、自治区、直辖市人民政府规定。

对本法施行前已在中小学校附近开办上述场所的，应当限期迁移或者停业。

第二十七条　公安机关应当加强中小学校周围环境的治安管理，及时制止、处理中小学校周围发生的违法犯罪行为。城市居民委员会、农村村民委员会应当协助公安机关做好维护中小学校周围治安的工作。

第二十八条　公安派出所、城市居民委员会、农村村民委员会应当掌握本辖区内暂住人口中未成年人的就学、就业情况。对于暂住人口中未成年人实施不良行为的，应当督促其父母或者其他监护人进行有效的教育、制止。

第二十九条　任何人不得教唆、胁迫、引诱未成年人实施本法规定的不良行为，或者为未成年人实施不良行为提供条件。

第三十条　以未成年人为对象的出版物，不得含有诱发未成年人违法犯罪的内容，不得含有渲染暴力、色情、赌博、恐怖活动等危害未成年人身心健康的内容。

第三十一条　任何单位和个人不得向未成年人出售、出租含有诱发未成年人违法犯罪以及渲染暴力、色情、赌博、恐怖活动等危害未成年人身心健康内容的读物、音像制品或者电子出版物。

任何单位和个人不得利用通讯、计算机网络等方式提供前款规定的危害未成年人身心健康的内容及其信息。

第三十二条　广播、电影、电视、戏剧节目，不得有渲染暴力、色情、赌博、恐怖活动等危害未成年人身心健康的内容。

广播电影电视行政部门、文化行政部门必须加强对广播、电影、电视、戏剧节目以及各类演播场所的管理。

第三十三条　营业性歌舞厅以及其他未成年人不适宜进入的场所，应当设置明显的未成年人禁止进入标志，不得允许未成年人进入。

营业性电子游戏场所在国家法定节假日外，不得允许未成年人进入，并应当设置明显的未成年人禁止进入标志。

对于难以判明是否已成年的，上述场所的工作人员可以要求其出示身份证件。

第四章　对未成年人严重不良行为的矫治

第三十四条　本法所称“严重不良行为”，是指下列严重危害社会，尚不够刑事处罚的违法行为：

（一）纠集他人结伙滋事，扰乱治安；

（二）携带管制刀具，屡教不改；

（三）多次拦截殴打他人或者强行索要他人财物；

（四）传播淫秽的读物或者音像制品等；

（五）进行淫乱或者色情、卖淫活动；

（六）多次偷窃；

（七）参与赌博，屡教不改；

（八）吸食、注射毒品；

（九）其他严重危害社会的行为。

第三十五条　对未成年人实施本法规定的严重不良行为的，应当及时予以制止。

对有本法规定严重不良行为的未成年人，其父母或者其他监护人和学校应当相互配合，采取措施严加管教，也可以送工读学校进行矫治和接受教育。

对未成年人送工读学校进行矫治和接受教育，应当由其父母或者其他监护人，或者原所在学校提出申请，经教育行政部门批准。

第三十六条　工读学校对就读的未成年人应当严格管理和教育。工读学校除按照《义务教育法》的要求，在课程设置上与普通学校相同外，应当加强法制教育的内容，针对未成年人严重不良行为产生的原因以及有严重不良行为的未成年人的心理特点，开展矫治工作。

家庭、学校应当关心、爱护在工读学校就读的未成年人，尊重他们的人格尊严，不得体罚、虐待和歧视。工读学校毕业的未成年人在升学、就业等方面，同普通学校毕业的学生享有同等的权利，任何单位和个人不得歧视。

第三十七条　未成年人有本法规定严重不良行为，构成违反治安管理行为的，由公安机关依法予以治安处罚。因不满 14 周岁或者情节特别轻微免予处罚的，可以予以训诫。

第三十八条　未成年人因不满 16 周岁不予刑事处罚的，责令他的父母或者其他监护人严加管教；在必要的时候，也可以由政府依法收容教养。

第三十九条　未成年人在被收容教养期间，执行机关应当保证其继续接受文化知识、法律知识或者职业技术教育；对没有完成义务教育的未成年人，执行机关应当保证其继续接受义务教育。

解除收容教养、劳动教养的未成年人，在复学、升学、就业等方面与其他未成年人享有同等权利，任何单位和个人不得歧视。

第五章　未成年人对犯罪的自我防范

第四十条　未成年人应当遵守法律、法规及社会公共道德规范，树立自尊、自律、自强意识，增强辨别是非和自我保护的能力，自觉抵制各种不良行为及违法犯罪行为的引诱和侵害。

第四十一条　被父母或者其他监护人遗弃、虐待的未成年人，有权向公安机关、民政部门、共产主义青年团、妇女联合会、未成年人保护组织或者学校、城市居民委员会、农村村民委员会请求保护。被请求的上述部门和组织都应当接受，根据情况需要采取救助措施的，应当先采取救助措施。

第四十二条　未成年人发现任何人对自己或者对其他未成年人实施本法第三章规定不得实施的行为或者犯罪行为，可以通过所在学校、其父母或者其他监护人向公安机关或者政府有关主管部门报告，也可以自己向上述机关报告。受理报告的机关应当及时依法查处。

第四十三条　对同犯罪行为作斗争以及举报犯罪行为的未成年人，司法机关、学校、社会应当加强保护，保障其不受打击报复。

第六章　对未成年人重新犯罪的预防

第四十四条　对犯罪的未成年人追究刑事责任，实行教育、感化、挽救方针，坚持教育为主、惩罚为辅的原则。

司法机关办理未成年人犯罪案件，应当保障未成年人行使其诉讼权利，保障未成年人得到法律帮助，并根据未成年人的生理、心理特点和犯罪的情况，有针对性地进行法制教育。

对于被采取刑事强制措施的未成年学生，在人民法院的判决生效以前，不得取消其学籍。

第四十五条　人民法院审判未成年人犯罪的刑事案件，应当由熟悉未成年人身心特点的审判员或者审判员和人民陪审员依法组成少年法庭进行。

对于已满14周岁不满16周岁未成年人犯罪的案件，一律不公开审理。已满16周岁不满18周岁未成年人犯罪的案件，一般也不公开审理。

对未成年人犯罪案件，新闻报道、影视节目、公开出版物不得披露该未成年人的姓名、住所、照片及可能推断出该未成年人的资料。

第四十六条　对被拘留、逮捕和执行刑罚的未成年人与成年人应当分别关押、分别管理、分别教育。未成年犯在被执行刑罚期间，执行机关应当加强对未成年犯的法制教育，对未成年犯进行职业技术教育。对没有完成义务教育的未成年犯，执行机关应当保证其继续接受义务教育。

第四十七条　未成年人的父母或者其他监护人和学校、城市居民委员会、农村村民委员会，对因不满16周岁而不予刑事处罚、免予刑事处罚的未成年人，或者被判处非监禁刑罚、被判处刑罚宣告缓刑、被假释的未成年人，应当采取有效的帮教措施，协助司法机关做好对未成年人的教育、挽救工作。

城市居民委员会、农村村民委员会可以聘请思想品德优秀，作风正派，热心未成年人教育工作的离退休人员或者其他人员协助做好对前款规定的未成年人的教育、挽救工作。

第四十八条　依法免予刑事处罚、判处非监禁刑罚、判处刑罚宣告缓刑、假释或者刑罚执行完毕的未成年人，在复学、升学、就业等方面与其他未成年人享有同等权利，任何单位和个人不得歧视。

第七章　法律责任

第四十九条　未成年人的父母或者其他监护人不履行监护职责，放任未成年人有本法规定的不良行为或者严重不良行为的，由公安机关对未成年人的父母或者其他监护人予以训诫，责令其严加管教。

第五十条　未成年人的父母或者其他监护人违反本法第十九条的规定，让不满16周岁的未成年人脱离监护单独居住的，由公安机关对未成年人的父母或者其他监护人予以训诫，责令其立即改正。

第五十一条　公安机关的工作人员违反本法第十八条的规定，接到报告后，不及时查处或者采取有效措施，严重不负责任的，予以行政处分；造成严重后果，构成犯罪的，依法追究刑事责任。

第五十二条　违反本法第三十条的规定，出版含有诱发未成年人违法犯罪以及渲染暴力、色情、赌博、恐怖活动等危害未成年人身心健康内容的出版物的，由出版行政部门没收出版物和违法所得，并处违法所得3倍以上10倍以下罚款；情节严重的，没收出版物和违法所得，并责令停业整顿或者吊销许可证。对直接负责的主管人员和其他直接责任人员处以罚款。

制作、复制宣扬淫秽内容的未成年人出版物，或者向未成年人出售、出租、传播宣扬淫秽内容的出版物的，依法予以治安处罚；构成犯罪的，依法追究刑事责任。

第五十三条　违反本法第三十一条的规定，向未成年人出售、出租含有诱发未成年人违法犯罪以及渲染暴力、色情、赌博、恐怖活动等危害未成年人身心健康内容的读物、音像制品、电子出版物的，或者利用通讯、计算机网络等方式提供上述危害未成年人身心健康内容及其信息的，没收读物、音像制品、电子出版物和违法所得，由政府有关主管部门处以罚款。

单位有前款行为的，没收读物、音像制品、电子出版物和违法所得，处以罚款，并对直接负责的主管人员和其他直接责任人员处以罚款。

第五十四条　影剧院、录像厅等各类演播场所，放映或者演出渲染暴力、色情、赌博、恐怖活动等危害未成年人身心健康的节目的，由政府有关主管部门没收违法播放的音像制品和违法所得，处以罚款，并对直接负责的主管人员和其他直接责任人员处以罚款；情节严重的，责令停业整顿或者由工商行政部门吊销营业执照。

第五十五条　营业性歌舞厅以及其他未成年人不适宜进入的场所、营业性电子游戏场所，违反本法第三十三条的规定，不设置明显的未成年人禁止进入标志，或者允许未成年人进入的，由文化行政部门责令改正、给予警告、责令停业整顿、没收违法所得，处以罚款，并对直接负责的主管人员和其他直接责任人员处以罚款；情节严重的，由工商行政部门吊销营业执照。

第五十六条　教唆、胁迫、引诱未成年人实施本法规定的不良行为、严重不良行为，或者为未成年人实施不良行为、严重不良行为提供条件，构成违反治安管理行为的，由公安机关依法予以治安处罚；构成犯罪的，依法追究刑事责任。

第八章　附　则

第五十七条　本法自 1999 年 11 月 1 日起施行。